AF411387

UTAMARO

UTAMARO

ESTAMPES JAPONAISES

TIRÉES DES COLLECTIONS DE

MM. Bing, Bouasse-Lebel, Bullier, Mᵐᵉ E. Chausson, Chialiva, Raphael Collin
Cosson, J. Doucet, Ducoté, Mᵐᵉ Ch. du Bos, Fleury, Mᵐᵉ Gillot
Hackenburger, Horteloup, Hubert, Isaac, Jacquin, Javal, R. Kœchlin, Mᵐᵉ Langweil, J. Lebel
Mᵐᵉ Léry, Le Véel, Madvig, Manzi, Maroni
Marteau, Metman, Migeon, G. Moreau, Mutiaux, Pol Neveu, Odin, Portier
du Pré de Saint-Maur, Mᵐᵉ Raoul-Duval, H. Rivière
Rouart, Ch. Salomon, Comte de Sartiges, Mᵐᵉ Seure, Smet, H. Vever, Vignier
Musée du Louvre, Musée des Arts Décoratifs

ET EXPOSÉES
AU MUSÉE DES ARTS DÉCORATIFS
EN JANVIER 1912

CATALOGUE dressé par M. VIGNIER
avec la collaboration de M. INADA

PARIS

DES ATELIERS PHOTO-MÉCANIQUES D.-A. LONGUET

—

EN VENTE

BIBLIOTHÈQUE D'ART ET D'ARCHÉOLOGIE
19, Rue Spontini, 19

UTAMARO

Utamaro nous a paru un assez grand personnage pour comporter une exposition à lui seul[1]. Dans les expositions précédentes, plusieurs artistes avaient été groupés, soit suivant l'ordre chronologique, soit de façon à se faire valoir les uns les autres, et leur diversité n'était pas sans charme; on eût lassé le public à lui montrer trop de Harunobu côte à côte; Kiyonaga non plus n'eût sans doute pas résisté à une aussi hasardeuse épreuve : l'œuvre d'Utamaro est assez variée au contraire pour gagner à être vue d'ensemble. Nous aurions regretté d'ailleurs de la devoir tronquer et de laisser de côté trop de ces pièces admirables que les collections parisiennes nous offraient en si grand nombre. Aussi bien le succès justifia l'entreprise : cette réunion d'environ trois cents estampes d'Utamaro plut extrêmement. Le catalogue n'en intéressera pas moins, croyons-nous; on y verra réunies pour la première fois les reproductions de plus de deux cents pièces de l'artiste que nous avons choisies parmi les plus belles et les plus caractéristiques, et, en même temps que les amateurs, avant tout soucieux de leur plaisir, retrouveront quelque chose des émotions éprouvées devant les originaux, un tel ensemble, en grande partie inédit, fournira à ceux qui souhaiteraient de pénétrer plus avant dans la connaissance de l'œuvre d'Utamaro l'occasion de rapprochements, de comparaisons et d'analyses bien difficiles jusqu'ici, quoique plusieurs fois tentés.

Parmi les artistes japonais ayant travaillé pour la gravure, Utamaro est l'un de ceux que les amateurs français ont d'abord appris à aimer. En vérité, Hokusai fut plus tôt connu d'eux et M. Gonse, qui consacrait en 1883 au grand illustrateur un chapitre presque entier de son *Art japonais*[2], n'y rend à Utamaro qu'une justice assez sommaire; mais on se rattrapa vite. Bing publia de lui diverses estampes dans le *Japon artistique* (1886-1892); on en vit d'autres à l'Exposition de la Gravure Japonaise à l'École des Beaux-Arts (1890), et la renommée du maître avait si bien crû, développée au jour le jour par les lots des gravures répandues sur le marché, que dès 1891, à la vente de la collection Burty, une pièce de lui était adjugée au prix pour lors véritablement fabuleux de 1 050 francs; c'était le triptyque désormais fameux des *Pêcheuses d'Awabi*. Toutefois, si l'on goûtait l'art d'Utamaro, son œuvre demeurait mal connue; elle ne se détachait guère de celles de tant d'artistes contemporains, quand Goncourt, inspiré par Hayashi, la mit en pleine lumière (1891)[3]; les notions les plus précises que l'expérience d'Hayashi avait fournies à l'écrivain se dissimulaient dans son livre sous un style d'un merveilleux éclat; tous ces détails nouveaux donnés d'enthousiasme piquèrent les amateurs et leur admiration mieux éclairée ne se refroidit pas. L'exposition organisée par Bing deux ans après (1893) chez Durand-Ruel, où Utamaro voisina avec le seul Hiroshighé[4], y fournit une nouvelle matière et, après que M. Barbouteau eût encore mis au jour dans son Catalogue de 1904 quelques documents inédits, on peut dire que le public était prêt à comprendre pleinement l'artiste : l'accueil qu'il fit à notre exposition montra qu'il n'y manquait pas, et de même les commentaires qu'elle provoqua[5]. Il est vrai que les étrangers venaient plus lentement au maître :

1. Nous sommes heureux de remercier ici M. Jean Lebel du concours dévoué qu'il nous a prêté dans l'organisation de cette exposition, et ce n'est pas la première fois que l'Union centrale des arts décoratifs faisait appel à son obligeance.

2. Louis Gonse, l'*Art Japonais*, Paris, 1883, 2 vol. in-fol.

3. E. de Goncourt, *Outamaro, le Peintre des Maisons Vertes*, Paris, 1891, in-18.

4. Une préface au catalogue avait été écrite par Bing.

5. Le *Figaro* et le *Matin* publièrent d'excellents articles de MM. Arsène Alexandre et Georges Lecomte; dans la *Gazette des Beaux-Arts* parut la belle étude de M. P.-A. Lemoisne (1912, t. I, p. 199) et celle de M. Louis Aubert dans la *Revue de Paris* (15 avril 1912).

M. de Seidlitz, dans son excellent ouvrage sur les *Estampes japonaises*, prononçait à son propos le mot de décadence[1] ; Fenollosa, mieux inspiré d'ordinaire, lui reprochait sa lubricité et voulait voir surtout dans sa prétendue immoralité la cause de son succès[2] : il était bien digne de plaire à la légèreté française ! Aujourd'hui pourtant l'accord semble fait, aucune note discordante ne s'élève plus et, en Allemagne, M. Kurth, le plus récent des historiens d'Utamaro, qualifiait son talent de « *ganz enorm* »[3]. L'épithète surprendra peut-être, mais le sentiment n'est pas douteux ; Utamaro passe partout pour le représentant le plus génial de l'art de l'estampe japonaise.

Grâce à Goncourt, à M. Barbouteau et à M. Kurth[4], nous sommes un peu mieux renseignés sur la vie d'Utamaro que sur celle de tant d'autres peintres ayant travaillé pour la gravure. On sait que quelques opuscules circulent au Japon sur l'histoire des graveurs : ce sont pour la plupart des recueils d'anecdotes médiocres et de racontars plus ou moins puérils et contradictoires ; certaines notions utiles en peuvent pourtant être tirées, et, à propos de notre artiste notamment, divers détails donnés par ces livrets sont vraiment intéressants. Goncourt avait connu par Hayashi plusieurs de ces sources, M. Barbouteau en consulta d'autres et M. Kurth en utilisa quelques-unes de plus. M. Kurth même fit mieux et il traduisit tous les passages concernant Utamaro[5], comme il l'avait fait déjà pour Sharaku. La lumière certes n'est pas faite sur bien des points importants et tout l'appareil critique des commentaires de l'auteur allemand n'a pu tirer des textes ce qui ne s'y trouvait point. Complétés cependant par certaines indications qu'on rencontre de-ci de-là aux cartouches des estampes ou aux préfaces des livres illustrés, ces documents permettent d'esquisser une biographie du maître. En voici au moins les grandes lignes.

LA VIE D'UTAMARO

Utamaro naquit en 1753 ou 1754 à Kawagoyé, dans la province de Musachi, non loin de Yédo ; sa famille, les Kitagawa, appartenait au clan des Minamoto[6], mais on ne sait rien d'elle, si ce n'est qu'il en reçut le nom de Yusuké, nom intime qu'il changea à l'atelier contre divers autres, celui de Toyoakira notamment, qui paraît sur une de nos estampes (n° 1) et sur plusieurs volumes, jusqu'à ce qu'il s'arrêtât au nom d'Utamaro qu'il devait rendre célèbre. Il serait venu jeune à Yédo et aurait trouvé d'abord une place dans les bureaux du shogun, puis il reçut les leçons du peintre Toriyama Sékiyen, qui a été donné à tort comme son père, non sans passer aussi par un atelier de l'école de Kano ; il entretint longtemps de cordiales relations avec Sékiyen, qui écrivit en 1787 une préface pour un album de son ancien élève. C'est vers 1776-1777 qu'on le rencontre pour la première fois, publiant un modeste petit volume imprimé en noir ; mais dès lors ses livres se succèdent à intervalles rapprochés et, grâce à eux, on peut le suivre durant la plus grande partie de sa carrière. Son principal éditeur fut Tsutaya Jusabro avec lequel il était en relations dès 1786, un recueil de poésies en fait foi ; c'était l'un des meilleurs de la capitale, celui qui publia l'œuvre de Sharaku, et il semble s'être attaché le peintre si étroitement, sans d'ailleurs avoir le monopole ni de ses estampes ni sûrement de ses livres, qu'il le logea chez lui, jusqu'au jour où il mourut en 1797. On a dit que ce Tsutaya avait sa boutique aux portes du Yoshiwara et que le peintre profitait volontiers de ce voisinage, mais il paraît que c'est une légende[7] ; toutefois Utamaro qui n'était point un élégant cavalier, semble-t-il, en dépit des portraits qu'il a pu tracer de lui-même (n° 160, pl. 70) et où il se flatte sans doute, — on le décrit comme un homme gras, aux yeux fatigués[8], — Utamaro aimait la femme passionnément et il passait avec les courtisanes une bonne part du temps qu'il ne travaillait pas. C'était mille services qu'il leur rendait ; il décorait leurs chambres (voir l'*Annuaire des Maisons Vertes*), il peignait des réclames pour leurs fournisseurs (n° 248, pl. 112), et surtout il faisait leurs portraits qui, accompagnés de légendes où il louait leurs qualités physiques et morales et leurs talents très divers, en répandaient le nom par la ville. Il devait leur plaire d'ailleurs par une humeur enjouée qui se sent même à travers les difficiles traductions des notes, véritables rébus parfois, dont il accompagnait ses estampes.

1. W. de Seidlitz, Les *Estampes japonaises*, trad. Lemoisne, Paris, 1911, in-8°, p. 171. La première édition, *Geschichte des Japanischen Farbenholzschnitt*, avait paru à Dresde en 1897.
2. Fenollosa, *An outline of the History of Ukiyoyé*, Tokio, 1901.
3. Dr J. Kurth, *Utamaro*, Leipzig, 1907, in-8°, p. 79.
4. Voir aussi Tajima, *Masterpieces selected from the Ukiyoye-School*, Tokio, 1909, in-fol., t. V, chap. I, et Strange, *Japanese Colour Prints*, Londres, 1908, p. 29.
5. *Op. cit.*, p. 347.
6. Cf. l'estampe n° 1, de notre catalogue.
7. Cf. Kurth, dans *Ostasiatische Zeitschrift*, juillet 1912, p. 141.
8. Cf. Strange, p. 30.

Utamaro n'en était pas moins marié et il semble même que sa jeune femme ait été fort amoureuse de lui; elle était peintre aussi et collaborait volontiers avec son mari [1]: c'est ainsi qu'on la voit enluminer les dessins d'un ouvrage qu'il préparait pour l'impression, et cet ouvrage n'était rien moins qu'un érotique, car on sait que si l'artiste illustra des romans et des poésies, fit des recueils de paysages et d'animaux et donna des tableaux de la vie populaire, les albums érotiques forment une partie importante de son œuvre; de celle-là, naturellement, notre catalogue ne saurait donner aucune idée. Il n'avait pas d'ailleurs que sa femme pour aide : dès 1785, on nous le montre entouré d'élèves qui travaillaient avec lui [2]; plusieurs signèrent des livres à côté de leur maître et sans doute leur collaboration fut plus souvent encore anonyme. C'est que la réputation d'Utamaro était grande. Un marchand qui faisait profession de parcourir le pays déclarait un jour que l'artiste était connu partout, qu'on vendait ses estampes jusque dans les ports de mer d'où les bateaux les transportaient à l'étranger — en Chine et jusqu'en Hollande, ont pensé certains auteurs [3] — et que les amateurs le tenaient pour supérieur à Toyokuni, dont les feuilles d'acteurs étaient pourtant populaires. Tous les éditeurs réclamaient ses dessins, à en juger par le nombre de marques diverses appliquées sur ses œuvres, et lui-même soignait sa réputation, s'il est vrai qu'il n'hésitait pas à se déplacer et à entreprendre des voyages pour répondre aux vœux de clients de marque. Toutefois le soin de ses affaires n'allait pas jusqu'à lui faire accepter des commandes qui ne lui plaisaient pas. Contrairement à tant d'artistes contemporains, il n'avait aucun goût pour le théâtre. On a dit parfois que, comme Harunobu, il n'avait jamais voulu peindre d'acteurs; c'est aller trop loin; Harunobu, nous l'avons vu, en dessina plusieurs, Utamaro en fit aussi et même il ne faut pas se fier trop à certaines déclarations ironiques qu'il imprima, où, représentant une scène de drame tout idéalisée [4], il vante la beauté et la bonne grâce des acteurs, comme s'il prétendait n'en jamais donner qu'une vision poétique; nous avons de lui certaines feuilles à figures grimaçantes de gens de théâtre que, sans la signature, on prendrait pour des ouvrages d'un maître Katsukawa. Les acteurs n'en demeurent pas moins fort rares dans son œuvre et il retourna toujours à la peinture des femmes et de la vie féminine.

La conscience qu'il avait de son talent et le souci de sa réputation l'entraînaient parfois à certaines violences; c'est ainsi qu'en 1804, au lendemain de la publication du fameux *Annuaire des Maisons Vertes*, un certain Ikko, dont les écrits étaient fort populaires, s'avisa de soutenir que tout le succès du livre était dû au texte, dont il était l'auteur. Utamaro, devant cette outrecuidante allégation, ne se contint pas, il apostropha durement son collaborateur et une brouille s'ensuivit. L'incident paraît d'importance secondaire, mais peut-être dénote-t-il quelque irritabilité en ces dernières années de l'artiste et un imprudent contentement de soi qui eut un jour au moins des suites fâcheuses. D'accord avec plusieurs autres peintres, il lui prit fantaisie de représenter en une série d'estampes des épisodes de la vie de Taïko-Sama; cet illustre guerrier, l'un des héros des annales japonaises, était mort depuis plusieurs siècles et les artistes crurent pouvoir en agir un peu librement avec lui. Utamaro composa donc un triptyque (n° 235, pl. 98) où l'on voyait ce personnage entouré de femmes, buvant du saké et menant une vie de désordre. Mais c'était compter sans la vigilance de la police du shogun; éditeur et artistes furent mis en prison et Utamaro y alla comme les autres. Ce n'était pas une aventure très rare pour les peintres et nous avons vu jadis Shunyei logé pour quelques peccadilles dans les geôles de Yédo; on en a tiré cependant des conséquences graves en ce qui touche Utamaro; les longs mois qu'il aurait passés en captivité et la honte d'y avoir été mis auraient altéré sa santé et même abrégé sa vie. Des sources nouvelles font croire pourtant à quelque exagération; il ne serait resté que quelques jours sous les verrous [5], ce qui n'était pas assez pour le ronger, mais il est certain qu'il ne survécut guère à l'affaire : elle se place en 1804 et deux ans après il mourait, en 1806.

On nous représente ces deux dernières années de sa vie comme singulièrement remplies; les éditeurs voyant sa santé décliner se pressaient dans sa maison et l'accablaient de commandes; ils voulaient être pourvus, car le public plus que jamais s'arrachait les ouvrages de l'artiste; malade et affaibli par les excès, dit-on, aussi bien de travail que d'autre sorte, il continuait à produire sans relâche, entouré de tout un atelier qui l'aidait. L'*Annuaire des Maisons Vertes* avait été signé par trois collaborateurs, par Kikumaro, Hidémaro et Takémaro; mais beaucoup d'autres, connus et

1. Kurth, *Op. cit.*, p. 105.
2. Goncourt, *Op. cit.*, p. 8.
3. La légende de notre n° 93 confirme le goût des étrangers pour les estampes du maître. On voit des hollandais figurés sur certaines estampes attribuées à Utamaro et il a dessiné plusieurs fois des chinois (n° 56, pl. 26).
4. Kurth, *Oe. cit.*, p. 22.
5. Succo, compte rendu d'*Utamaro* de Kurth dans l'*Orientalisches Archiv*, 1913, p. 98.

inconnus, l'entouraient, qui s'étaient assimilé sa manière. Ainsi constituée, l'officine produisit formidablement jusqu'à la mort de l'artiste. Continua-t-elle de fonctionner après lui ? Les textes nous le laissent entrevoir, car la veuve d'Utamaro épousa un de ses ouvriers, Koikawa Harumachi (ou Shuncho) et jusqu'en 1820 il aurait poursuivi son louable métier, terminant les esquisses et les signant du nom du maître. En vérité, on prétend qu'il aurait eu soin d'ajouter à sa contrefaçon un caractère qui signifiait Utamaro II; mais ce caractère n'a été découvert sur aucune estampe connue — à moins que l'estampe signée *feu* Utamaro que M. Vignier a découverte récemment (cf. n° 275) ne doive lui être attribuée — et il est permis de douter que le personnage ait marqué tant de délicatesse. Aussi bien, du vivant même de l'artiste, de telles supercheries se rencontraient déjà; il protestait contre elles en termes véhéments, traitant les faussaires de « véritables barbouilleurs » et déclarant leurs ouvrages « stupidement dessinés et hideusement bariolés » (n°s 93 et 94, pl. 44); il avait beau mettre à côté de sa signature, le signe *shomei* qui 'se lit *vrai* (n°s 149 et 150), rien n'y faisait, et le public gobait le faux Utamaro comme il avait gobé jadis les faux Harunobu; ce que le peintre n'avait pu empêcher de son vivant devenait plus aisé encore après sa mort et les truqueurs ne durent pas se faire scrupule de vivre à ses dépens, alors qu'il n'était plus là pour les confondre.

LA DIVERSITÉ DE L'ŒUVRE D'UTAMARO

De ces renseignements que fournissent les sources écrites, plusieurs présentent un vif intérêt; il est dangereux sans doute de laisser l'imagination vagabonder sur ces données, comme elle le fait si souvent en matière d'estampe japonaise, car elle en vient aisément à prendre ses hypothèses pour des vérités scientifiques; la critique la plus pointilleuse n'en trouve pas moins à tirer de ces anecdotes certaines indications précises et, en rapprochant les notions que nous donnent les documents de celles qui découlent de l'étude de l'œuvre elle-même de l'artiste, on peut arriver à en tracer un crayon vraisemblablement exact sur bien des points. Les documents biographiques analysés, examinons donc cette œuvre et cherchons ce qu'elle nous apprend.

Ce qui saute aux yeux d'abord, c'est sa variété. Le sous-titre du livre de Goncourt a fait tort à Utamaro; l'on s'est habitué à ne voir en lui que le peintre des « Maisons Vertes » et son assiduité au Yoshiwara a fait croire que les pensionnaires de ce quartier l'occupaient uniquement. Et certes nous aurions mauvaise grâce à ne pas reconnaître que la courtisane tient la première place dans son œuvre, qu'il l'a peinte constamment, sous tous ses aspects, à tous les moments de sa vie et que c'est à sa dévotion pour elle qu'il doit une bonne part de son talent; mais si elle domine son art, elle ne l'emplit pas à elle seule. A côté d'elle, l'honnête femme, la mère de famille, tient sa place, représentée, elle aussi, et non moins aimablement, dans ses occupations journalières; la vie mondaine l'a amusé de même, avec ses comédies et ses petits drames; si les gens de théâtre l'ont laissé assez froid, il n'est pourtant pas passé auprès d'eux sans en prendre quelques silhouettes; puis il s'est intéressé aux vieilles légendes du pays et en a rempli les pages de ses volumes; les aspects changeants de la nature japonaise l'ont retenu aussi et, des paysages, il est descendu aux bêtes, aux plus petits insectes comme aux oiseaux, dont il s'est fait le dessinateur étonnamment scrupuleux. La richesse de sa fantaisie n'a d'égale d'ailleurs que la variété de son style et de ses procédés. On voit donc combien il est faux et injuste de ne considérer en lui que l'illustrateur des mauvaises mœurs de son temps; aucun artiste de l'école populaire n'a été aussi divers et cette géniale diversité de son art éclatait vraiment aux murs du Pavillon de Marsan.

C'est comme peintre de la courtisane qu'il convient de l'envisager en commençant. Et d'abord, il a fait son portrait. Certes, on trouvait chez Harunobu, chez Kiyonaga, chez Buncho quelques figures de femmes à côté desquelles l'artiste avait eu soin d'écrire un nom; ce sont des portraits sans doute qu'il avait prétendu dessiner et même, comme il s'agissait de courtisanes, ne négligeait-il point parfois d'indiquer le nom de la maison à qui elles appartenaient; toutefois on ne voit pas que ces soi-disant portraits se différencient extrêmement les unes des autres, et de ces belles dames, d'ordinaire assez peu caractérisées de visage, l'attitude ou la toilette, plutôt que l'expression, nous intéressent. Pour Utamaro, c'est bien le visage qu'il prétend nous rendre. Les plus belles de ses planches peut-être sont ces *oban* où, sur un fond micacé ou jaune, il a peint des courtisanes à mi-corps; cette coupe lui est familière et sans doute l'a-t-il adoptée pour donner à la tête toute sa valeur. A ce qu'il montre du corps, il donne assurément une attitude infiniment gracieuse, souple et jeune, et les robes dont il l'enveloppe chantent à merveille sur les fonds colorés; mais tout cela, et pas même le geste des mains toujours en action, n'est pour distraire du visage, et c'est lui qui attire l'attention. A examiner superficiellement les estampes japonaises, on a dit souvent que toutes les têtes s'y ressemblent et que tout au plus chaque artiste a eu une formule dont il n'est pas sorti : qu'on examine ces courtisanes d'Utamaro et l'absurdité d'un tel propos apparaîtra. Il a donné à chaque visage une expression personnelle. Les yeux peuvent être dessinés de façon schématique ; l'inclinaison en varie d'une tête à l'autre et leur donne un regard différent ; les bouches ne s'ouvrent pas de façon tout à fait semblable ; les nez sont droits, aquilins ou pointus, et surtout l'ovale du visage lui donne son caractère. Les japonais, on le sait, n'ont point connu le modelé, mais la justesse du trait « mis en sa place » en tient lieu. Ces portraits de courtisanes se divisent en séries et chaque série a son type ; aux unes, celles sur fond micacé, la tête est plus ronde, aux autres, celles sur fond jaune, l'ovale s'allonge, mais dans aucun de ces groupes les femmes ne se ressemblent. Utamaro a intitulé quelques unes de ces pièces *Portraits physiognomiques;* il ne nous a donné à vrai dire de renseignements, dans les légendes ajoutées aux portraits, que sur le tempérament amoureux de ses modèles; mais à la seule inspection du dessin, le caractère se distingue et le port même de la tête, toujours admirablement attachée, accentue encore l'expression. Qui oserait parler de traits immobiles, devant cette femme (n° 40, pl. 14) qui se regarde les dents dans un miroir? Le cou s'allonge pour se rapprocher de la plaque de métal, la bouche s'entr'ouvre, les yeux fixent et tout vit étrangement. On jugera à une autre pièce (n° 37, pl. 16) de la finesse de notation où en était venu Utamaro : la femme, en déshabillé du matin, fume sa pipette, elle exhale la fumée de sa bouche et une légère rondeur de la joue, une moue à peine perceptible des lèvres rendent, sur une bonne épreuve, cette exhalaison parfaitement sensible. Cette recherche du caractère de la physionomie est une des nouveautés de l'art d'Utamaro. L'amour qu'il professait pour les courtisanes lui inspira-t-il le désir de les portraiturer plus exactement? Nous ne savons, mais il est certain qu'aucun peintre travaillant pour la gravure n'avait avant lui serré la nature d'aussi près sur un visage féminin.

Ses « grandes têtes » ne sont pas moins remarquables à cet égard et nous ne pouvons comprendre pourquoi on les estime moins d'ordinaire[1]. Est-ce Utamaro qui a inventé le genre ou faut-il laisser la gloire de cette trouvaille à Sharaku? Les deux artistes sont contemporains et l'un et l'autre d'assez riche imagination pour qu'on leur prête une heureuse idée ; quoi qu'il en soit, Utamaro, dans les meilleures qu'il a signées, se montre à notre sens l'égal de son rival. Il ne faut sans doute pas chez lui chercher cette acuité et le terrible sens psychologique qui, chez le peintre des acteurs, mettait à nu toute l'âme avec ses laideurs; Utamaro n'a dessiné que des courtisanes, des femmes aux idées assez simples, et il ne s'est pas préoccupé d'exprimer les violences de leurs crises sentimentales; c'est au repos qu'il les prend, quand leurs passions — si elles en ont jamais ressenti — se sont apaisées; avec quelle finesse néanmoins son trait indique les particularités de chaque visage! La difficulté était autrement grande de modeler par la seule précision du trait une tête presque demi-nature que quand il s'attaquait aux petites figures; on voit le contour se former, le trait continu s'amincir ou se renforcer, un trait d'une étonnante sûreté, et la personnalité du visage, l'expression même du moment, apparaît, plus gracieuse peut-être que forte, parfaitement juste pourtant. Rien de mieux observé que cette femme entre deux âges qui semble écouter, la tête dans sa main, (n° 76, pl. 34), que la jeune fille qui fait la moue, la tête à demi inclinée et se grattant distraitement avec l'épingle plantée dans ses cheveux (n° 109, pl. 51), que celle qui lit une lettre (n° 115, pl. 52) ou se regarde dans son miroir (n° 129, pl. 60); et nous ne citons que pour mémoire la courtisane ivre, tombée à terre, les seins au vent (n° 119, pl. 53), où véritablement l'artiste atteint au drame. Ces grands portraits, ceux des dames de la ville comme ceux des pensionnaires du Yoshiwara, nous paraissent parmi les œuvres les plus vivantes de l'art de l'estampe japonaise et les plus surprenantes par la difficulté vaincue sans effort apparent.

Mais Utamaro n'a eu garde de ne peindre que les portraits de ses amies les courtisanes; il s'est amusé à les montrer dans l'ordinaire train de leur existence casanière et il y a joint quelques tableaux de la vie des geishas. Tantôt il les croque sortant du bain (n° 74, pl. 32) et prenant les mille soins de leur toilette intime; tantôt elles arrangent des fleurs (n° 54, pl. 25), lisent leur correspondance amoureuse (n° 157, pl. 61), font de la musique (n° 153, pl. 73), ou regardent émerveillées les étoffes déployées devant elles (n° 53, pl. 25), l'envoi sans doute de ce Tsukura, l'heureux marchand de soies pour lequel le peintre s'est avisé de dessiner une réclame (n° 248, pl. 112). Nous les suivons de leur réveil à leur coucher, soit qu'elles boivent le saké en compagnie de jeunes gens (n° 9, pl. 4), soit que, apprivoisées, elles se livrent à eux; certaines des pièces érotiques du maître sont d'extraordinaires chefs-d'œuvre, d'une intensité et d'une largeur de dessin prodigieuses, mais leur exposition en public n'eût pas été admise et il a fallu nous contenter d'une seule, celle

1 Seidlitz, *op. cit.*, p. 178.

qui représente les premières privautés permises (nᵒ 155, pl. 67), assez décente dans sa demi-chasteté, et qui donne une idée de la grandeur de l'art des autres. Nous voyons encore ces dames se promener par les rues, parées de robes aux somptueuses broderies où les carpes sautent dans les flots, où les branches de fleurs s'entrecroisent, où s'agitent des éventails, sur le bas desquelles s'alignent des cocottes ou des poupées fantastiques ; et ce sont les fêtes du Yoshiwara, telle cette figuration du *Cortège de l'ambassadeur de Corée* (nᵒˢ 163 et 163 *bis*, pl. 69 et 70), où toutes les femmes déguisées tiennent un rôle, et qu'Utamaro a relaté dans un pittoresque pentaptyque. De toute cette vie, à la fois enfantine et élégante, Utamaro s'est plu même à codifier les rites, et dans une de ses séries fameuses, celle des *Heures*, de longues femmes minces nous montrent les occupations de la courtisane à tous les moments de la journée, telles que les prescrivaient les usages de la stricte politesse en ce quartier raffiné (nᵒ 171, pl. 74).

Kiyonaga, en vérité, avait traité des sujets analogues ; lui aussi avait peint des courtisanes et il avait fait voir les divers aspects de leurs habitudes journalières ; seulement, chez lui, les femmes du Yoshiwara semblent toujours de grandes princesses ; nobles, dans leurs vêtements aux longs plis droits, elles vont solennellement et c'est avec majesté qu'elles accomplissent jusqu'au plus banal de leurs devoirs ; on devine qu'il les a vues de loin, avec la déférence due à de belles et inaccessibles personnes. Utamaro, au contraire, qui les connaissait bien, n'y a point mis tant de façons. Certes, il ne va pas jusqu'à l'extrême familiarité et surtout il se garde de toute apparence de caricature[1] ; il l'a dit lui-même, il n'a jamais peint que le beau ; mais il a montré tout ce petit monde vivant et pittoresque. Ce que font les belles dames du Yoshiwara de Kiyonaga n'intéresse guère, elles daignent si peu s'en amuser ! Celles d'Utamaro sont tout action ; l'affaire du moment, si mince soit-elle, qui prend toute leur attention, retient aussi la nôtre, et, moins nobles et moins magnifiques, d'un art, il faut le reconnaître, singulièrement moins classique, elles nous « disent » davantage. Le détail des occupations auquel est descendu Utamaro ne peut, d'ailleurs, ne pas piquer la curiosité ; Goncourt a consacré un des chapitres les plus brillants de son livre à décrire une par une toutes les pages de l'*Annuaire des Maisons Vertes*, il s'est complu à chaque tableau, à chaque geste, et, s'il est permis d'admirer moins que lui le style d'un ouvrage où la part de collaborateurs médiocres a été grande, la verve des détails ne manque pas d'entraîner. Dans les pièces où le style soutient la fantaisie, c'est alors une verve intarissable et aucune peinture d'une plus large gaîté ne saurait se rencontrer que le pentaptyque (nous en reproduisons trois feuilles, nᵒ 122, pl. 55) du *Nettoyage de la maison publique au matin*. La bonne grâce un peu ironique avec laquelle l'artiste traitait ses jolies amies se marque tout entière dans la feuille où il leur offre son portrait : dans une maison de thé, à la campagne, il s'est représenté entouré de servantes et de geishas qui s'empressent, le caressant et lui offrant le saké, et la légende porte : « A la demande générale, Utamaro (qui, on le sait, ne brillait pas par son beau physique) a représenté ici son gracieux portrait » (nᵒ 160, pl. 70).

Les dames de bonne compagnie ressemblent souvent étrangement aux femmes de mauvaise vie et l'on ne peut les séparer entièrement dans l'œuvre d'Utamaro. Il a en effet peint autant des unes que des autres, et avec les mêmes qualités. C'est ainsi que ce que nous avons dit des portraits de courtisanes se trouve juste aussi de ceux des personnes respectables avec qui les hasards de l'estampe les font voisiner, et de même les tableaux de leurs menues occupations ne diffèrent guère. Elles aussi passent une partie de leur temps à leur toilette : nous assistons à la sortie du bain quand les longs corps sont encore enveloppés des légers peignoirs (nᵒ 145, pl. 63) ou que, d'un coup de serviette, la main essuie une dernière goutte d'eau demeurée dans l'oreille (nᵒ 105, pl. 48) ; puis la dame se fait le teint, oignant sa peau d'onguents (nᵒ 121, pl. 54) avant que le pinceau n'ajoute la note de rouge sur les lèvres (nᵒ 92, pl. 43). Elle s'occupe avec ses amies à des jeux (nᵒ 50, pl. 21), fait de la musique (nᵒ 30, pl. 9), regarde des étoffes (nᵒ 97, pl. 43), sort ensuite badauder devant les boutiques et les temples (nᵒ 78, pl. 35), accompagnée de ses fidèles servantes, se promène sur les ponts (nᵒ 173, pl. 77), dans les champs d'iris (nᵒ 106, pl. 50) ou sous les cerisiers en fleurs (nᵒ 148, pl. 64), et parfois la nuit la surprend à regarder un feu d'artifices sur les bords de la Sumida (nᵒ 123, pl. 56) ou à chasser des lucioles qui brillent sous les arbres (nᵒ 103, pl. 61). Est-ce elle qui s'aventure au bras d'un ami, mal cachée derrière un grand parapluie (nᵒ 238, pl. 102) ou blottie au fond d'un bateau (nᵒ 136, pl. 58) ? Peut-être ; enfin, lasse, elle rentre se coucher sous sa moustiquaire, et sa nuit est pleine de beaux rêves. On a noté justement qu'Utamaro ne s'était guère soucié de la jeune fille, dont Harunobu au contraire semblait faire ses délices ; mais avec quel plaisir marqué il nous raconte la vie des dames ! Et ne les aimait-il peut-être pas autant que ses chères courtisanes ?

---

1. Nous en connaissons pourtant quelques-unes de lui ; il est vrai qu'elles n'ont pas des courtisanes pour objet (nᵒ 61, pl. 28).

En vérité, les unes et les autres lui ont inspiré des chefs-d'œuvre et quelques-unes de ces représentations de scènes mondaines semblent égales aux plus belles des feuilles de courtisanes à mi-corps sur fond jaune. Est-ce une illusion? on dirait que, devant l'honnête femme, sa verve ironique se soit surveillée. On la retrouve parfois quand il peint des *Dames à la cuisine* (n° 90, pl. 41) ou des *Pêcheuses au bord de la mer* (n° 83, pl. 36), — et encore, quelle grandeur dans les groupes de ce triptyque célèbre! mais rien de moins humoristique que les planches où il a retracé les menus incidents de la vie de la femme du monde; il les a prises au grand sérieux, et ce sérieux se sent dans le style. Ces femmes qui s'essuient ou se coiffent n'accomplissent point une besogne vulgaire; il semble qu'il s'agisse de quelque rite, tant le jeu des lignes savamment combinées leur donne de noblesse; et pourtant, nulle « pose » dans l'attitude, rien de figé, toutes sont « à leur affaire », grâce à ce don de la vie dont Utamaro ne se départit jamais. C'est ce don de la vie qui le différencie essentiellement d'avec Kiyonaga; sans doute, le Torii donne plus l'impression de la grandeur; jamais Utamaro n'a connu les balancements de composition et les rythmes harmonieux des beaux triptyques de Kiyonaga; dans les meilleurs de ses triptyques, le *Pont* ou la *Fête de nuit sur la Sumida*, il ne sait que grouper les femmes trois par trois et juxtapose les feuilles de son mieux, sans souci profond de l'équilibre; mais dans la représentation de la vie intime, il prend sa revanche; avec lui, l'art se détend, s'humanise; l'on sent qu'il se plaît à ce manège quotidien, qu'il en goûte l'intime poésie, et son imagination l'ennoblit, sans lui rien ôter de sa simplicité et de sa grâce naïve.

Et, ce que Kiyonaga, dans sa grandeur un peu froide, n'a pas connu, il a le sentiment. Qu'on compare, par exemple, des compositions analogues des deux peintres, telle la *Sérénade nocturne* (Cat. Kiyonaga, n° 109, pl. 26 et Cat. Utamaro, n° 169, pl. 75); chez Kiyonaga, le jeune homme en robe magnifique, somptueusement coiffé, dans un ample paysage, joue un air de flûte et les dames qui l'écoutent sur leur terrasse, celle même qui, sa lampe à la main, s'avance pour le reconnaître, semblent assister, noblement indifférentes, à quelque concert improvisé; que de détails au contraire d'une jolie délicatesse dans le triptyque d'Utamaro, l'enfant qui, blotti sous le cerisier en fleurs, cache sa lanterne sous son manteau pour ne pas troubler les ténèbres propices à son maître, et l'aimable réserve de la belle, vers laquelle le flûtiste amoureux se tourne à demi, et l'émoi de ses compagnes curieuses, et jusqu'au geste charmant de celle qui improvise un imperceptible accompagnement sur son shamisen! Le sujet traditionnel a été rénové par un peu d'humanité. C'est de même un épisode connu que la *Sortie nocturne* (n° 140, pl. 62), la fuite d'une geisha enlevée par un marchand, mais l'estampe ne vaut pas seulement par la merveilleuse harmonie de la tache noire et de la tache blanche des voiles, par la beauté des lignes et par la nouveauté de la mise en page; le petit drame se sent et l'impatience amoureuse des deux jeunes gens. Faut-il citer encore l'exquise pièce du *Billet doux* (n° 146, pl. 63)? La jeune femme se penche pour entendre le message galant qu'un enfant lui murmure à l'oreille, tout en lui glissant dans la manche la lettre attendue : attitudes, expressions, tout est d'un naturel charmant, sans insistance et avec la plus aimable pointe de tendresse. Mais où cette tendresse triomphe, c'est dans les « Scènes Maternelles ». Goncourt s'y était arrêté déjà et le contraste l'avait amusé du peintre des maisons vertes, comme il disait, passant peintre des mamans et des enfants; les maternités d'Utamaro sont célèbres d'ailleurs et véritablement peu d'artistes ont présenté des tableaux d'une simplicité aussi attendrie des jeux de la mère avec son bébé. Qu'elle lui donne le sein (n° 158, pl. 68) ou écarte les mauvais rêves de son berceau (n° 162, pl. 68), qu'il joue tranquillement à côté d'elle (n° 97, pl. 43 et 91, pl. 40) ou que, juché sur le dos de sa mère, il regarde en riant leurs deux visages reflétés dans une fontaine (n° 185, pl. 82), qu'elle lui fasse « faire pipi » (n° 182, pl. 80) ou que, le soulevant dans ses bras, elle le tende au jeune papa joueur (n° 103, pl. 47), c'est toujours le charme d'un naturel délicieusement attendri et de la sensibilité le plus délicatement exprimée. Kiyonaga, car il faut toujours en revenir à lui, avait peint parfois des mères jouant avec leur enfant, mais ces grandes dames élégantes et superbes nous semblent bien peu affectueuses auprès des mamans d'Utamaro. Kiyonaga, nous l'avons dit souvent, est le classique de l'estampe japonaise; ne pourrait-on dans Utamaro apercevoir comme un grain de romantisme?

On en trouverait la marque dans l'art merveilleux dont il a traité les sujets légendaires et quelque peu fantastiques. Nous ne parlons pas de ce fantastique de cauchemar qu'affectionnait son maître Toriyama Sékiyen; de celui-là, on ne rencontre guère de trace dans son œuvre : quelques livres, le *Yukionna*, le Roman d'une fée de neige (1788), le *Suyéhiro*, la Fille au cou qui s'allonge (1788), dont les images ne sont pas des meilleures, quelques estampes médiocres, une diablerie (n° 255, pl. 109) et une scène de revenants qui font peur aux enfants (n° 275, pl. 109), et c'est tout — assez pour la gloire de l'artiste. Mais il est un fantastique plus plaisant, celui qui met en scène d'étranges et poétiques héros

légendaires, et là il a excellé. Ses *Aventures de Kintoki* sont admirables (n°ˢ 202 à 208 et pl. 88 à 93). On connaît
l'histoire de l'enfant rouge, ce jeune héros élevé dans une forêt écartée et dont l'apprivoisement par sa mère donne
lieu à des scènes si savoureuses. Kiyonaga qui s'y était essayé avait complètement échoué; la fantaisie n'était pas son
fait; Utamaro y triomphe par un mélange d'imagination et d'observation à la fois sensible et bouffonne. L'exubé-
rance brutale du petit sauvageon dont les caresses ressemblent à des coups y est plaisamment indiquée et sa surprise
devant les soins de propreté et les belles manières que sa mère prétend lui inculquer; ce sont des scènes profondé-
ment savoureuses et pittoresques que celle du nettoyage des oreilles ou que Kintoki se regardant au miroir; mais
une étrange tendresse, passionnée et pourtant comique, se sent entre ces deux êtres, c'est avec une manière de fureur
que la mère presse le monstre contre son sein ou qu'il se précipite sur sa bouche pour la baiser, et en même temps le
grand style avertit que ces demi-bouffons sont à la fois des héros du Vieux Japon; la Femme à la châtaigne (n° 202,
pl. 88), est une des plus nobles estampes d'Utamaro et jamais il n'a modelé un nu plus délicat que le haut du corps
penché en avant de la mère sur le dos de laquelle est grimpé Kintoki (n° 209, pl. 89). Il y a dans cette série des dosages
de sentiments opposés d'un tact exquis et dont Utamaro seul était capable.

La femme domine le talent d'Utamaro; on ne saurait donc s'étonner que, suivant l'exemple d'Harunobu et de
tant d'autres, il se soit plu à transformer en sa faveur certains sujets et à l'introduire, à l'introniser là où en vérité
elle n'avait que faire; par exemple voulant peindre l'atelier de son éditeur, c'est à des femmes qu'il mit les outils aux
mains (n° 164, pl. 71), et de même il leur confia, par une transposition hardie, les rôles d'hommes dans l'illustration
de certains romans célèbres (n° 271, pl. 105). Pourtant elles n'occupent pas uniquement son œuvre et, nous l'avons
dit déjà, à n'y voir qu'elles, on lui ferait tort. Son génie a été autrement divers. Il n'y a pas à insister sur ses feuilles
d'acteurs; il n'aimait guère ces gens, on le sait; malgré Sharaku, qu'il put connaître, il tenait pour un genre inférieur
la représentation de cette race grimacière et en peignit le moins possible. On en possède pourtant de lui quelques
feuilles; tantôt il les fit isolés (n°ˢ 2 et 3, pl. 2; n° 4, pl. 8; n°ˢ 283, pl. 113; n° 281, pl. 154, etc.), tantôt il les réunit en
troupe (n° 20, pl. 11); il en peignit même deux recueils, les *Chants de Théâtre* (1776-1777 et 1788), et certains de ces
portraits ne sont point méprisables, mais toujours il y imita quelqu'un de ses prédécesseurs ou de ses contemporains.
Shunsho, Toyokuni, Kiyonaga même, et jamais il ne se créa un type spécial; c'est un des côtés faibles de son œuvre,
Au contraire, on doit saluer en lui l'un des grands paysagistes de l'école populaire et l'un de ceux qui, dans la représentation des animaux, ont serré la nature de plus près. Le cas est assez inattendu sans doute, mais nul n'y contredira.

Avant lui, le paysage, dans l'école populaire, servait plutôt de fond aux scènes figurées sur le premier plan;
Kiyonaga l'entendit ainsi et si les fonds de certains de ses triptyques sont admirables, d'une justesse d'impression par-
faite, ils furent surtout merveilleusement adaptés à leur rôle de décor. Toyoharu, l'un des seuls, dessina le paysage
pour lui-même, et non sans talent, mais il se perdit d'ordinaire dans une vaine imitation de la manière européenne.
Et certes chez Utamaro aussi, le paysage sert souvent de toile de fond; il imite en cela Kiyonaga, comme avait fait
Shuncho, et il l'égale maintes fois : nul n'a peint de plus amples et de plus pittoresques décors que ceux des bords
de la Sumida aux triptyques des *Barques sur la rivière* (n° 10, pl. 5), du *Feu d'artifice* (n° 123, pl. 56) et des *Bateaux
sous le pont* (n° 174, pl. 78). Mais il y a d'autres paysages dans son œuvre; peut-être ne les trouvera-t-on pas dans les
estampes, malgré certaines pièces fort agréables (n° 60, pl. 28); il y tâtonne encore parfois (n° 57, pl. 27), comme hésitant
à abandonner le lourd style traditionnel; dans ses livres au contraire se manifestent sans cesse la justesse et le pittoresque de sa vision de la nature. Les ouvrages imprimés en noir nous révèlent déjà l'observateur sincère, habile à
résumer d'un trait, quoique peu enclin à cette stylisation dont quelques années plus tard Kitao Keisaï Masayoshi
abusera peut-être. Le *Yehon Yomoghino chima*, l'Île des Artemisia (1790), est à cet égard bien caractéristique, et sans
doute l'école populaire n'avait jamais auparavant montré d'aussi fidèles tableaux de la campagne japonaise que ces
vallées, ces vergers fleuris et ces rivières; Hokusaï a dû étudier de tels volumes. Le meilleur de l'œuvre d'Utamaro
paysagiste se voit pourtant dans ses albums en couleurs. Qu'il se souvienne avoir fréquenté les ateliers des Kano,
comme dans la planche du torrent de l'*Amour fou de la lune* (*Kiogetsu-bo*, 1789), ou qu'il regarde de ses propres yeux
la neige du *Ghin sekai* (la *Nature argentée*, 1790) et les forêts de pins avec les cerisiers fleuris des *Poésies sur les fleurs*
(*Fughen-zo*, 1790), c'est un enchantement de couleurs fortes ou délicates, de lignes qui se croisent et se répondent subti-
lement, et ces recherches d'harmonies n'ôtent rien à l'exacte précision. Utamaro, le peintre de la femme, a été le grand
paysagiste du Japon populaire, avant Masayoshi, Hokusai et Hiroshighé.

Quant aux trois ouvrages sur les animaux, les *Insectes choisis* (*Yehon Mushi yerabi*, 1787), les *Trésors de la marée basse (Shiohi no tsuto)* et les *Cent Crieurs* (*Yehon Momotidori*), il y a longtemps que Goncourt a marqué son admiration pour eux, en les déclarant supérieurs aux plus belles planches d'histoire naturelle exécutées en aucun pays d'Europe. Au reste, les Japonais avaient su les apprécier, si l'on en juge par l'enthousiaste préface que Toriyama Sékiyen, l'ancien maître d'Utamaro, mettait en tête des *Insectes choisis* :

Reproduire la vie par le cœur et en dessiner la structure au pinceau, écrivait-il, est la loi de la peinture. L'étude que vient de publier maintenant mon élève Utamaro reproduit la vie même du monde des insectes. C'est là la vraie peinture du cœur. Et quand je me souviens d'autrefois, je me rappelle que dès l'enfance le petit Uta observait le plus infime détail des choses. Ainsi, à l'automne, quand il était dans le jardin, il se mettait en chasse des insectes, et, que ce soit un criquet ou une sauterelle, avait-il fait une prise, il gardait le bestiole dans sa main et s'amusait à l'étudier. Et combien de fois je l'ai grondé, dans l'appréhension qu'il ne prenne l'habitude de donner la mort à des êtres vivants.

Maintenant qu'il a acquis son grand talent du pinceau, il fait de ces études d'insectes la gloire de sa profession. Oui, il arrive à faire chanter le brillant du *tamanushi* de manière à ébranler la peinture ancienne, il emprunte les armes légères de la sauterelle pour lui faire la guerre, et il met à profit la capacité du ver de terre pour creuser le sol sous le soubassement du vieil édifice. Il cherche ainsi à pénétrer le mystère de la nature avec le tâtonnement de la larve, en faisant éclairer son chemin par la luciole, et il finit par se débrouiller en attrapant le bout du fil de la toile d'araignée.

Jamais éloges ne furent plus mérités. A comparer ces pages avec les lourdes estampes d'animaux de Masayoshi, toutes conventionnelles encore (Cat. *Kiyonaga*, n° 213, etc.), — nous ne parlons pas de ses admirables livres —, on ne saurait douter de la vérité des propos du vieux Sékiyen et de la révolution accomplie. L'observation est d'une merveilleuse justesse, mais quel art aussi de la composition! La mise en page de certaines de ces planches tient du prodige, à la fois claire, élégante, caractéristique. Il est vrai que le peintre a été singulièrement aidé dans ces volumes par les graveurs. Sékiyen a nommé avec éloge celui des *Insectes choisis;* c'est un des plus habiles en effet, mais les autres n'étaient pas moins extraordinaires et dans la planche célèbre des oiseaux pêcheurs, des *Cent Crieurs*, on ne sait s'il faut se récrier davantage devant le dessin de cet échassier noir qui plonge à demi, à la chasse des poissons qui s'enfuient, ou devant l'art du graveur qui en a su rendre sans mièvrerie toutes les finesses. Il faut connaître les beaux tirages de ces livres — et ceux de M. Vever sont parfaits — pour apprécier à sa valeur la gravure japonaise.

Ces raffinements de métier et ces délicatesses de coloris sont bien dans le goût d'Utamaro et on les rencontre sans cesse dans ses estampes; en vérité aucune, semble-t-il, ne porte, comme beaucoup de celles de Harunobu, le nom du graveur, mais l'anonymat n'ôte rien au mérite de ces remarquables ouvriers, bien qu'on puisse être assuré qu'Utamaro, au temps au moins où la surproduction ne l'accablait pas encore, devait les surveiller de près et être pour quelque chose dans leur fantaisie et leur virtuosité techniques. Plus que chez aucun autre peintre, la tonalité de ses fonds est soignée. Beaucoup de ses confrères, quand ils ne les meublaient pas, se contentaient d'un gris assez terne, et ce gris assurément se rencontre de même chez Utamaro; mais il use aussi du jaune qui lui donne des effets d'une chaleur particulièrement intense. Il affectionne encore les fonds micacés, d'un mica clair ou d'argent sombre, rose même parfois, le poudrage aussi sur fond jaune, et ces feuilles, d'un tirage extrêmement soigné d'ordinaire, empruntent à ces rehauts brillants une préciosité singulière; on a même de lui certaines pièces (n° 98 et 99, pl. 45 et 52) où le fond représente des cuirs gauffrés à l'européenne. Sans doute, ces jaunes et ces micas se rencontrent aussi chez Sharaku et l'on peut à volonté attribuer le mérite de l'invention à l'un ou à l'autre artiste; mais bien qu'une tradition japonaise, rapportée par M. Kurth, semble se prononcer en faveur de Sharaku, il est certain qu'Utamaro a tiré de ce procédé un parti surprenant. Pour l'impression même des figures, on ne voit pas que les graveurs d'Utamaro aient rien inventé que n'avaient connu ceux de Harunobu ou de Kiyonaga; le nombre des bois ne semble pas accru et les couleurs n'ont pas plus de profondeur ni de transparence; ils usent des gaufrages, des superpositions de tons et pratiquent eux aussi le tour de force des vêtements à ramages éclatants aperçus sous des gazes diaphanes et colorées (n° 116 et 117, pl. 49 et 54); toutes les ressources du métier sont mises à profit. Toutefois aux vieux Torii, Utamaro reprend le procédé, après eux démodé, du laquage et du micaçage de certaines étoffes ou accessoires (n° 91, pl. 40); il s'amuse à supprimer le contour des vêtements à peine indiqué par un léger relief (n° 94, pl. 44) et au trait noir du visage à substituer un trait rouge qui accentuera le caractère de la physionomie (n° 83 pl. 37 et 242 et 243, pl. 108), et il arrive à une si belle perfection technique qu'il faut parfois un moment pour s'apercevoir que certaines touches passées sur les tons unis des vêtements ne sont pas aquarellées (n° 86 pl. 37 *bis*). C'est une attentive et continuelle collaboration des graveurs impeccables et du peintre qui fait des belles épreuves des estampes d'Utamaro des chefs-d'œuvre insurpassés.

LE CLASSEMENT DE L'ŒUVRE D'UTAMARO

Nous avons rapporté ce que l'on sait par les documents de la vie d'Utamaro et décrit à grands traits son œuvre, mais il serait intéressant de suivre le développement du talent de l'artiste, d'assister à son évolution, de le voir se former et arriver à sa perfection; rien de plus malaisé pourtant qu'un essai de classement de ses ouvrages; aucune estampe en effet ne porte de date et on en est réduit aux hypothèses. En vérité un certain départ s'impose pourtant; on ne se trompe guère sans doute en attribuant aux débuts d'Utamaro toute une série d'estampes où l'imitation se sent nettement des maîtres qui l'ont précédé; l'influence de Koriusaï, de Kiyonaga et de Masanobu apparaît dans un grand nombre de pièces, celle des Katsukawa aussi, de Shunsho et de Shunyei dans ses feuilles d'acteurs, et même il a eu soin de nous avertir une fois qu'il copiait un dessin de Harunobu (n° 31, pl. 12). De même on ne peut pas ne pas donner à ses dernières années toute cette quantité d'estampes faites « à la va-vite » qui encombrent son œuvre. Quand, vers la fin de sa vie, favori de la mode, il était sollicité par tous les éditeurs, il se fiait à son extraordinaire facilité et sa production énorme se ressentait de cette hâte; des centaines de feuilles nous sont connues qui, en regard de ses belles estampes, ne paraissent que de banales improvisations, d'où toute l'harmonie, toute la délicatesse de son art sont absentes. De beaucoup assurément il n'avait donné que des croquis, le groupe de ses élèves les terminant dans son atelier, les Shikimaro, les Hidémaro, les Tsukimaro, les Kikumaro, les Minémaro, et peut-être est-ce encore faire trop d'honneur à ces pauvretés, car un grand nombre ne doivent guère être autre chose que des contrefaçons. Nous avions eu soin de mettre à l'exposition le moins possible de ces pièces douteuses et elles s'y trouvaient rapprochées d'estampes, authentiques elles, mais signées ouvertement par des élèves; or on ne reconnaissait entre les unes et les autres aucune différence. On doit donc admettre que ces morceaux sans caractère ni beauté appartiennent aux dernières années d'Utamaro. Notons d'ailleurs que la distinction entre le début et l'extrême déclin n'est pas toujours aisée à établir : certaines feuilles d'animaux et de fleurs, parfaitement médiocres, témoigneraient aussi bien de l'inexpérience de leur auteur que de sa caducité (n° 201, pl. 87, et 198 et 259, pl. 95) et quelques acteurs dans le style de Toyokuni du commencement du xixᵉ siècle (n° 281 pl. 114) prouvent, ainsi que les imitations plus anciennes des hashirakakés de Kiyonaga (n° 286, pl. 103), que l'art de prendre son bien où on le trouve a fleuri dans l'atelier jusqu'à la fin. En somme pourtant, le point de départ d'Utamaro et son point d'arrivée sont, d'une façon générale, assez faciles à déterminer.

Mais il reste la période de son grand éclat, celle que l'on souhaiterait le plus d'éclairer; or il faut avouer que pour celle-là les lumières nous font défaut. On aurait pu espérer que la série des livres d'Utamaro, presque tous datés, donneraient par comparaison quelque facilité à se reconnaître parmi ses estampes; nous les avons étudiés avec soin dans la belle collection de M. Vever, malheureusement les clartés qu'ils nous offrent sont faibles. Utamaro débute en 1776-1777, par un petit volume de *Chants de Théâtre* signé Kitagawa Toyoakira, tout à fait exécuté dans le style des Torii, et ses *Ronins* de 1777 ne marquent pas plus de personnalité; il fallait s'y attendre et le fait confirme les prévisions. Pour les volumes suivants, les *Huit cents mensonges de Mampachi* (1780) et la *Création du monde* (1784), on aurait peine à apercevoir dans les figures comiques de l'un et dans la cosmogonie plus ou moins caricaturale de l'autre, rien qui rappelle la manière d'aucune estampe de l'artiste, et dans le *Waka-Yébisu*, dans les *Poésies illustrées*, de 1786, ces petites personnes boulottes, quelle que soit leur bonne grâce, ne laissent rien prévoir de l'ampleur des types auxquels Utamaro nous a habitués; notons pourtant sa prédilection à ce moment pour les femmes un peu courtes et aux têtes rondes; l'indication pourra nous servir. En 1788, paraît un second recueil de *Chants de théâtre*, un peu détendu de style, mais qui nous apprend rien, seulement qu'à cette époque encore l'artiste imitait volontiers ses prédécesseurs. Dans la *Fleur du Langage*, de 1787, ce sont toujours des femmes trapues aux visages ronds et inexpressifs, or dès cette même année nous savons que le génie du maître est formé, qu'il est déjà glorieux : c'est celle où il publie les *Insectes choisis* dont nous avons admiré les étonnantes qualités de composition et la perfection de la gravure; faut-il ajouter que ce chef-d'œuvre ne nous fournit aucun renseignement sur la constitution du style des estampes[1]? En 1788, deux livres encore à sujets fantastiques : le *Roman d'une Fée de neige* et la *Fille au cou qui s'allonge,* ressouvenirs de l'enseignement de Toriyama Sékiyen. Une planche des *Poésies sur la lune* de 1789 rappelle les paysanneries que nous

---

1. La même observation s'applique aux *Cent Crieurs (Jéhon Momotidori)* que M. Kurth a ingénieusement démontré dater de 1789 (*Ostasiatische Zeitschrift*, 1912, p. 146).

rencontrons sur un petit groupe d'estampes, assez peu importantes d'ailleurs (n° 61, pl. 28); puis ce sont encore en 1789, et 1790 dans les *Poésies aux allusions rythmiques*, dans le *Conte de la longue vie de Yuchoro* et dans la *Danse du Suruga* de petites femmes courtes et rondes, très spirituellement croquées en vérité dans le dernier ouvrage, et si les *Poésies sur les Fleurs* de 1790 comptent parmi les plus beaux livres de l'artiste, nous avons peine à établir aucun rapprochement probant entre les petites poupées qui circulent si gentiment à travers ces pages et leurs grandes sœurs des estampes.

La même année 1790, l'*Ile des Artemisia* nous est heureusement de quelque ressource; ce joli ouvrage où Utamaro a dessiné quelques-uns de ses plus expressifs paysages nous présente aussi quelques scènes dont il convient de faire son profit. C'est un groupe de femmes assises au bord d'un ruisseau; leur taille s'est allongée, leur visage s'est fait plus ovale, avec ce creux à la tempe si caractéristique d'une certaine période de nos estampes, et nous reconnaissons enfin ces attitudes élégantes et aisées familières à l'artiste; une page même, la *Chasse aux lucioles*, peut être comparée avec le triptyque de même nom (n° 183, pl. 81); le triptyque est plus tardif, à en juger par l'allongement excessif des figures et surtout des cous, mais nous pouvons croire en avoir ici la première idée[1]. La *Promenade à Yédo*, de la même année, est peut-être moins personnelle; on y peut glaner pourtant quelques gestes et nous n'en demanderions pas davantage pour les années qui suivent; mais pendant onze ans, jusqu'en 1801, Utamaro ne datera plus un livre, et quand nous le retrouverons en 1801 avec les *Fleurs des quatre saisons*, ce sera pour être mis en présence de ces types de décadence, de ces femmes au dessin lâché, aux draperies molles, aux visages schématiques que les dernières estampes nous offrent à foison. L'*Annuaire des Maisons vertes*, qui parut en 1804, marque plus de fantaisie et c'est ce qui a fait sa réputation; mais à les considérer de près, les types demeurent les mêmes et ce sont ceux de l'atelier à son déclin. Aussi bien, le volume est signé d'Utamaro et de trois de ses élèves.

Si l'examen des livres de l'artiste confirme ce que nous avons dit des estampes de son début et de celles de ses dernières années, ils ne nous apprennent que peu de chose, on le voit, de celles sur la belle époque. Nous remarquons bien que, d'un type de femme un peu court, Utamaro est passé à un type plus allongé; que ses visages, de ronds sont devenus ovales; que cet ovale s'est creusé ensuite à la tempe, donnant à la physionomie un accent particulier, et qu'enfin un contour rapide et banal a aveuli le type; mais ces notions ne suffisent guère à obtenir une datation tant soit peu exacte des centaines de pièces qui se placent évidemment entre les origines et la période de décadence. Se tournant d'un autre côté, on aurait pu espérer que les marques d'éditeurs apposées sur presque toutes les estampes, auraient pu, examinées de près, apporter quelques précisions. On sait en effet que le principal éditeur d'Utamaro, Tsutaya Jusabro, est mort en 1797; toutes les estampes qui portent son cachet, la fleur surmontée du cône du Fujiyama, sont donc antérieures à cette date, et c'est là un fait important; mais ce serait une erreur de croire qu'avant 1797, et bien qu'Utamaro fût logé chez Tsutaya, il travaillât pour lui exclusivement; l'examen des livres établit sûrement le contraire. A partir de 1786, ses volumes sont publiés d'ordinaire chez Tsutaya, pourtant, en 1790, Nishimura Dembé en édite un; il a dû en être de même des estampes, et le fait qu'elles portent un autre cachet que celui de Tsutaya ne prouve pas qu'elle ne doivent pas être placées entre 1786 et 1797. Il n'y a donc que peu de fond à faire, hormis ce qui touche la date de la mort de Tsutaya, sur les indications données par les marques d'éditeurs. Les variations de la mode dans la forme des robes, des ceintures ou des coiffures ont semblé à certains critiques d'importance capitale et nous avons vu dans les Catalogues précédents qu'on avait échafaudé, en Amérique notamment, les datations les plus exactes, à l'année près, au mois même, sur ces transformations; seulement, il en est de la mode du temps d'Utamaro comme de celle du temps de Harunobu; nous sommes fort mal renseignés sur elle et aucun ouvrage, à notre connaissance, ne fournit de précisions sur son évolution. Quand nous feuilletons les livres, nous voyons les diverses coiffures se mélanger aux pages d'un même volume, les grandes coques latérales avec les doubles coques en hauteur, et nous devons avouer ne pouvoir tirer non plus de ce moyen de classement que des notions assez vagues.

Nous ne sommes pourtant pas tout à fait désarmés. Utamaro a signé presque toutes ses estampes et l'amateur le moins expert a constaté que ses signatures ne sont pas toujours semblables les unes aux autres. Il en est de carrées à

---

1. Nous avions noté chez Harunobu des rapprochements entre diverses pages de ses livres et certaines de ses estampes; un amateur allemand, M. Smidt, a relevé, lui aussi, ces analogies, et il a prétendu démontrer que les estampes qui ont leur prototype dans les livres sont des contrefaçons. Cette opinion est très ingénieusement défendue par l'auteur, mais ce n'est pas le lieu de la discuter, à propos d'Utamaro, que M. Smidt n'a pas visé. Smidt. *Harunobu. Technik und Faelschungen seiner Holzchnitte* (Extrait des *Graphischen Kunsten*, 1911, Wien, in-4°.

2. M. Kurth a donné dans son *Utamaro*, p. 370, un tableau des signatures du maître.

la chinoise, il en est de cursives très nettes où les caractères se détachent les uns des autres, il en est de plus lâchées où un trait un peu abandonné semble relier les divers caractères[2]. Logiquement, il serait difficilement admissible qu'Utamaro eût employé au même moment diverses signatures, et en effet on s'aperçoit, à comparer les pièces, que les transformations de la signature correspondent aux transformations du style; la signature carrée ne se rencontre qu'aux feuilles qu'on peut évidemment attribuer au début de l'artiste, les estampes de la période de grande floraison sont signées d'ordinaire en cursives aux caractères séparés et très nettement formés, et les signes mêmes s'aveulissent, s'étirant et se reliant indûment, à mesure que le style va se déformant sous l'influence de la surproduction hâtive de l'atelier. On peut remarquer aussi que le *delineavit* ou *pinxit* de l'artiste a varié comme sa signature; au début, se conformant à l'usage traditionnel, il fait suivre sa signature du caractère *yégaku*, qui se lit *dessiné par*, et ce caractère ne suit jamais chez lui que des signatures carrées, sur des estampes qui datent évidemment de sa jeunesse; plus tard au contraire, reprenant un terme dont Harunobu avait usé, mais que Kiyonaga, les Katsukawa et tant d'autres avaient laissé tomber en désuétude, il écrit après son nom *fude*, qu'on peut traduire par *pinceau*, et ce terme ne se rencontre que sur ses estampes plus tardives à signature cursive. Ces diverses remarques graphiques, malaisément contestables, se corroborent et apportent quelques éléments à la solution du problème.

En vérité, il semble qu'en réunissant tous ces éléments épars, tous les renseignements fournis par les documents, par la comparaison avec les livres, les marques des éditeurs, les signatures de l'artiste et son *pinxit*, et en étudiant soigneusement les estampes à la lumière de ces données, on puisse se faire au moins une idée générale de l'évolution du style de l'artiste. M. Vignier s'y est appliqué; chacune des feuilles exposées a été soumise par lui à une enquête, il en a interrogé toutes les particularités et ne l'a mise en sa place qu'après mûr examen; le classement du Catalogue est son œuvre et des notes expliquent et justifient ce classement, quand il lui paraît nécessaire. M. Vignier ne prétend certes pas avoir obtenu un groupement définitif, où toutes les feuilles seraient placées dans l'ordre chronologique exact où les a dessinées l'auteur; il s'est abstenu scrupuleusement d'avancer aucune date, car en l'état présent de nos connaissances, il y aurait outrecuidance à s'y essayer; mais il estime, et avec raison sans doute, que le classement auquel il s'est arrêté est le plus logique et le plus conforme aux vraisemblances. M. Kurth en avait tenté un lui aussi; il divisait l'œuvre d'Utamaro en une série de périodes successives, celles où il tâtonne d'abord dans la manière de ses prédécesseurs, où il atteint sa pleine personnalité, où il arrive à la perfection de son art, où il se lance dans des essais plus ou ou moins heureux, où enfin la surproduction l'entraîne et amène une ère d'irrémédiable décadence. En somme, cette division correspond à peu près à celle de M. Vignier; seulement ce n'est pas tout d'établir des divisions logiques, il faut encore y faire entrer les objets, et c'est là que ceux qui ont lu le livre de M. Kurth et qui examineront le présent Catalogue apercevront de sensibles différences. Le groupement des estampes dans chacune des sections instituées est affaire d'œil et de sentiment autant que de raisonnement. On ne saurait donc s'étonner que, suivant les esprits, les détails du classement diffèrent. Nous croyons que M. Vignier a vu juste le plus souvent et essayerons pour finir de résumer son travail et d'en marquer les grandes lignes. Ce sera le meilleur moyen de donner une idée de l'œuvre d'Utamaro considéré comme peintre travaillant pour les graveurs d'estampes; nous n'insisterons plus sur ses livres, ayant montré en effet que, comme ceux d'Harunobu, ils donnent peu de renseignements sur la formation de son style, et, quant à ses peintures, il nous en faudrait parler par ouï-dire, puisque nous ne possédons pas de terme de comparaison certain pour juger des quelques kakémonos à son nom parvenus aux mains des collectionneurs européens.

Utamaro avait donc 23 ou 24 ans quand, pour la première fois, nous entendons parler de lui. Le petit volume qu'il publie en 1776-7, le plus ancien que l'on connaisse, est d'un débutant, médiocrement habile et en aucune façon personnel; bien qu'élève de Toriyama Sékiyen et des Kano, c'est aux Torii que se rattache cet essai et vraisemblablement il lui fallut quelque temps encore pour se trouver. De ces années et de celles qui suivent doivent donc dater la plupart des estampes conçues dans le style de ses prédécesseurs; il en est de fort agréables, une *Scène Maternelle* (n° 5 pl. 1) et un *Intérieur de Maison de thé* (n° 9 pl. 4) dans le style de Kitao Masanobu, des acteurs d'après la formule des Katsukawa (n°° 2 et 3 pl. 2), des Komuso d'après Harunobu (n° 31 pl. 12), une *Scène de la Rue* voisine de Kiyonaga (n°° 6 et 7 pl. 3), mais rien de tout cela ne marque aucune originalité. Plusieurs triptyques où le souvenir de Kiyonaga apparaît encore évident, les *Barques sur la Sumida* (n° 10 pl. 5), les *Pêcheuses d'Enoshima* (n° 11 pl. 6) doivent être à peu près contemporains de ces morceaux ou dater des premières années qui suivent; on y retrouve le type de ces femmes un peu courtes à visages ronds que nous avons noté dans des volumes s'échelonnant jusque vers 1789. Et toutes ces pièces portent la signature carrée et le signe *yégaku*. Cependant dès 1787 Utamaro, la préface de Sékiyen nous l'apprend, passait pour un novateur, pour une manière de révolutionnaire, et la légende veut que, dès 1790, Kiyonaga, découragé et conscient de ne pouvoir lutter contre un tel artiste, se soit retiré du combat. Qu'avait donc fait Utamaro, outre le volume des *Insectes*, pour mériter un tel succès? Rien moins sans doute que les deux séries de Femmes à mi-corps sur fond micacé, et l'on ne peut guère expliquer par d'autres œuvres sa gloire naissante.

Ces petites personnes en effet rompaient décidément avec toute tradition et l'on comprend qu'elles aient dû plaire. L'éclat des fonds micacés apparaissait tout nouveau, le coloris était extraordinairement brillant et chaud, les attitudes parfaitement justes et l'on pouvait contrôler peut-être avec les modèles des ressemblances plus exactes qu'à l'ordinaire. Nous reconnaissons toutefois dans la stature médiocrement allongée de ces avenantes petites personnes, dans leur visage encore suffisamment arrondi un lien avec le type des premières années, et le caractère de la signature de celle des deux séries qui nous semble la plus ancienne, les *Jeunes Femmes jugées au point de vue physiogno-mique* (nᵒˢ 32 à 43 et pl. 13 à 17), se rattache à l'écriture carrée du début. Au second groupe (nᵒˢ 62 à 73, pl. 29 à 32), les visages s'allongent un peu davantage, on rencontre déjà une coiffure à double coque en hauteur (nᵒ 64, pl. 29), mais un court espace de temps doit séparer ces séries l'une de l'autre, tant le style en est analogue. Entre elles s'intercalent quelques essais, paysanneries dont nous avons trouvé un exemple dans les *Poésies sur la lune* de 1789 (nᵒ 61, pl. 28), paysages dont certains tout traditionnels encore (nᵒ 57, pl. 27), quelques scènes d'intérieur d'une intimité charmante, comme ce jeu de *ude oshi* auquel jouent trois petites femmes toutes semblables à celles qui s'enlevaient tout à l'heure sur fond micacé (nᵒ 50, pl. 21), et une manière de tour de force où la belle Okita, représentée plusieurs fois sur les pièces de cette période, se voit aux deux faces de l'estampe, exactement calquée, d'une part de face, sa tasse à la main d'autre part de dos (nᵒ 48, pl. 20). Des ouvrages du maître à ce moment se dégage comme un parfum de jeunesse et l'on y sent l'équilibre parfait du plus beau talent dans sa fleur.

Il est difficile de ne pas faire suivre presque immédiatement ces figures à mi-corps sur fond micacé de celles sur fond jaune. La logique semble commander un tel ordre. La stature des femmes commence à s'allonger; elle n'a certes rien encore d'excessif, bien qu'une japonaise de taille ordinaire puisse déjà ne pas la tenir pour faite à son exacte ressemblance, et la proportion entre les membres demeure excellente; le visage aussi tend vers l'ovale et l'artiste a soin d'en marquer consciencieusement la structure, accentuant dans son contour, comme nous l'avons noté, le creux de la tempe entre l'arcade sourcilière et la pommette. C'est là évidemment un type de transition, mais un type exquis et qui a inspiré à Utamaro quelques-uns de ses chefs-d'œuvre (nᵒˢ 86 à 96 et pl. 37*bis* à 42). A ce groupe se rattachent d'autres ouvrages charmants, les célèbres *Pêcheuses d'awabi* (nᵒ 83 pl. 36 et 37), d'un style si populaire et si dramatique à la fois; les plus belles des Grandes Têtes de femmes, celles que ne dépare encore aucune exagération, où un ferme modelé apparaît derrière le trait toujours juste du contour; les premières *Scènes Maternelles* et non les moins touchantes dans leur simplicité (nᵒ 103, pl. 47), et d'autres figures de femmes, des ouvrières, fileuses ou tisserandes (nᵒ 81, pl. 35), des dames à leur toilette (nᵒ 92, pl. 43) ou assises dans leur intérieur. Utamaro devait tenir ces pièces en particulière estime, car c'est sur deux d'entre elles (nᵒˢ 93 et 94, pl. 44) qu'il a inscrit ses virulentes vitupérations contre les barbouilleurs qui prétendent imiter le style des maîtres, contrefacteurs sans talent et qui déshonorent leur art. Pour se permettre d'aussi orgueilleuses violences, il fallait être un personnage dans le métier de peinture et l'on peut croire que de telles pièces en effet datent de l'apogée du talent de l'artiste.

De 1790 à 1801, nous l'avons vu, date sa grande production d'estampes et, avec le groupe que nous venons de composer, nous sommes entrés fort avant dans cette période. Mais Utamaro ne devait pas conserver longtemps ce parfait équilibre que nous avons admiré en lui, ces formes à la fois justes et gracieuses, simples aussi, et pourtant pittoresques, et peu à peu on voit le maniérisme s'infiltrer dans son art. Certes, il devait produire encore des œuvres excellentes, et nous ne manquerons pas d'en signaler plusieurs, mais elles ont perdu cette admirable pondération des ouvrages de « l'âge d'or ». Pour donner plus de grâce à ses dames, il se prend à les allonger démesurément : la svel-tesse devait être un charme envié de la Japonaise, plutôt courte de nature. Et ce n'est pas la taille seulement qu'il étire, mais les bras aussi, et il les termine par des mains d'une petitesse disproportionnée; les cous de même s'amin-cissent, toujours plus longs, et l'ovale du visage s'amenuise : tout cela sous prétexte d'élégance, mais c'est à la mièvrerie qu'il en vient trop souvent. Elle est particulièrement sensible dans certaines figures debout isolées, tout à fait aimables sans doute par la grâce du mouvement, mais d'une longueur absurde (n°s 184, pl. 82 et 165, pl. 74), et dans quelques groupes tels qu'on les voit à la série des *Heures* (n° 171, pl. 74); quand il s'agit de femmes à mi-corps, le défaut s'aperçoit moins et on l'oublie presque devant la *Sortie Nocturne* (n° 140, pl. 62), où il est d'ailleurs fort atténué, et devant le *Billet doux* (n° 146, pl. 63); Utamaro aussi bien a toujours été un merveilleux metteur en pages de demi-figures. Quant aux triptyques, qui abondent à ce moment, on aurait mauvaise grâce vraiment à leur chercher querelle. Assurément, à la *Promenade de nuit au bord de la Sumida* (n° 123, pl. 56), aux *Femmes sur le pont* (n° 173, pl. 77) et à leur pendant, les *Femmes dans des barques* (n° 174, pl. 78), — ces deux pièces, par un ingénieux artifice de composition, se superposent et leur ensemble forme un curieux tableau, — à la *Chasse aux lucioles* aussi (n° 183, pl. 81), il serait imprudent de regarder chaque femme de trop près; le dessin en réserverait à l'analyste d'assez étranges surprises, mais le pittoresque vraiment tient lieu de correction; qu'on ne s'avise pas non plus d'étudier trop minutieusement le balancement de la composition; on s'apercevrait que, monotone à l'excès, elle pèche bien souvent; toutefois le plaisir des yeux interdit à la raison ces justes critiques. Il faut du génie pour pécher si agréablement et se faire pardonner d'avance. Or le public passait beaucoup à Utamaro et nous ne saurions l'en blâmer.

Il lui passa bien davantage un peu plus tard, mais nous ne suivrons pas les contemporains dans leur engoûment pour les dernières œuvres de l'artiste et il en faut reconnaître la médiocrité. La grâce des premières, l'aimable mièvrerie des suivantes a disparu et ce sont des productions sans caractère où l'on sent, sinon l'épuisement, du moins la hâte de répondre à une demande incessante. Ce qui se gâte surtout, c'est le visage; plus de recherches de modelé, plus de beaux contours délicats, plus de personnalité, mais un trait dur et comme schématique qui uniformise tout, et de même les beaux plis des vêtements s'aveulissent. Dès 1801, la transformation est accomplie, le livre des *Fleurs des quatre Saisons*, qui date de cette année, le prouve, ainsi que l'*Annuaire des Maisons Vertes* de 1804, et toute la série d'estampes que permet de dater leur parenté avec ces volumes; c'est le tryptique de la *Pluie*, voisin d'une composition du livre des *Fleurs* (n° 241, pl. 106), le tryptique de *Taïko-sama*, daté par le procès d'Utamaro (1804) et tant d'autres compositions ou séries également faibles; ce qu'on en peut dire de mieux c'est que le maître n'y doit avoir qu'une faible part. Que parfois son génie éclate de nouveau en un arrangement pittoresque, touchant ou dramatique, c'est ce que nous ne songeons point à nier; une part des Kintoki date sans doute de cette dernière période, à en juger par le type de la femme, et nous avons dit les trésors que renferme cette série, mais de telles surprises sont rares. Et non seulement l'atelier déforme ses propres traditions, mais il se met à prendre de toutes mains. Certains hashirakakés sont empruntés à Kiyonaga, le triptyque de la *Cueillette des Kakis* (n° 252, pl. 107) s'inspire de Toyokuni et l'influence de ces deux peintres se retrouve dans les dernières feuilles d'acteurs (n°s 281 et 283, pl. 113 et 114); Yeishi lui-même semble mis à contribution (n°s 256, pl. 103); tout cela sent la décadence. Pour en mesurer la profondeur, il suffit de jeter un coup d'œil sur quelques planches ajoutées vers ce moment sans doute à l'une des séries du début, à la belle suite des *Portraits physiognomiques* (n°s 242 et 243, pl. 108). Ce sont toujours des femmes vues à mi-corps, mais on n'en peut dire davantage et tout ce qui faisait le charme des premières a disparu; visages impersonnels, traits banalisés, maladresse de mise en page, et dans la hâte, le fond micacé a été oublié. Rien ne reste alors de ce qui faisait jadis la gloire d'Utamaro; ce n'est plus qu'un art indifférent et vide, une misérable formule que les élèves et faussaires étaient à même d'appliquer aussi bien que le maître.

Mais ne terminons pas sur ces fâcheuses impressions; nous oublierions trop qu'Utamaro a été en sa période de belle floraison un des grands peintres de l'École populaire. A-t-il été le plus grand, comme l'opinion européenne semble aujourd'hui le penser? Rien n'est dangereux comme de décerner des prix et de marquer des rangs, et si, devant certains chefs-d'œuvre d'Utamaro, nous nous écrions de plaisir, si nous sommes tentés de le tenir pour le premier, n'oublions pas qu'en étudiant Kiyonaga, — les Primitifs, trop différents, étant mis hors de cause — nous avions été ravis d'une égale admiration. On a dit que Kiyonaga se serait retiré devant Utamaro et lui aurait cédé la place, la tradition japonaise allant jusqu'à fixer à 1790 la date de cette retraite; nous avons vu l'an dernier que cette tradition était peu vraisemblable, puisque, parmi les rares estampes datées de Kiyonaga, une au moins porte un millésime très postérieur, et l'étude de l'œuvre d'Utamaro nous confirme dans ce doute. C'est sûrement après 1790 qu'ont paru les suites d'Utamaro où la taille des femmes s'allonge démesurément; cette mode n'eut qu'un temps puisque, dès le début du xixe siècle nous la voyons abandonnée. Or, Kiyonaga la suivit aussi et l'on se souvient de ces longues femmes élégantes, trop longues elles aussi, qui peuplent son œuvre. Est-il vraisemblable que des formules si analogues n'aient pas apparu en même temps chez les deux artistes? Une mode ne se répète pas à peu d'années de distance. Kiyonaga n'a donc pas désarmé devant son jeune rival et il a eu raison. Il avait la grandeur classique; ses femmes n'ont pas besoin pour nous plaire de jouer un rôle dans la comédie intime de la vie, elles n'ont qu'à se présenter, marcher devant nous, dans la campagne ou sur leur terrasse, aller seules ou en groupes : elles nous charment par la noblesse de leur port et, vues une fois, nous ne les oublions plus. Utamaro situe davantage ses modèles; chaque femme qu'il peint a sa personnalité, il nous fait son portrait, la montre dans son milieu et l'intéresse à quelqu'un de ces menus travaux qui remplissent son existence; elle vit et c'est par la sensation de la vie qu'elle nous séduit, charmante d'ailleurs autant que sa grande sœur, mais moins éthérée. Il y a toujours du pittoresque dans l'art d'Utamaro, avec une pointe de sentiment, et sa variété est infinie ; celui de Kiyonaga, avec quelque uniformité, marque plus de tenue et plus de noblesse. Lequel préférerons-nous ?

L'exposition de 1913 montrera des estampes des succédanés d'Utamaro, Yeishi, Yeisho et (Choki) Nagayoshi et l'œuvre de Hokusaï.

RAYMOND KŒCHLIN.

INDEX

CATALOGUE

NOMS DE PEINTRES

ÉDITEURS

IMPRIMEUR

KWAKUCHODO TOYÉMON.

GRAVEURS

GLOSSAIRE

FORMATS

Nagayé ou *Hashirakaké*. — Grand format en hauteur très étroit. Environ : 0^{m}650 sur 0^{m}150.

Hosoyé. — Petit format étroit. Environ : 0^{m}300 sur 0^{m}150.

Oban. — Format en hauteur. Environ : 0^{m}450 sur 0^{m}300.

Chuban. — Petit format en hauteur. Environ : 0^{m}300 sur 0^{m}220.

SIGNATURES

Les signatures des peintres japonais sont suivies d'ordinaire de termes correspondants à pinxit, delineavit ; *ce sont dans ce volume :*

YÉGAKU. — Dessiné par. | FUDÉ. — Pinceau.

CATALOGUE

UTAMARO

———

PREMIÈRE PÉRIODE

INFLUENCES

1. Kakémonoyé.

Sur un nuage, trois divinités : Debout au centre, Amatératsu Omikami, la déesse du soleil, le chef nimbé d'un disque rouge. Assise à droite, la déesse de l'industrie de la soie, Ukémochi no Kami, qui tient un dévidoir. Assis à gauche, une branche d'arbre à la main, Ama no Kumabito, le dieu de l'agriculture.

Signée : Shikun Utamaro Minamoto no Toyoakira Kingwa.

Cette signature extrêmement rare se traduit ainsi : Respectueusement dessiné par (*Kingwa*) le maître de la maison violette (*Shikun*), Utamaro, du clan des Minamoto, nommé Toyoakira (Toyoakira est le *Nanori* d'Utamaro, le nom donné par le *Naoya* [1].

Cette estampe fut évidemment faite pour un temple. Nous la considérons comme une œuvre de la prime jeunesse d'Utamaro.

Pl. 2. — H. 0m460. — L. 0m160.   M. Vignier.

2. Hosoyé, gris et noir.

Femme fantôme errant dans un jardin désert.

Style de Toriyama Sékiyen.

Signée : Utamaro, yégaku, en caractères carrés.

Ni nom ni marque d'éditeur.

Pl. 2. — H. 0m305. — L. 0m145.   Mme Gillot.

3. Hosoyé, noir, vert-olive et jaune.

Acteur dans le rôle d'une voleuse. Elle est debout, la tête couverte d'une coiffure de paille. Un grand sabre est passé à sa ceinture. Derrière elle une malle qui renferme ses larcins.

Style des Katsukawa.

Signée : Utamaro, yégaku.

Ni nom ni marque d'éditeur.

Cette estampe — un cachet nous l'indique — appartint au peintre et imagier Kyosaï, lequel avait réuni une collection d'estampes fort intéressante au point de vue documentaire et qui fut dispersée à sa mort.

Pl. 2. — H. 0m295. — L. 0m135.   M. Bing.

[1]. Jusqu'à Meiji, tout garçon recevait, six jours après sa naissance, son nom d'enfant (*Yomyo*). A quinze ans, son parrain (*Naoya*) lui donnait son nom d'homme (*Nanori*).

Utamaro fut-il le fils, par le sang, de Sékiyen ou ne fut-il que son fils d'art, (*Monjin*) ? Sans prendre parti dans cette controverse, nous observerons qu'il semble presque certain que le *Nanori* d'Utamaro, Toyoakira, dérive de celui de Sékiyen, Toyofusa.

4. Hosoyé, noir et violet.

Jeune homme de la bonne société se promenant, accompagné par un petit domestique. De la série *Tosei Fuzoku tsu*, modes du jour présent.

Signée : Utamaro (dans la forme *Sosho*).

Cette estampe est singulière. Elle n'offre rien du style calligraphique, qui est propre à toute l'imagerie japonaise. La jolie attitude du gentleman qui marche, le corps un peu penché en avant, retroussant son kimono, l'amusant profil perdu du gosse, gardent la verdeur analytique d'un dessin sur nature.

Ni nom ni marque d'éditeur.

Pl. 8. — H. 0m280. — L. 0m135.   M. Bing.

5. Chuban, noir, gris, violet, rouge et vert sur fond gris.

Deux jeunes femmes, en costumes d'été, jouant avec un bambin et un petit chien.

De la série *Tsusei Sanka no wata*, modes populaires du district inférieur de Uyéno.

Style de Masanobu.

Signée : Utamaro, yégaku, en caractères carrés.

L'une des jeunes femmes, celle qui tient le bambin, est assise à croupeton. Son kimono s'ouvre et montre une de ses jambes recouverte jusqu'au-dessous du genou, par la chemise. Pour faire le chiffonnage du tissu souple, Utamaro a usité de ce contour tremblé que Hok'saï semble avoir employé le premier dans ses dessins et ses estampes.

Pl. 1 (en couleurs), H. 0m255. — L. 0m185.   M. Vever.

6. Petit oban, bleu foncé, noir, vert-olive sur le fond rose clair du pont.

A l'entrée du pont de Niogoku, sur la Sumida, on voit, un éventail à la main, une jeune fille de bonne famille, que deux servantes accompagnent.

Signée : Utamaro, yégaku, en caractères carrés.

Editeur Tsutaya.

Pl. 3. — H. 0m307. — L. 0m215.   M. Vever.

7. Petit oban.

Même estampe que ci-dessus, mais disposée symétriquement. La scène du premier plan diffère. C'est une dame qu'accompagnent une servante qui ouvre son ombrelle et une petite bonne portant un bambin sur le dos.

Signée : Utamaro, yégaku, en caractères carrés.

Editeur Tsutaya.

On serait tenté de supposer que ces estampes forment diptyque et qu'en se joignant elles offrent une vue perspective du pont. Il n'en est rien, car elles ne se raccordent pas. Il faut plutôt croire à deux variantes d'un même sujet.

Pl. 3. — H. 0m300. — L. 0m215.   M. Vever.

8. Chuban, bleu, violet et rose.

Un jeune homme et son amie, assis dans une chaya, regardent à travers les barreaux deux courtisanes qui passent sur la terrasse.

Cette estampe appartient à un diptyque ou à un triptyque.

De la série *Keisei Fumi no Sugata*, modes de courtisanes.

Style de Masanobu.

Signée : Utamaro, yégaku, en caractères carrés.

Ni nom ni marque d'éditeur.

Pl. 9. — H. 0ᵐ220. — L. 0ᵐ162.   M. Vever.

9. Diptyque, gamme de gris où dominent des roses et des noirs.

Un jeune et riche viveur, entouré de geisha, goûte le charme d'un soir d'été dans une chaya à Takanawa (Shiba, Yédo). Il est allongé sur le sol, une coupe à saké dans une main. De l'autre il tient sa pipe dont il vient de tirer une bouffée. Et comme une petite kamuro se penche vers lui, pour emplir sa coupe de saké chaud, il lui souffle en plein visage sa fumée.

Le titre de l'estampe est : Amusements raffinés.

Style de Masanobu.

Signée : Utamaro, yégaku, en caractères carrés.

Ni nom ni marque d'éditeur.

Pl. 4. — H. 0ᵐ375. — L. de chaque estampe, 0ᵐ250.

M. Marteau.

10. Triptyque oban, tons neutres où jouent des noirs.

C'est une soirée d'été. Maints bateaux de plaisance promènent sur la Sumida des jeunes hommes et des jeunes femmes.

Influence de Kiyonaga.

Signée : Utamaro, yégaku, en caractères carrés.

Ni nom ni marque d'éditeur.

Pl. 5. — H. 0ᵐ345. — L. de chaque estampe, 0ᵐ250.

M. Vever.

11. Triptyque oban, polychromie où prédominent l'orange et le vert-olive.

Sur la plage de Yénoshima, des promeneurs s'installent pour goûter, pour pêcher à la ligne. On déploie des nattes. Des barques amènent de nouveaux touristes.

Style de Kiyonaga.

Signée : Utamaro, yégaku, en caractères carrés.

Ni nom ni marque d'éditeur.

Pl. 6. — H. 0ᵐ375. — L. de chaque estampe, 0ᵐ250.

M. Jacquin.

12. Triptyque oban, polychromie où dominent le jaune et le vert.

Fête dans une chaya. Au fond de la salle une danseuse et des musiciens. A gauche, écoutant avec complaisance les propos que lui tient, presque à l'oreille, sa compagne, un personnage est assis. C'est l'artiste Kitao Masanobu. A droite une femme s'écroule une lettre froissée dans la main. Il s'agit sans doute de quelque déception amoureuse qu'exaltent, ce soir de liesse, de trop fréquentes coupes de saké.

Signée : Utamaro, yégaku, en caractères carrés.

Éditeur Fushizen.

Pl. 7. — H. 0ᵐ355. — L. de chaque estampe, 0ᵐ260.

M. Vever.

13. Triptyque oban, vive polychromie sur le fond clair du paysage.

Le long de la côte de Shichirigahama, près de Kamakura et de Yénoshima, des promeneurs, hommes, femmes, enfants. Ils sont tous en costumes de touristes. Les enfants s'attardent à taquiner des crabes, à ramasser des coquillages.

Signée : Utamaro, yégaku, en caractères carrés.

Éditeur Tsuruya.

H. 0ᵐ325. — L. de chaque estampe, 0ᵐ230.   M. Vever.

14. Chuban, rouge et jaune.

Deux dames de la cour composant des vers à la louange du prunier et du rossignol. Une fillette apporte un arbuste nain. C'est le jour du rat, en janvier.

Signée : Utamaro, yégaku, en caractères carrés.

Éditeur Tsutaya.

Pl. 8. — H. 0ᵐ250. — L. 0ᵐ185.   M. Bouasse-Lebel.

15. Chuban, gris et violet (partie de triptyque).

Deux amants se prélassent au fond d'un bateau, à l'abri d'une natte de jonc. La jeune femme porte à ses lèvres un verre à pied d'importation européenne — nouveauté qui dut plaire à Utamaro, car il l'introduisit plusieurs fois dans ses estampes. Debout, derrière le couple, une jeune femme.

Style de Kiyonaga.

Signée : Utamaro, yégaku, en caractères carrés.

Éditeur Tsutaya.

Pl. 9. — H. 0ᵐ252. — L. 0ᵐ180.   M. Mutiaux.

16. Chuban, vert, rouge, violet et jaune, sur fond jaune clair (partie de triptyque).

Deux jeunes femmes broient des grains de riz dans un mortier de pierre pour faire de l'amidon, cependant que leur compagne frappe à coup de battoir sur une pièce de coton. Deux hommes jouent du tsuzumi.

Scène incompréhensible par suite du manque des feuilles complémentaires.

Style de Kiyonaga.

Signée : Utamaro, yégaku.

Éditeur Tsutaya.

H. 0ᵐ255. — L. 0ᵐ190.   M. Vever.

17. Oban, rose et vert.

Deux geisha, appartenant à la maison Hagiya, ont revêtu des costumes fantaisistes, car c'est le jour de la fête du Yoshiwara et elles vont prendre part à une Niwaka.

De la série *Seiro Niwaka*.

Mélange des styles de Koriusaï et de Masanobu.

Signée : Utamaro, yégaku, ce dernier caractère imprimé en rouge.

Éditeur Tsutaya.

H. 0ᵐ368. — L. 0ᵐ247.   M. Rouart.

18. Oban, tons neutres, gris, beige et brun.

Deux geisha Shimatomi et Tomikichi, de la maison Suyéhiroya, s'habillant avec l'aide d'une servante, pour se rendre à une Niwaka.

Mélange des styles de Masanobu et de Koriusaï.

Même série que ci-dessus. Même signature.

Pl. 12. — H. 0ᵐ375. — L. 0ᵐ225.   Mᵐᵉ Gillot.

19. Oban, polychromie où domine un rouge clair.

Scène de geisha. Leurs noms sont Ochiyé et Onokichi. Elles appartiennent à la maison Matsuya.

L'une d'elles quitte la chambre avec son serviteur qu'on voit descendre l'escalier, la boîte au shamisen sur l'épaule.

Mélange des styles de Masanobu et de Koriusaï.

Même série que ci-dessus. Même signature.

Ni nom ni marque d'éditeur.

H. 0^m370. — L. 0^m260. Mme GILLOT.

20. Surimono.

Scène de théâtre représentée par un grand nombre d'acteurs. Style des Katsukawa.

Signée : Utamaro, yégaku, en caractères carrés.

Pl. 10. — H. 0^m170. — L. 0^m385. M. VEVER.

21. Petit koban, bleu et rouge clair.

Une petite paysanne, assise dans un champ, s'apprête à fumer une pipe. C'est un Saotomé ou Uyémé (femme qui s'occupe de la culture du riz).

Selon la légende, le riz fut offert à l'alimentation nippone par la déesse du soleil Amatératsu Omikami. Depuis lors, ce furent surtout les femmes qui s'occupèrent de cette culture.

De la série *Oina Fuʒoku Shinasadamé*, styles de différentes femmes.

Signée : Utamaro, yégaku, en caractères carrés.

Ni nom ni marque d'éditeur.

H. 0^m185. — L. 0^m120. M. BING.

22. Chuban, violet et vert pâle.

Courtisane vêtue d'un manteau à traîne (*Uchi Kaké*). Dans le couloir, elle cause avec sa petite kamuro. Le dessin est entouré d'un médaillon en forme de *Yuki-wa*, cristal de neige.

De la série *Yoshiwara Zashiki Hakkei*, huit scènes d'intérieur du Yoshiwara.

Signée : Utamaro, yégaku.

Ni nom ni marque d'éditeur.

Pl. 11. — H. 0^m235. — L. 0^m175. M. BING.

23. Feuille d'éventail.

Une jeune femme, en toilette de nuit, s'attarde un instant sur la terrasse, à regarder tomber la pluie, avant de gagner sa chambre, au seuil de laquelle l'attend une servante, un bougeoir à la main.

De la série *Ukiyo Fujin Hakkei*, huit vues représentées par des modes populaires de femmes.

Signée : Utamaro, yégaku.

Éditeur Kanéta.

Pl. 11. — H. 0^m220. — L. 0^m260. M. BING.

24. Surimono, violet et jaune.

L'hilare Hotei jouant au *Ken* avec une geisha.

Appartient à une série de sept, représentant les dieux du bonheur.

Signée : Utamaro, yégaku.

Pl. 10. — H. 0^m165. — L. 0^m185. M. ODIN.

25. Surimono, violet et vert, avec une note rouge.

Jurô, dans un costume d'écrivain public, lisant à une courtisane une longue épître amoureuse qu'elle lui a apportée. Derrière le dieu, bâille une petite kamuro.

Même série que ci-dessus.

Signée : Utamaro, yégaku.

Pl. 10. — H. 0^m170. — L. 0^m190. M. ODIN.

26. Surimono, bleu et violet.

Cependant qu'une jeune femme lui raccommode son vêtement, Bishamon affûte la pointe de sa lance.

Même série que ci-dessus.

Signée : Utamaro, yégaku.

H. 0^m165. — L. 0^m185. M. ODIN.

27. Surimono, violet et jaune.

Ebisu, en cuisinier, découpe un taï. Une jeune femme lui offre une coupe de saké.

Même série que ci-dessus.

Signée : Utamaro, yégaku.

H. 0^m165. — L. 0^m184. M. ODIN.

28. Chuban, gris, vert, violet et jaune.

Scène du nouvel-an. Deux manzaï dansant et chantant dans une maison de daïmyo. De derrière un paravent des dames les regardent.

Signée : Utamaro, yégaku.

Pour cette estampe, Utamaro a usité d'un dessin qui lui est peu habituel : un dessin plus réaliste, plus analytique, voisin de celui de Hokusaï et visant à la caricature.

Pl. 8. — H. 0^m235. — L. 0^m183. M. ROUART.

29. Surimono.

Réunion de poétesses figurées par des femmes de différentes classes. De gauche à droite, on voit une courtisane, une femme de marchand, une dame de l'aristocratie, une épouse de daïmyo, une geisha. Cette assemblée composite signifie que les poètes ont des styles variés.

Dans un écran, le prince-poète Narihira, à cheval, au bord de la mer, à Tagona ura. Au fond le Fuji.

Signée sur l'écran : Utamaro, yégaku, en caractères carrés.

H. 0^m190. — L. 0^m485. M. BING.

30. Surimono.

Sur une terrasse, par une soirée de printemps, des dames font de la musique.

Signée : Utamaro, yégaku, en caractères carrés.

Pl. 9. — H. 0^m170. — L. 0^m385. M. VEVER.

31. Oban.

Un couple de jeunes Komuso. Elle et lui portent à la main leurs grands chapeaux en forme de cloche.

On lit à droite : *Kojin Suʒuki Harunobu no Zu*, dessin de feu Suzuki Harunobu.

Signée à gauche : Kitagawa Utamaro, Utsusu (copiée par).

Éditeur Marumura (Murataya Jihei).

Pl. 12. — H. 0^m365. — L. 0^m250. M. VIGNIER.

ESTAMPES A FOND MICACÉ[1]

(Première série).

32. Oban, rose saumon, vert et noir sur fond micacé.

Portrait en buste d'une jeune dame de la bonne société. Elle porte cette coiffure qui forme sur le front un papillon dont les

1. Sauf une estampe, la Hollandaise, que M. Kurth reproduit (pl. 18) dans son ouvrage, et que nous ne décrivons pas dans notre catalogue parce que, malheureusement, elle est de Kuniyoshi, nous pensons que notre exposition présentait tout ce qui est connu, comme fond micacé ou fond d'argent, d'Utamaro. Si nous

ailes contournent le chignon et se rejoignent derrière. Elle tient d'une main un éventail, de l'autre une ombrelle.

De la série *Fujo Ninso Juppin*, dix jeunes femmes jugées au point de vue physiognomonique.

Signée : Sokwan Utamaro (avec le caractère Uta complet[1]), Kogwa, en caractères carrés.

Sokwan signifie le physiognomoniste, Kogwa, dessiné après mûres considérations.

En haut de l'estampe, à droite, un cartouche formé par la juxtaposition de trois tablettes. Celle de droite porte le nom de la série, celle de gauche la signature, celle du milieu restant vide.

Éditeur Tsutaya.

Pl. 15. — H. 0^m350. — L. 0^m230.　　　　M. Vignier.

33. Oban, bistre sur fond rose micacé.

Portrait en buste d'une jolie femme de basse classe.

Même série, même signature et même éditeur que ci-dessus.

H. 0^m302. — L. 0^m225.　　　　M. Bouasse-Lebel.

34. Oban, bleu, rose, jaune et violet sur fond rose micacé.

Portrait en buste d'une dame d'âge moyen lisant une lettre d'amour.

Au tirage des noirs, un manque s'est produit dans le chignon.

Même série, même signature et même éditeur que ci-dessus.

Pl. 13 (en couleurs). — H. 0^m385. — L. 0^m260.

　　　　M. Kœchlin.

35. Oban, vert, blanc, gris et rose sur fond micacé.

Même estampe que ci-dessus, tirée sur un bois différent.

Dans l'estampe précédente, le fond micacé est rose, le kimono à fond bleu avec la doublure des manches rouge, l'obi à fond jaune, le col de la chemise (*Juban no yéri*) violet. Dans la présente estampe, le fond est micacé blanc, le kimono vert doublé de blanc, l'obi à fond gris et le col de la chemise rose.

De plus, cette seconde estampe ne porte pas de cartouche et ne donne ni le nom de la série, ni celui de l'artiste, ni celui de l'éditeur.

H. 0^m385. — L. 0^m255.　　　　M. Du Pré de St-Maur.

36. Oban, vert, rose et blanc sur fond micacé.

Portrait en buste d'une candide jeune fille qui tient à sa bouche la sorte de petite trompette de verre qu'on appelle *poppen*.

La poppen est une petite bouteille de verre, dont le fond plat est extrêmement mince. Par de successives aspirations et inspirations on fait vibrer cette membrane qui émet deux sons : *pop* et *pen*.

Même série, même signature et même éditeur que n° 34.

Pl. 15. — H. 0^m380. — L. 0^m245.　　　　M. Jacquin.

37. Oban, bleu, vert et rouge sur fond micacé.

Portrait en buste d'une jeune femme de classe inférieure. Elle tient sa pipe à la main et exhale la fumée de sa bouche. Elle est fort débraillée sous son kimono léger qui la dévoile jusqu'au ventre.

Même série, même signature et même éditeur que ci-dessus.

Pl. 16. — H. 0^m375. — L. 0^m250.　　　　M. Vever.

38. Oban, gris, vert et bistre sur fond micacé.

Portrait en buste d'une jeune épouse de la classe moyenne. Elle tient un discours qu'elle accentue de menus gestes de ses doigts.

Même série que ci-dessus. Même signature, sans le caractère Ko. Même éditeur.

Pl. 17. — H. 0^m370. — L. 0^m245.　　　　M. Rouart.

39. Oban, noir, gris vert et notes rouges sur fond micacé.

Portrait en buste d'une jeune femme, les mains jointes dans l'attitude de la prière. Elle tient un écran décoré du kiri (paulownia).

Même série, même signature, même éditeur que ci-dessus.

Pl. 17. — H. 0^m385. — L. 0^m250.　　　　Mme Gillot.

40. Oban, vert pâle et tache noire sur fond micacé.

Portrait en buste d'une jeune épouse de classe inférieure, qui regarde dans son miroir si l'opération du laquage en noir de ses dents a réussi.

On sait qu'au Japon les femmes mariées noircissaient leurs dents.

Même série, même signature, même éditeur que ci-dessus.

Pl. 14 (en couleurs). — H. 0^m375. — L. 0^m240.

　　　　M. Du Pré de St Maur.

41. Oban, réséda sur fond micacé.

Portrait en buste d'une jeune femme, dont la gorge est nue sous son kimono entrouvert.

Même série[2], même signature, même éditeur que ci-dessus.

On comprend maintenant pourquoi Utamaro s'est intitulé physiognomoniste dans cette série. La tablette du milieu (entre celle portant le titre et celle où se trouve la signature) restée vide dans les précédentes estampes porte ici les caractères : *Uwaki no So*, qui signifient que la personne portraicturée apporte aux jeux de l'amour une fougue singulière.

Pl. 16. — H. 0^m375. — L. 0^m245.　　　　M. Ducoté.

42. Oban, bleu, violet et rose sur fond d'argent.

Trois portraits en bustes, disposés en pyramide, de geisha costumées pour un niwaka.

La première qui porte un chapeau transparent figure un Coréen, celle de droite, un lutteur, celle de gauche un danseur de la danse du shishi.

De la série *Seirô Niwaka Geisha Hô Bu*, mascarades de geisha.

Signée : Utamaro, yégaku.

Éditeur Tsuruya.

Pl. 18. — H. 0^m390. — L. 0^m260.　　　　M. Migeon.

---

nous trompons, nous serons reconnaissants à nos amis de l'étranger de vouloir bien nous le signaler.

Et que ce nous soit l'occasion de remercier ici M. Clarence Buckingham et M. Frédéric William Gookin, collectionneurs bien connus, de Chicago, qui nous ont montré deux hosoyé de Sharaku non encore décrits. Ces deux estampes ainsi que trois autres du même maître qui, depuis l'apparition du précédent catalogue, sont entrées dans la collection de M. Doucet, et toutes celles d'ailleurs, de divers artistes, et présentant un intérêt exceptionnel, que nous pourrons éventuellement découvrir, seront publiées en supplément, lors de l'apparition du sixième et dernier volume de cette série.

1. La signature d'Utamaro offre ici, et dans un certain nombre d'estampes que nous verrons plus loin, cette particularité que l'idéogramme Uta n'est pas écrit en abrégé, comme dans les signatures habituelles, mais qu'il comporte les deux signes *Hen* et *Tsukuri*.

2. De cette série annoncée comme comportant dix pièces, notre Exposition montrait les neuf estampes décrites n°s 32 à 41. Nous ne connaissons pas la dixième, que nous n'avons vue, nulle part, reproduite.

43. Oban, violet (viré au vert[1]) sur fond micacé.

Grand portrait en buste d'une courtisane de la maison Hira-
noya.

Signée : Utamaro, yégaku.

Éditeur Kawaju.

Pl. 18. — H. 0m35o. — L. 0m23o.   M. Mutiaux.

PIÈCES DIVERSES

44. Oban, noir et tons passés.

Jeune femme se regardant dans un miroir dont toute la partie
non occupée par l'image reflétée est micacée.

De la série *Sugatami Shichi nin Kesho*, sept femmes vues
dans le miroir.

Signée : Utamaro, yégaku.

Éditeur Tsutaya.

Pl. 19. — H. 0m37o. — L. 0m24o.   M. Mutiaux.

45. Oban, vert, jaune, gris et violet.

Jeune femme se coiffant, assise sur sa véranda. Une fillette
lui apporte une lettre.

Signée : Utamaro, yégaku.

Éditeur Tsutaya.

H. 0m32o. — L. 0m22o.   M. Vignier.

46. Oban, rouge, violet, bleu-gris et vert sur fond jaune.

La courtisane Makiginu, de la Tamaya, sa petite kamuro
auprès d'elle, demande à sa shinzo de jouer un air de shamisen.

Signée : Utamaro, yégaku.

Éditeur Tsutaya.

Pl. 24. — H. 0m375. — L. 0m25o.   M. Bullier.

47. Oban, orange, vert et rouge sombre.

Komei et Chohi rendant visite à Gentoku par un jour de
neige.

Illustration pour le *Sangokushi*, trois royaumes en Chine.

Signée : Utamaro, en caractères carrés.

Éditeur Tsutaya.

H. 0m32o. — L. 0m22o.   Musée du Louvre.

48. Hosoyé *Ryomenzuri* (imprimé des deux côtés) en rose et vert.

La belle Naniwaya Okita, tenant, dans la main gauche, sur un
chadaï (présentoir) de laque, une tasse de thé, et portant de la
droite un tabakobon.

Sur un côté de l'estampe on voit le sujet de face, de derrière
sur l'autre.

Signée : Utamaro, yégaku.

Éditeur Yamaguchi Tobei.

Pl. 19 et pl. 20 (en couleurs). — H. 0m32o. — L. 0m145.

M. Vever.

1. Le violet de la chromoxylogravure japonaise s'obtenait par le mélange ou
la superposition du rose et du bleu, à quoi l'imprimeur ajoutait, pour chauffer le
ton, une pointe de jaune.

Le rose employé était particulièrement évanescent, ce qui douait le violet
d'une extrême fragilité. Que l'estampe fût exposée à une lumière un peu vive,
qu'elle fût accidentellement mouillée, ou qu'elle eût été volontairement triturée,
selon des recettes bien connues, ce rose disparaissait et ne restaient plus en présence que le bleu et le jaune qui se muaient en gris-vert, en réséda.

D'une manière générale, la polychromie d'Utamaro était pleine, vigoureuse,
chantante. Les estampes « aux tons délavés » devant lesquelles s'extasiait Goncourt, n'étaient guère que des estampes vidées ou truquées.

49. Oban yokoyé de grand format.

Le lutteur Taka-Arashi et le jeune Kintoki comparent leurs
forces. La belle Naniwaya Okita est l'arbitre de ce match. Deux
autres courtisanes Takashima Ohisa et Tomimoto Toyohina
encouragent les adversaires.

Signée : Utamaro, yégaku, en caractères carrés, le signe Uta
complet.

Éditeur Yamaden.

Pl. 22. — H. 0m32o. — L. 0m465.   M. Vever.

5o. Oban yokoyé, rouge clair, vert et jaune indien sur fond jaune.

Deux jeunes femmes comparent la force de leurs bras au jeu
de *Udéoshi*, cependant qu'une de leurs compagnes, éventail en
main, joue le rôle d'arbitre.

Signée : Utamaro, yégaku.

Éditeur Tsuruya.

Pl. 21. — H. 0m252. — L. 0m37o.   M. Vever.

51. Oban, noir et rose sur fond jaune.

Deux jeunes filles transférant des cyprins d'un bassin dans un
petit aquarium.

Rehauts de mica sur l'aquarium et sur col (*yéri*) du vêtement porté
sous le kimono, qui est la chemise (*juban*).

Signée : Utamaro, yégaku.

Éditeur Uyémura.

H. 0m375. — L. 0m255.   M. Smet.

52. Oban, rouge, vert et noir sur fond jaune.

Assise près d'une table basse, qui porte un suzuri et des pinceaux,
la courtisane Kasugano écrit un poème d'amour sur un éventail.
Debout, à côté d'elle, sa shinzo la regarde. De la série de 3 estampes
Seiro Setsu Getsu Kwa, la neige, la lune et les fleurs du seïro.

Signée : Utamaro, fudé, le signe Uta complet.

Éditeur Marumura.

Pl. 23 (en couleurs). — H. 0m38o. — L. 0m25o.   M. Smet.

53. Oban, noir, blanc et violet sur fond jaune poudré.

C'était la coutume au Yoshiwara, quand le bon faiseur avait
livré une toilette nouvelle à une oïran, que celle-ci fit admirer
la somptueuse création à ses plus chères compagnes. On voit ici
les courtisanes Hinazuru et Tsuruji, assises et contemplant une
robe (Uchikaké) ornée du décor Toï no Tamagawa.

Dans un cartouche, une poésie sur la Tamagawa.

De la série *Mitsu no Tamagawa*, les 6 Tamagawa.

Dans cette série, l'imagier a voulu comparer six courtisanes à six
aspects de la Tamagawa. La métaphore est ténue, car la rivière
n'est évoquée que par le décor d'une robe.

Signée : Utamaro, yégaku, en caractères carrés

Éditeur Tsutaya.

Pl. 25. — H. 0m35o. — L. 0m24o.   M. Horteloup.

54. Oban, noir et rose, sur fond jaune poudré d'or.

La courtisane Hana-ogi, arrangeant une branche fleurie de
yamabuki pour la mettre dans un vase.

Même série que ci-dessus.

C'est ici la fleur de yamabuki qui crée le trait d'union, au moyen
d'un calembour, car la rivière Tamagawa passe à Yamabuki.

Signée : Utamaro, yégaku, en caractères carrés.

Éditeur Tsutaya.

Pl. 25. — H. 0m375. — L. 0m24o.   Musée du Louvre.

55. Oban, d'un puissant coloris rouge et olive, violet et rose,
pourpre et noir, sur fond jaune.

La courtisane Senzan, de la Chojiya, se promenant sous les
cerisiers fleuris avec ses deux kamuro Isoji et Yasoji, dont l'une
tient un jouet, qui est un garçonnet dansant la danse du shishi.

Signée : Utamaro, fudé, le signe Uta complet.

Éditeur Marumura.

Pl. 24. — H. 0^{m}375. — L. 0^{m}235.   M. Vever.

56. Oban, des rouges, des roses légers, des bruns et des olives sur
fond jaune.

La courtisane Soméyama, de la Matsubaya, se promenant
sous les cerisiers en fleurs avec ses deux kamuro Momiji et
Hanano. L'une des petites porte un jouet, un petit garçon qui
joue de la trompette.

Appartient, comme ci-dessus, à une série de courtisanes aux somp-
tueux costumes et dont l'artiste a exagéré la petitesse de la tête.

Signée : Utamaro fudé, le signe Uta complet.

Éditeur Marumura.

H. 0^{m}375. — L. 0^{m}240.   M. Vever.

57. Triptyque, polychromie de vert, violet, gros-bleu, rose et jaune.

Scène dans un palais de l'île Lyukyu

Dans les panneaux de gauche et du centre des personnages de
style chinois collationnent, jouent et font de la musique. A
droite, une princesse regarde avec intérêt un makimono érotique. Derrière elle, une autre jeune dame, qui regarde par-dessus
son épaule, se cache pudiquement le bas du visage avec son
éventail.

Signée : Utamaro, yégaku, en caractères tensho.

Éditeur Tsutaya.

Pl. 26. — H. 0^{m}370. — L. de chaque estampe 0^{m}250.   M. Bing.

58. Ukiyé, vert, gris, rose.

Vue de Ishiyama par le clair de lune.

De la série *Omi Hakkei*, 8 vues du Lac Biwa.

Signée : Kitagawa Utamaro, yégaku, le signe Uta complet.

Éditeur Takasu Soshichi.

Pl. 27. — H. 0^{m}195. — L. 0^{m}300.   M. Vever.

59. Oban, jaune et vert.

Épisode de la guerre des Minamoto et des Taïra. Sasaki Mori-
tsuna, samuraï du clan des Minamoto, tue le pêcheur qui vient de
lui révéler l'existence le long de la baie d'un haut-fond praticable
aux troupes et par lequel une attaque pourra être conduite, qui
prendra à revers le château de Kojima.

Sasaki accomplit ce meurtre — que l'histoire a flétri — afin de
posséder seul le secret de la passe.

Signée : Utamaro, fudé, en caractères carrés, le signe Uta
complet.

Éditeur Tsutaya.

Pl. 27. — H. 0^{m}360. — L. 0^{m}250.   M. R. Collin.

60. Oban yokoyé.

Un jour de printemps, des dames et des enfants sur le pont de
Ryogoku. Au fond, la rive de la Sumida.

Signée : Utamaro, fudé.

Pl. 28. — H. 0^{m}240. — L. 0^{m}375.   M. Vever.

61. Oban yokoyé.

Un paysan assis, parmi les roseaux, au bord d'un ruisseau,
pêche à trois lignes.

Signée : Utamaro, yégaku.

Ni nom ni cachet d'éditeur.

Pl. 28. — H. 0^{m}240. — L. 0^{m}370.   M. Fleury.

ESTAMPES A FOND MICACÉ

(*Deuxième série*).

62. Oban, ocre et réséda sur fond micacé.

Portrait en buste de la courtisane Hanaogi de la maison Ogiya.
Elle écrit un poème sur un tanzaku.

Traces de mica sur le col de la chemise.

Dans cette série, au haut à gauche de l'estampe, se trouvent deux
cartouches juxtaposés, l'un carré qui contient le nom de la courtisane
et celui de la maison, l'autre rectangulaire où se lit un poème.

Signée : Utamaro, fudé.

Éditeur Tsutaya.

Pl. 29. — H. 0^{m}375. — L. 0^{m}250.   M. Marteau.

63. Oban, violet, vert et rose sur fond aubergine micacé.

Même estampe que ci-dessus, mais d'une polychromie diffé-
rente. Dans l'estampe précédente le kimono est ocre, l'obi réséda
et le col de la chemise micacé. Ici le kimono est violet, l'obi vert
et le col rose.

H. 0^{m}350. — L. 0^{m}240.   Mme Guilot.

64. Oban, rose-pâle, bleu-vert, violet, noir et vert sur fond micacé.

Portrait à mi-corps de la courtisane Miyabito de l'Ogiya.

Même série que ci-dessus.

Signée : Utamaro, fudé.

Éditeur Tsutaya.

Pl. 29. — H. 0^{m}365. — L. 0^{m}235.   M. Cosson.

65. Oban, vert, rose, bleu et jaune sur fond micacé.

La courtisane Waka umé de la Tamaya et sa petite kamuro,
à demi-cachée derrière elle.

Même série que ci-dessus.

Signée : Utamaro, fudé.

Éditeur Tsutaya.

Pl. 30. — H. 0^{m}375. — L. 0^{m}250.   M. Bullier.

66. Oban, sur fond micacé.

Même estampe que ci-dessus. Même polychromie sauf le
kimono de la kamuro, gros bleu dans la précédente, ici gris-bleu.

Le fond micacé étant particulièrement usé, la signature, le titre,
la marque de l'éditeur ont disparu[1].

H. 0^{m}355. — L. 0^{m}235.   M. Hubert

67. Oban, réséda et noir sur fond micacé.

Portrait à mi-corps de Naniwaya Okita servant, sur un présentoir de laque noir, du thé dans une tasse en porcelaine jaune.

1. C'est une supercherie banale, au Japon, que de micacer le fond d'une
estampe quelconque, afin d'en accroître la valeur. Mais ce truquage est sans
danger pour les amateurs avertis. On sait, en effet, que toutes les inscriptions que
peut comporter une estampe ornée d'un fond : signature de l'artiste, désignation
de la série, marque d'éditeur, etc., sont imprimées *après* que ce fond a été appliqué. Or, dans le cas d'un fond micacé, si ce fond s'écaille (telle l'estampe n° 66)
chaque parcelle qui tombe entraîne avec soi l'impression qui la recouvre.

Dans la partie supérieure gauche de l'estampe un cartouche
en forme de tanzaku, où se lit un poème.

Signée : Utamaro, fudé.

Éditeur Tsutaya.

Pl. 30. — H. 0^m355. — L. 0^m225.   Mme Du Bos.

68. Oban, bleu et noir sur fond micacé.

Même estampe que ci-dessus, dans une polychromie diffé-
rente.

Dans l'estampe précédente le kimono est réséda, la tasse jaune.
Ici le kimono est bleu, verte la tasse.

H. 0^m365. — L. 0^m235.   M. Mutiaux.

69. Oban, noir, réséda et taches rouges sur fond micacé.

Portrait à mi-corps d'une jeune femme lisant une lettre
d'amour.

Nulle indication de série.

Signée : Utamaro, fudé.

Éditeur Tsutaya.

Pl. 31. — H. 0^m390. — L. 0^m260.   Mme Gillot.

70. Oban, rose, vert et blanc sur fond d'argent.

Trois bustes de jolies femmes disposés en pyramide. On voit
au sommet une courtisane et à la base, deux geisha, vêtues pour
une niwaka, comme des prêtres de Kuyado (temple à Kyoto).

Toutes deux ont leurs cheveux recouverts d'un carré de gaz
verte transparente.

L'une porte des moussoirs (chasen), l'autre une gourde séchée.
Les prêtres du temple de Kuyado vendent des moussoirs et se
servent en manière de tambour, pour appeler l'attention des gens,
d'une gourde sur laquelle ils frappent.

De la série Seiro San Bijin, trois beautés du Yoshiwara.

Signée : Utamaro, fudé.

Éditeur Tsuruya.

Pl. 32. — H. 0^m350. — L. 0^m225.   M. Salomon.

71. Oban, violet, vert, gris et noir sur fond rose oxydé.

Portrait de trois beautés en renom de l'époque. C'est, en haut,
Tomimoto Toyohiné, à gauche, Takashima Ohisa, à droite,
Naniwaya Okita.

De la série Tosei Sanbijin, trois beautés d'aujourd'hui.

Bien qu'elle ne soit pas sur fond micacé, nous avons intercalé
cette estampe, parce qu'elle est probablement la première pensée de la
suivante sur fond micacé. Ici les têtes sont moins grosses, et la femme
de gauche porte un tsuzumi qu'elle n'a plus dans l'autre.

Signée : Utamaro, fudé.

Éditeur Tsutaya.

H. 0^m330. — L. 0^m220.   M. Maroni.

72. Oban, noir et vert sur fond micacé.

Même sujet que l'estampe ci-dessus, traité différemment.
Même titre de série, mêmes noms de femmes.

Pl. 31. — H. 0^m355. — L. 0^m240.   M. Chialiva.

73. Oban, blanc, violet et rouge sur fond d'argent.

La courtisane Hinazuru de Keizetsuro.

Le nom de la série et celui de l'éditeur illisibles.

Signée : Utamaro, fudé.

Pl. 33 (en couleurs). — H. 0^m365. — L. 0^m230.   M. Cosson.

DEUXIÈME PÉRIODE

PIÈCES DIVERSES

74. Oban, bistre et noir sur fond gris.

Deux geisha sortant du bain, en légers kimono ouverts sur
les gorges nues. Elles vont procéder à leur toilette. Et l'une
d'elles est déjà à croupeton devant son miroir.

Types de femmes courtes (où il reste comme une réminiscence du
style des Katsukawa) assez rares chez Utamaro.

Signée : Utamaro, fudé.

Sans nom ni marque d'éditeur.

Pl. 32. — H. 0^m350. — L. 0^m250.   M. Vever.

75. Oban, brun, violet, vert.

Un petit paysan, sa hotte au dos, joue de la flûte, assis sur la
croupe d'un bœuf.

Ce sujet, fréquemment traité par les artistes japonais, est nommé
Kusakari-buyé, la flûte de l'enfant qui coupe de l'herbe.

Signée : Utamaro, fudé.

Ni nom ni marque d'éditeur.

Pl. 50. — H. 0^m350. — L. 0^m240.   M. Bing.

76. Oban, violet, jaune et rouge.

Portrait en buste d'une femme d'âge moyen. Elle a la tête
légèrement appuyée sur la main et paraît prêter l'oreille à des
chuchotements.

Non signée.

Ni nom ni marque d'éditeur.

Pl. 34. — H. 0^m380. — L. 0^m250.   M. Rouart.

77. Feuille d'éventail (Jigami).

Tout l'éventail est occupé par la tête et la nuque d'une jolie
femme et son avant-bras qu'elle élève pour arranger son peigne.

Non signée.

Ni nom ni marque d'éditeur.

Pl. 34. — H. 0^m240. — L. 0^m365.   M. Vignier.

78. Oban, rouge foncé, noir, vert et gris.

Des dames arrêtées devant la statue de Fujin (le dieu du vent)
qui, avec Raijin, le dieu du tonnerre, garde la porte du temple
d'Asakusa.

La statue est protégée par un grillage de cuivre (Kanaami)
contre les pigeons et les boulettes de papier mâché.

Sur un des piliers de la porte, une date : 7e année de
Kwansei (1795)[1] — qui est celle de la reconstruction de la Kami-
narimon (porte du tonnerre) du Kinryuzan (nom du temple
d'Asakusa).

Signée : Utamaro, fudé.

Éditeur Tsuruya.

Pl. 35. — H. 0^m330. — L. 0^m230.   M. Chialiva.

79. Oban, vert sur fond gris.

Jeune femme qui prend du fil dans une boîte et en forme un
écheveau qu'elle tient dans sa bouche.

1. Il est plausible d'admettre que cette date soit aussi celle de l'estampe.

De la série *Fujin Tewasa Misao Kagami*, les travaux des femmes fidèles.

Signée : Utamaro, fudé.

Éditeur Yamaguchi Tobei.

H. 0^m335. — L. 0^m245.   MUSÉE DU LOUVRE.

80. Oban, vert pâle et rose sur fond gris.

Jeune femme filant du coton. Ce travail ne l'absorbe pas au point qu'elle ne puisse raconter quelque belle histoire à son bambin assis auprès d'elle.

Même série que ci-dessus.

Signée : Utamaro, fudé.

Éditeur Yamaguchi Tobei.

H. 0^m375. — L. 0^m255.   Mme GILLOT.

81. Oban, rose, violet et noir sur fond gris.

La tisserande. Jeune femme assise devant un métier. Elle tisse du coton.

Même série que ci-dessus.

Signée : Utamaro, fudé.

Éditeur Yamaguchi Tobei.

Pl. 35. — H. 0^m370. — L. 0^m250.   M. GILLOT.

82. Oban, gris bleu, noir et rose.

Jeune femme cousant. Elle coupe son fil avec les dents.

Même série que ci-dessus.

Éditeur Yamaguchi Tobei.

H. 0^m375. — L. 0^m255.   MUSÉE DU LOUVRE.

83. Triptyque oban.

Le triptyque célèbre qu'on appelle : Les pêcheuses d'awabi.

Sur une pointe de terre environnée d'eau, les pêcheuses (*ama*), se reposent après une plongée. Elles sont, cheveux dénoués, torse nu, avec un pagne autour des reins. A gauche, à l'extrémité du cap, deux d'entre elles regardent des petits poissons. Au centre, une autre allaite son bébé en se recoiffant. A droite, la plongeuse est juste sortie de l'eau ; elle tient encore entre ses dents le couteau qui lui servit à détacher les awabi du rocher. Auprès d'elle une jeune femme marchande un coquillage.

Signée : Utamaro, fudé.

Ni nom ni marque d'éditeur.

Pl. 36 et 37 (en couleurs). — H. 0^m370. — L. de chaque estampe, 0^m245.   M. DOUCET.

84. Oban, noir, rose et bistre sur fond jaune.

La courtisane Hanamurasaki, de la maison Tamaya. Elle s'étire les bras, en un geste de lassitude et d'ennui.

De la série *Toji Zensei Bijin Soroï*, sélection de beautés modernes.

Signée : Utamaro, fudé.

Éditeur Wakasaya.

Pl. 39. — H. 0^m365. — L. 0^m245.   M. SMET.

85. Oban, brun et rose sur fond jaune.

La courtisane Wakatsuru, de la Wakamatsuya, assise à terre. Elle tient un pinceau dans la bouche et déroule une longue bande de papier sur laquelle elle va écrire. Son kimono entr'ouvert montre sa jambe.

Même série que ci-dessus.

Signée : Utamaro, fudé.

Éditeur Wakasaya.

Pl. 40. — H. 0^m380. — L. 0^m255.   M. SMET.

86. Oban, rouge, violet et vert sur fond jaune.

La courtisane Hinazura de la Chojiya.

Même série que ci-dessus.

Signée : Utamaro, fudé.

Éditeur Wakasaya.

Pl. 37 *bis* (en couleurs). — H. 0^m375. — L. 0^m245.   M. JACQUIN.

87. Oban, noir, violet, beige et blanc sur fond jaune.

La courtisane Hana, de l'Ogiya, se grattant la tête avec une de ses épingles à cheveux.

Même série que ci-dessus.

Signée : Utamaro, fudé.

Éditeur Wakasaya.

Pl. 38. — H. 0^m375. — L. 0^m245.   M. VEVER.

88. Oban, gris-noir, violet et notes roses sur fond jaune.

La courtisane Hanazuma, de la Hyogoya, froissant une lettre qu'elle vient de lire.

Même série que ci-dessus.

Signée : Utamaro, fudé.

Éditeur Wakasaya.

Pl. 38. — H. 0^m360. — L. 0^m240.   M. LEBEL.

89. Oban, gris, violet et rouge sur fond jaune.

La courtisane Morokoshi de la maison Echizenya.

Elle est assise à terre, le buste rejeté en arrière. Elle s'appuie sur une main et de l'autre tient un éventail où un amant a écrit un poème.

Même série que ci-dessus.

Signée : Utamaro, fudé.

Éditeur Wakasaya.

Pl. 39. — H. 0^m375. — L. 0^m245.   M. MUTIAUX.

90. Diptyque, oban, vert, noir et rouge sombre.

L'estampe connue sous le titre : La cuisine. A droite, avec une sorte de chalumeau (*hifuki daké*), une jeune femme souffle le feu, tandis que sa compagne découvre la bouilloire, dont la vapeur lui jaillit au visage. A gauche, une jeune femme pèle une aubergine. Derrière elle, un bambin sur le dos, une dame plus âgée essuye une coupe.

Il n'est pas rare au Japon, dans de bonnes familles, que les maîtresses de maison, lors de certaines réceptions, s'occupent elles-mêmes de la cuisine.

Signée : Utamaro, fudé.

Éditeur Uyémura.

Pl. 41. — H. 0^m360. — L. de chaque estampe. — 0^m255.   M. VIGNIER.

91. Oban, rose, vert et rouge brun sur fond jaune.

Une jeune femme, assise à terre, se gratte indolemment l'oreille avec une épingle. Elle a les jambes écartées et ne s'aperçoit pas que son kimono est ouvert. Mais il s'en aperçoit, le bambin qui est assis en face d'elle.

L'obi vert de la bijin est laqué.

Signée : Utamaro, fudé.

Éditeur Uyémura.

Pl. 40. — H. 0ᵐ380. — L. 0ᵐ245.   M. Kœchlin.

92. Oban, en rose, noir, vert et rouge brique sur fond jaune.

Devant un miroir — dont le noir est laqué — qu'elle tient d'une main, une jeune femme, à l'aide d'un pinceau se maquille les lèvres, après s'être enduit de noir les dents.

Signée : Utamaro, fudé.

Éditeur Uyémura.

Pl. 43. — H. 0ᵐ365. — 0ᵐ235.   M. Bullier.

93. Oban, violet aubergine et vert sur fond jaune.

Une jeune femme très élégante est assise, sa pipe à la main, avec sa poche à tabac et son tabakobon auprès d'elle. Elle lit une lettre.

De la série *Nishiki ori Utamaro-gata Shimmoyo*, nouveaux dessins de brocards d'Utamaro.

Le titre de la série est inscrit sur la partie non encore déroulée d'un makimono. Sur la partie déroulée se lit l'avertissement suivant : « Voici un spécimen des nishikiyé d'Azuma (Azuma, capitale, mis pour Yédo). Recemment, on a vu paraître de misérables estampes, faites par de barbouilleurs, qui, jour après jour, pullulent comme des fourmis. Ces estampes qui prétendent à imiter le style des maîtres sont stupidement dessinées et hideusement coloriées. Elles compromettent la réputation des vrais nishikiyé, non seulement au Japon, mais encore à l'étranger (Utamaro fait ici allusion aux achats d'estampes faits à Yédo par des Chinois). La présente série d'estampes est destinée à décourager, sinon à éduquer les imitateurs. »

Cette estampe qu'Utamaro présente comme un type parfait de Nishikiyé est en effet conçue et tirée avec un extrême raffinement. Sur le fond aubergine de la robe, les plis de l'étoffe sont indiqués d'une large coulée de pinceau ton sur ton[1]. Le visage est cerné d'un subtil contour noir. Le vêtement est indiqué d'un trait bistre. Le col du vêtement de dessous se détache en blanc, sans contour, sur le fond.

Signée : Utamaro, fudé.

Éditeur Tsuruya.

Pl. 44. — H. 0ᵐ380. — L. 0ᵐ250.   Mᵐᵉ Léry.

94. Oban, blanc, saumon, vert et violet.

Une courtisane agenouillée semble satisfaite de sa nouvelle robe blanche à parements violets dont elle examine la traîne.

Même série que ci-dessus.

Comme dans la précédente estampe, Utamaro a écrit sur le makimono une note, qui se traduit ainsi : « Mon pinceau vivace, si rapidement qu'il courre, créera les lignes gracieuses de Seishi (fameuse beauté chinoise). Tandis qu'un artiste médiocre, usât-il de toutes les couleurs de la palette, ne produira qu'une œuvre qu'on sera vite las de regarder. Et si mes prix sont élevés — aussi haut que mon nez — ce que je produis a une réelle valeur. On ne compare pas une belle Tayu (courtisane haut cotée) avec une vulgaire Tsugimi (pierreuse). L'éditeur qui achète des dessins à bon marché perdra son nez[2] !!! »

Pl. 44. — H. 0ᵐ355. — L. 0ᵐ230.   M. Vever.

1. Ces plis ombrés qu'Utamaro a souvent employés, en remplacement des traits de force, dans la meilleure partie de sa deuxième période, et qu'il nous semble d'ailleurs avoir inventés, constituent un heureux essai de ce qu'on pourrait appeler le modelé décoratif.

2. Nous nous sommes efforcés de donner une traduction précise des revendications véhémentes, mais parfois abstruses d'Utamaro. Y avons-nous réussi ? Avons-nous évité le fâcheux contresens ?

Qu'on imagine l'angoisse d'un exégète nippon, qui dans un siècle, translatera dans sa langue telles vaticinations de M. Willette, par exemple !

95. Même estampe que ci-dessus.

H. 0ᵐ355. L. 0ᵐ235.   Mᵐᵉ Du Bos.

96. Oban, violet, vert et rouge sur fond jaune.

Deux jeunes femmes se coiffant dans le cabinet de toilette (*kesho-beya*) d'une chaya.

Signée : Utamaro, fudé.

Éditeur Uyémura.

Pl. 42 (en couleurs). — H. 0ᵐ375. — L. 0ᵐ250.

M. Rouart.

97. Oban, vert pâle, gris et noir.

Une jeune femme examinant en transparence un tissu destiné au manteau (*haori*) de son mari. C'est une sorte d'étamine, où est tissée, de place en place, une fleur de paulownia.

Sur les genoux de la maman, un garçonnet joue avec un éventail.

Signée : Utamaro, fudé.

Éditeur Uyémura.

Pl. 43. — H. 0ᵐ360. — L. 0ᵐ245.   M. Kœchlin.

98. Oban, violet et vert sur fond multicolore.

Une jeune dame examine la transparence d'un peigne d'écaille blonde. Derrière elle le *fusuma* (paroi mobile qui sépare deux chambres) est tendu d'un cuir de Cordoue à décor floral.

Au XVIIᵉ et au XVIIIᵉ, les Japonais ont été très épris de ces cuirs, qu'importaient les Hollandais. Ils en ont confectionné maints objets usuels — et notamment des poches à tabac — dont on retrouve parfois des spécimens.

Signée : Utamaro, fudé.

Éditeur Omiya.

Pl. 45 (en couleurs). — H. 0ᵐ360. — 0ᵐ245.   M. Vever.

99. Oban, blanc et violet sur fond rouge brique et vert.

Jeune femme regardant des lucioles dans une cage. Le fond est, comme dans l'estampe précédente, fait de cuir de Cordoue. Le peigne de la bijin est micacé.

Même série que ci-dessus.

Signée : Utamaro, fudé.

Éditeur Omiya.

Pl. 52. — H. 0ᵐ380. — L. 0ᵐ255.   Musée du Louvre.

100. Oban, vert, rouge et violet.

Une jeune femme soulève la moustiquaire pour sortir de son lit, où elle laisse paresser son amant.

Signée : Utamaro, fudé.

Éditeur Omiya.

H. 0ᵐ380. — L. 0ᵐ260.   M. Jacquin.

101. Oban, harmonie de bleus, de roses et de verts sur fond micacé.

Portrait fantaisiste d'une *odoriko* (danseuse). Elle fait son apparition dans un festival de temple shintoïste, coiffée d'un chapeau de fleurs (*hanagasa*).

De la série *Tosei Odoriko Soroï*, sélection de danseuses modernes.

Signée : Utamaro, fudé.

Éditeur Tsutaya.

Pl. 46. — H. 0ᵐ390. — L. 0ᵐ250.   M. Odin.

102. Oban, gris rose et vert foncé, sur fond micacé.

Une odoriko. Elle est coiffée de façon singulière. Le chignon est, aux extrémités du peigne, orné de pivoines. Deux longues mèches pendent derrière les oreilles. Et le front est ceint, juste au-dessus des sourcils, d'un ruban.

D'un geste gracieux, elle a amené sous son menton les deux mains, dont l'une tient un éventail.

Même série que ci-dessus.

Signée : Utamaro, fudé.

Éditeur Tsutaya.

Pl. 46. — H. 0^m360. — L. 0^m240.   M. Vever.

103. Oban, puissante polychromie en bistre et rouge sombre sur fond micacé.

Jeune femme à son lever. Elle est, cheveux dénoués, dans un peignoir du matin, entr'ouvert sur sa gorge. Elle tient sur les bras son bébé, qui se penche pour prendre un jouet en forme de lapin que lui offre son père — derrière qui se voit une feuille de paravent orné d'un coq.

De la série *Ukiyo Nanatsu mé awasé*, sept yeux regardant ensemble.

Les sept yeux sont : ceux de la mère, de l'enfant et du père, et l'œil énorme du lapin. Il y en a même un huitième, celui du coq.

Signée : Utamaro, fudé.

Pl. 47 (en couleurs). — H. 0^m370. — L. 0^m240.   M. Vever.

104. Oban, violet, gris et vert sur fond jaune.

Jeune fille allant rendre visite à des amies. Elle est accompagnée d'une servante qui porte des présents enveloppés dans un fukusa.

De la série *Musumé Hidokei*, les heures de la journée d'une jeune fille.

Cette estampe représente l'heure du singe, la 4e heure de l'après-midi.

Les têtes sont tirées sans contour. La coiffure de la jeune fille (*tsunoboshi*) est micacée.

Signée : Utamaro, fudé.

Éditeur Marumura.

Pl. 49. — H. 0^m370. — L. 0^m250.   E. Smet.

105. Oban, rouge, noir, vert réséda et blanc gaufré.

Deux jeunes filles au sortir du bain.

Même série que ci-dessus.

C'est ici l'heure du cheval, midi.

Signée : Utamaro, fudé.

Éditeur Marumura.

Pl. 48 (en couleurs). — H. 0^m375. — L. 0^m250.

Mme Chausson.

106. Oban (partie de diptyque), rose et violet éteints.

Une jeune demoiselle et ses deux suivantes admirent les iris en fleurs à Horibiri (Yédo).

Signature coupée.

Éditeur Marumura.

Pl. 50. — H. 0^m320. — L. 0^m195.   M. Vever.

107. Oban (feuille de droite d'un triptyque), vert, rose et noir.

Sous la moustiquaire, assise sur le matelas, son petit paquet de serviettes aux dents, une jeune femme va s'allonger pour dormir.

C'est une scène d'auberge. On voit une servante qui plie le kimono de la dame.

Titre de l'estampe : *Fujin Tomari-giaku no zu. Sammai Tsudzuki*, des femmes habitant dans une auberge. Triptyque.

Signée : Utamaro, fudé.

Éditeur Tsuruya.

Pl. 57. — H. 0^m385. — L. 0^m245.   M. Koechlin.

108. Triptyque.

Au matin, jeunes femmes et fillettes barbotant dans la mer à Futami ga Ura, dans la province d'Isé.

Signée : Utamaro, fudé.

Éditeur Wakasaya.

H. 0^m375. — L. (de chaque estampe) 0^m250.   M. Chialiva.

109. Oban, pâle bleu-vert sur fond micacé à dessous rose.

Portrait en buste d'une jeune fille qui exprime sa confusion (le secret de son amour vient d'être découvert) en se grattant la tête avec son épingle à cheveux. De son autre main invisible, elle tient un écran orné de fleurettes. Son kimono découvre un sein.

De la série *Utayerabi, Koi no bu*, poèmes choisis, l'amour.

Signée : Utamaro, fudé.

Éditeur Tsutaya.

Pl. 51. — H. 0^m385. — L. 0^m250.   M. Koechlin.

109 *bis*. Oban, violet viré au bistre et rose sur fond micacé.

Même estampe que ci-dessus, tirée sur un bois différent.

Dans l'estampe précédente, le kimono est à fond bleu, le peigne blanc, l'écran décoré d'un bouquet de fleurs violettes sur le fond blanc du papier. Dans l'estampe présente, le kimono est d'un violet qui s'est vidé jusqu'au bistre, le peigne micacé, l'éventail rose uni avec, en gaufrages, les nervures de la monture. Variante plus importante encore : dans l'estampe précédente, qui n'est pas rognée sur la gauche, on ne voit, de l'écran, que le papier. Dans l'estampe actuelle, encore qu'elle soit légèrement rognée sur la gauche, on voit les petits brins de jonc qui forment la monture de l'écran.

H. 0^m385. — L. 0^m250.   M. Manzi.

110. Oban, rose et violet.

Portrait d'une *Yashiki*. C'est une jeune femme au service d'un daïmio.

De la série *Tosei Fuzoku Tsu*, les styles du monde moderne.

Signée : Utamaro, fudé.

Sans nom ni marque d'éditeur.

H. 0^m365. — L. 0^m250.   M. Marteau.

111. Oban, noir, violet et vert foncé.

Portrait de courtisane.

De la série *Komei Bijin Rokkasen*, six poètes fameux représentés par des jolies femmes.

Dans le cartouche, un rébus donne le nom de la femme et celui de la maison : Kaoru de la Tatsumi.

Tatsu : dragon.

mi : serpent.

ro : rame.

Kaoru : qui sent l'encens.

Signée : Utamaro, fudé.

Éditeur Omiya.

H. 0^m375. — L. 0^m.65.   M. Jacquin.

112. Oban, vert pomme et vert olive, sur fond teinté.

Tête de femme veuve (aux sourcils rasés), et qui s'essuie le visage avec une serviette.

Même série que ci-dessus.

Un rébus dans le cartouche se traduit par Hinodé, le nom de la femme, et goké, veuve.

Signée : Utamaro, fudé.

Éditeur Omiya.

H. 0^m380. — L. 0^m250.   M. Fleury.

113. Oban, gris-bleu.

Même estampe que ci-dessus, mais tirée sur un bois différent.

Il ne s'agit pas d'un retirage, mais d'un *autre* tirage, avec des variantes. Ici la femme n'a pas les sourcils rasés, et son vêtement est décoré de grandes étoiles de mer, alors que le kimono de la précédente s'orne de petites rosaces blanches où s'inscrivent de menues étoiles de mer.

Nous pensons que cette estampe est un tirage d'essai du nouveau bois.

Même indication de série que ci-dessus.

Signée : Utamaro, fudé.

Ni nom, ni marque d'éditeur.

Pl. 51. — H. 0^m372. — L. 0^m260.   M. Falkenburger.

114. Oban.

Même estampe que ci-dessus.

H. 0^m360. — L. 0^m240.   M. Mauvig.

115. Oban, rose.

Deux femmes lisant une lettre d'amour.

De la série *Gonin Bijin Aikyo Kurabé*, cinq jolies femmes rivalisant de charme.

Le nom de la jeune femme est Kazurayu Hanamatsu. Il est indiqué par le rébus qu'on voit en haut de l'estampe, à gauche, inscrit dans un cartouche circulaire :

Une perruque : kazura.

Une flèche : ya.

Une fleur : hana.

Une branche de sapin : matsu.

Signée : Shomei (véritable) Utamaro, fudé.

Éditeur Omiya.

Pl. 52. — H. 0^m375. — L. 0^m255.   M. Maroni.

116. Oban.

La jeune Umégayé, servante de chaya, s'est endormie, son écran lui protégeant le visage. Elle rêve qu'une de ses amies lui apporte un makimono shungwa où sont décrits tous les secrets de l'amour.

A travers l'écran, se voient en transparence le visage de la jeune femme, qui est jaune, le kimono rouge, et le fond bleu vert.

Signée : Utamaro, fudé.

Éditeur Omiya.

Pl. 49. — H. 0^m380. — L. 0^m250.   M. Vever.

117. Oban.

Jeune femme examinant en transparence une gaze ornée d'un petit motif floral (genre de tissu qui se nomme *Sukiya jofu*).

Signée : Utamaro, fudé.

Éditeur Yamaguchi Tobei.

Pl. 54. — H. 0^m305. — L. 0^m255.   M. Bing.

118. Oban, bleu, violet, rouge et réséda.

Portrait d'une jeune courtisane très grise. Elle est affalée, une serviette aux dents, les cheveux en désordre et les seins à l'air.

De la série *Hokkoku Goshiki no Sumi*, littéralement, cinq couleurs de la contrée septentrionale, qu'il faut traduire par cinq aspects du Yoshiwara (qui est au nord de Yédo).

Signée : Utamaro, fudé.

Éditeur Yamaka.

Pl. 53. — H. 0^m375. — L. 0^m245.   M. Marteau.

119. Oban.

Même estampe que ci-dessus.

H. 0^m375. — L. 0^m250.   M. Manzi.

120. Oban, violet et rouge, sur fond jaune.

Courtisane écrivant une lettre. Elle mouille la pointe de son pinceau dans sa bouche.

Même série que ci-dessus.

Signée : Utamaro, fudé.

Éditeur Yamaka.

Pl. 53. — H. 0^m380. — L. 0^m250.   Musée du Louvre.

121. Oban.

Jeune femme devant son miroir. Elle s'oint la nuque de blanc gras, qu'elle étend avec les doigts.

Signée : Utamaro, fudé.

Éditeur Yamaka.

Pl. 54. — H. 0^m305. — L. 0^m250.   M. Vignier.

122. Triptyque, mauves et gris légers, avec quelques rehauts de rouge brun.

C'est le *Misoka Soji*, le nettoyage d'une maison du Yoshiwara avant le jour de l'an. Pendant que le personnel de la maison, balais et seaux d'eau en main, pourchassent la poussière et les rats, trois dames emportent un jeune homme, que trop d'amour et trop de saké ont tout étourdi de sommeil.

L'estampe complète se compose de 5 feuilles. M. Vever la possède.

Signée : Utamaro, fudé.

Éditeur Yamada.

Pl. 55. — H. 0^m375. — L. de chaque estampe, 0^m250.

M. Mutiaux.

123. Triptyque, rouge, bleu, violet et gris sur fond noir.

Fête de nuit, feux d'artifice et illumination sur la Sumida. Le port de Riyogoku est noir de monde. Au bord de la rivière des dames et des enfants se promènent.

Sur le fond nocturne, l'artiste enlève les noirs des kimono, en y semant ingénieusement des fleurettes, des hachures blanches.

Signée : Utamaro, fudé.

Éditeur Yamaguchi Tobei.

Pl. 56. — H. 0^m370. — L. de chaque estampe, 0^m255.

M. Vever.

124. Koban sur fond jaune.

Une jeune femme de bonne extraction se promenant avec une petite servante.

De la série *Jimono Rokkasen*, six dames de familles respectables comparées à six poètes.

Signée : Utamaro, fudé.

Éditeur Yamaguchi Tobei.

Pl. 67. — H. 0^m233. — L. 0^m170.   M. Vever.

125. Oban, beiges et gris-bleus légers avec quelques notes rouges.

Un jeune Kosho en visite. Il s'incline très bas devant son hôte qu'on n'aperçoit pas. De derrière l'entre-bâillement d'un fusuma, apparaissent trois têtes féminines, deux jeunes filles et une servante qui regardent l'advenu, dont le serviteur s'épile sur le seuil.

Signée : Utamaro, fudé.

Éditeur Tsuruya.

Pl. 57. — H. 0ᵐ325. — L. 0ᵐ220.   M. Vever.

126. Hosoyé, gris et rose.

Jeune fille tenant une tige de chrysanthème.

De la série *Ikébana Hiaku-hei*, cent arrangements de fleurs.

Signée : Utamaro, fudé.

Éditeur Tsutaya.

Pl. 58. — H. 0ᵐ320. — L. 0ᵐ150.   M. Javal.

127. Oban, blanc, rose et noir.

Une dame veuve, prête à sortir pour une promenade. Accroupie auprès d'elle une servante qui l'a aidée à s'habiller.

De la série *Fuʐoku Ukiyo Hakkei*, huit aspects de modes populaires.

Dans un cartouche circulaire un paysage : la neige tardive sur le mont Hira. C'est dire allégoriquement qu'une femme qui n'est plus jeune peut conserver du charme.

Signée : Utamaro fudé.

Éditeur Tsutaya.

Pl. 60. — H. 0ᵐ330. — L. 0ᵐ225.   M. Bing.

128. Oban, polychromie un peu éteinte, avec un rouge de Koriusaï.

Une jeune femme, qui vient de se lever, bavarde avec sa servante, en admirant des volubilis. C'est un moment de la vie oisive d'une *mékaké* (femme entretenue).

Dans le cartouche, une vue de Iwazu.

Même série que ci-dessus.

Signée : Utamaro, fudé.

Éditeur Tsutaya.

H. 0ᵐ320. — L. 0ᵐ210.   M. Vignier.

129. Oban, vert, jaune et bleu-vert.

Une servante de chaya dont tout le haut du visage se voit à travers un store de bambou, se farde les lèvres devant un petit miroir portatif.

De la série *Meicho Koshikaké Hakkei*, huit vues de maison de thé.

Signée : Utamaro, fudé.

Éditeur Iseri (Yamamori).

Pl. 60. — H. 0ᵐ375. — L. 0ᵐ250.   M. Fleury.

130. Oban, noir, vert olive et rouge sur fond jaune.

Un jeune homme est accoudé sur un écran. De l'étoffe transparente de son *haori*, son amie, assise auprès de lui, se voile en partie le visage.

Signée : Utamaro, fudé.

Éditeur Yamamori.

Pl. 59. — H. 0ᵐ395. — L. 0ᵐ245.   M. Rouart.

131. Petit format, noir et blanc.

C'est un soir d'été. Une jeune femme qui vient de prendre son bain, regarde un bonsaï (arbre nain dans une jardinière).

Signée : Utamaro, fudé.

H. 0ᵐ175. — L. 0ᵐ120.   M. Bing.

132. Petit format, noir et blanc.

Jeune femme attendant, au débarcadère, l'arrivée du bac.

Signée : Utamaro, fudé.

H. 0ᵐ175. — L. 0ᵐ120.   M. Bing.

133. Oban, violet, rose et vert.

Deux jeunes femmes confectionnent des **Kinu-Témari**, qui sont des ballons décorés de fils de soies polychromes, formant des dessins géométriques.

De la série *Fujin Téwaʐa Juniko,* douze différentes industries de femmes.

Signée : Utamaro, fudé.

Éditeur Wakasaya.

Pl. 59. — H. 0ᵐ370. — L. 0ᵐ250.   M. Koechlin.

134. Triptyque oban, violets et jaunes sur fond vert-jaune.

Les bords de la Sumida, à l'époque de la floraison des cerisiers. Un bateau débarque des promeneurs à Miméguri no Inari.

Le fond vert jaune du paysage rappelle Shuncho.

Signée : Utamaro, fudé.

Éditeur Omiya.

H. 0ᵐ390. — L. 0ᵐ250.   M. Vever.

135. Oban, noir, rouge et vert.

Naniwaya Okita, une des beautés en renom de l'époque et l'acteur Ségawa Kikunojo.

Signée : Utamaro, fudé.

H. 0ᵐ315. — L. 0ᵐ225.   M. Vever.

136. Oban, vert d'eau et bistre.

Par un jour de neige, une jeune femme de noir encapuchonnée et qu'un jeune homme accompagne, une ombrelle ouverte au-dessus d'elle, va s'embarquer dans un bateau à Miméguri no Inari, un quai de la Sumida.

De la série *Yédo Hakkei*, huit vues de Yédo.

Signée : Utamaro, fudé.

Pl. 58. — H. 0ᵐ312. — L. 0ᵐ210.   M. Mutiaux.

137. Oban, gris et noir avec une note rouge.

Une servante (*Jochu*) de la chaya Nakataya est assise sur l'escalier, tenant une bouilloire à saké (*choshi*). Elle cause avec une de ses amies, qu'on voit partiellement, une coupe à saké à la main, dans l'entrebâillement des shoji et, sur leurs panneaux clairs, en ombre portée. Un homme est debout auprès d'elle.

Signée : Utamaro, fudé.

Ni nom, ni marque d'éditeur.

H. 0ᵐ355. — L. 0ᵐ225.   M. Bing.

138. Oban, bleu pâle, jaune, rouge et gris.

Une servante de la chaya Fukuju passe dans le couloir, le long d'une salle où l'on voit en ombre sur les shoji deux femmes assises. Mais soudain, le panneau est légèrement poussé sur sa glissière et par l'ouverture créée une des femmes allonge le bras, attrape par sa jupe la servante effarée.

A remarquer que, fort justement, Utamaro n'a pas placé le bras réel dans le prolongement de l'épaule virtuelle qui est projetée en noir sur le papier du shoji.

Signée : Utamaro, fudé.

Éditeur Yamaguchi Tobei.

Pl. 61. — H. 0ᵐ385. — L. 0ᵐ250.   M. Migeon.

139. Surimono, rose et vert.

C'est une tiède soirée de printemps. Une jeune femme, un écran à la main, est assise sur un banc de bambou (*Shogi*). Un saule aux jeunes feuilles incline vers elle ses branches.

Signée : Utamaro, fudé.

Ni nom, ni marque d'éditeur.

Pl. 67. — H. 0ᵐ187. — L. 0ᵐ150. M. Bing.

140. Oban, rouge et noir.

Une des pièces les plus impressionnantes de l'artiste : l'estampe qu'on nomme la Sortie Nocturne. C'est l'évasion de Kamiya Jihei, un marchand, et de sa maîtresse Koharu, une geisha.

De la série *Jitsu Kurabé Iro no Minakami*, foi mutuelle, source d'amour.

Signée : Utamaro, fudé.

Éditeur Yeijudo (Yamasei).

Pl. 62 (en couleurs). — H. 0ᵐ360. — L. 0ᵐ235. Mᵐᵉ Léry.

141. Oban, rose et vert sur fond gris.

Portraits supposés de l'empereur Genso (de la dynastie Tang) et de sa favorite Yokihi, la plus belle femme qui ait jamais vécu en Chine. L'amant enseigne à son amie à jouer de la flûte (*Otaki*).

Même série que ci-dessus.

Nous plaçons cette estampe et les suivantes qui portent le même titre de série, à la suite de la Sortie nocturne, mais nous pensons qu'elles lui sont très postérieures.

Signée : Utamaro, fudé.

Éditeur Yeijudo (Yamasei).

H. 0ᵐ380. — L. 0ᵐ240. Musée du Louvre.

142. Oban, blanc et noir.

La courtisane Sonen, de la Miuraya, et son amant Yorozuya Sukéroku.

Même série que ci-dessus.

Signée : Utamaro, fudé.

Éditeur Yamasei.

H. 0ᵐ360. — L. 0ᵐ250. M. Bing.

143. Oban.

Portraits de deux amants, Seijuro et Onatsu.

Même série que ci-dessus.

Signée : Utamaro, fudé.

Éditeur Yamasei.

H. 0ᵐ365. — L. 0ᵐ250. M. Rivière.

144. Oban.

Sur la poitrine de son amant Mohei, Osan vient d'écrire « La vie d'Osan ». Et elle admire son œuvre.

Même série que ci-dessus.

Signée : Utamaro, fudé.

Éditeur Yamasei.

H. 0ᵐ355. — L. 0ᵐ235. M. Rivière.

145. Oban, blanc, jaune et violet sur fond gris.

Deux dames, l'une très jeune, l'autre moins, sortent de leur bain matinal, vêtues de leurs peignoirs (*yukata*), celle-ci d'un peignoir carrelé qui découvre ses épaules et sa gorge, l'autre d'un peignoir décoré d'étoiles de mer et dont elle s'essuie l'oreille.

De la série *Furyu goyo no matsu*, raffinées aiguilles de pin, à cinq pointes.

Signée : Utamaro, fudé.

Éditeur non identifié.

Pl. 63. — H. 0ᵐ375. — L. 0ᵐ250. M. Kœchlin.

146. Oban, rose et vert sur fond gris.

Une petite servante remet mystérieusement à sa maîtresse une lettre d'amour, tout en lui chuchotant à l'oreille un message verbal.

Même série que ci-dessus.

Signée : Utamaro, fudé.

Éditeur non identifié.

Pl. 63. — H. 0ᵐ380. — L. 0ᵐ255. M. Vever.

147. Koban, blanc et rose.

Une jeune femme sur une véranda arrange ses cheveux en se regardant dans l'eau d'un *choxubachi* (bassin de pierre).

Signée : Utamaro, fudé.

Ni nom, ni marque d'éditeur.

H. 0ᵐ185. — L. 0ᵐ132. M. Bing.

148. Diptyque, rose, vert foncé, violet et noir sur fond jaune.

Cinq jeunes dames et une petite fille folâtrant sous un cerisier en fleurs.

Signée : Utamaro, fudé.

Éditeur Marumura.

Pl. 64. — H. 0ᵐ325. — L. de chaque estampe, 0ᵐ220.

  M. Vever.

149. Oban.

Jeune et souriante paysanne. Elle est fort décoiffée et montre nues son épaule et sa gorge.

D'une série non nommée, au fagot fleuri surmonté d'un éventail.

Signée : Shomei (le véritable) Utamaro, fudé. La signature est suivie du cachet d'Utamaro, Honkei (la maison originale).

Éditeur Yamamatsu.

Pl. 65. — H. 0ᵐ365. — L. 0ᵐ240. M. Vever.

150. Oban, gris et noir, avec des notes roses, réséda et jaune sur fond gris.

Une *Tsujigimi* (fille des rues). Elle a, sur sa coiffure en désordre, un fichu dont elle retient une extrémité avec les dents. Le parement de son kimono porte un motif de grecques laqué sur le noir.

Même série que ci-dessus.

Signée : Shomei (le véritable) Utamaro, fudé (cachet comme ci-dessus).

Éditeur : Yamamatsu.

Pl. 65. — H. 0ᵐ380. — L. 0ᵐ260. M. Vever.

151. Oban à fond gaufré de fleurs.

Jeune femme lisant un poème sur la Tamagawa.

Dans le haut de l'estampe, un éventail décoré d'un paysage, illustre le poème (probablement une série de Tamagawa).

Signée : Utamaro, fudé.

Éditeur Yamamatsu.

Pl. 66. — H. 0ᵐ380. — L. 0ᵐ250. M. Rouart.

152. Oban, vert et rose.

Une courtisane, sa pipette à la main.

Même série que ci-dessus.

Signée : Utamaro, fudé.

Éditeur Yamamatsu.

Pl. 66. — H. 0^m360. — L. 0^m240.   M. Fleury.

153. Oban noir, violet (viré au bistre) et une note du rouge de Koriusaï sur fond jaune.

Une geisha debout, son shamisen à la main, parle à une courtisane assise qui tient une coupe à saké vide.

De la série à l'éventail noir *Karitaku Hakkei, Yukun*, huit vues d'habitations temporaires. Courtisanes.

Cette métaphore un peu directe, qui assimile les courtisanes à des lieux de passage, surprend par sa brutalité.

En haut, à droite, un éventail qui porte en réserve de blanc sur fond noir un paysage de Mitayama (environs de Yédo).

Signée : Utamaro, fudé.

Éditeur Tsuruya.

Pl. 73. — H. 0^m275. — L. 0^m200.   M. Vignier.

154. Oban, tiré sur le bois des noirs.

Deux courtisanes. L'une debout, songe à aller prendre son bain. L'autre écrit un billet doux.

Ici l'éventail ne porte pas encore le décor, en réserve de blanc sur noir, d'un paysage et de caractères.

Signée : Utamaro, fudé.

Éditeur Tsuruya.

H. 0^m375. — L. 0^m275.   M. Vever.

155. Oban, yokoyé.

C'est sur une terrasse, un couple en galante posture. De la femme qui montre — révérence parler — son dos au spectateur, on voit aussi la nuque et la coiffure. Et son visage tourné vers celui de l'amant nous le cache aux trois quarts.

Et dans ce qui apparaît de l'homme, ce crâne chauve, cette tempe où des mèches sont soigneusement ramenées, cette oreille, Goncourt n'hésite pas à reconnaître un portrait d'Utamaro.

Estampe érotique, extraite de l'*Uta Makura*, poésies de l'oreiller.

Pl. 67. — H. 0^m230. — L. 0^m360.   M. Salomon.

156. Oban, rose et mauve sur fond gris.

Le plus innocemment du monde, un petit garçon présente un masque de Tengu à sa grande sœur. De celle-ci, la jeune pudeur s'effare, devant ce nez exubérant, écarlate et de courbure insidieuse. Elle se voile le visage de la manche de son kimono.

Signée : Utamaro, fudé.

Éditeur Yamaguchi Tobei.

H. 0^m385. — L. 0^m255.   M. Chialiva.

157. Oban à fond jaune.

La courtisane Shizuka, de la Tamaya, lisant près d'un brasero, une longue épître amoureuse.

Série au cartouche rectangulaire inscrivant une fleur : ici un iris.

Signée : Utamaro, fudé.

Éditeur Omiya.

Pl. 61. — H. 0^m365. — L. 0^m235.   M. R. Collin.

158. Oban, blanc, rose et violet sur fond gris.

Cependant qu'elle se coiffe, une jeune maman allaite son bébé, qui, tout en tétant un sein, joue avec l'autre et essaie d'attraper un hochet que lui tend une servante.

Signée : Utamaro, fudé.

Éditeur Omiya.

Pl. 68. — H. 0^m350. — L. 0^m235.   M. Vignier.

159. Hosoyé, vert, violet et noir sur fond jaune.

Portraits de trois jeunes femmes dont les têtes s'étagent selon la diagonale de l'estampe.

Titre : *Kakoï San Bijin*, trois belles concubines.

Signée : Utamaro, fudé.

Éditeur Yamamatsu.

Pl. 58. — H. 0^m315. — L. 0^m145.   M. Vever.

160. Oban, vert, rouge, violet et bleu sur fond de paysage.

Dans une chaya, un élégant jeune homme est assis, auprès de qui s'empressent les servantes du lieu.

Allusion à une scène du IIe acte du Chushingura.

De la série *Komei Bijin Mitaté Chushingura*, le drame des 47 Ronin, figuré en style populaire par des femmes.

Signée : Motome ni ojite Utamaro Mizukara Yengan o Utsusu.

A la demande générale, Utamaro a représenté ici son gracieux portrait.

Éditeur Omiya.

Ainsi que l'indique la signature, Utamaro a prétendu reproduire ses traits dans le jeune homme de la chaya. Il est bien connu, au Japon, qu'Utamaro s'est toujours donné, dans ses portraits, l'apparence d'un beau jeune homme svelte et élégant, alors qu'en réalité l'artiste était gras et laid.

Fut-ce de sa part un jeu, ou voulut-il abuser ses contemporains ?

Pl. 70. — H. 0^m390. — L. 0^m260.   M. Vever.

161. Oban, bleu, blanc, violet et rouge.

Après le bain, en peignoir léger, blanc tissé d'oiseaux bleus, une courtisane se repose. Une de ses kamuro l'évente, l'autre lui offre une coupe de thé.

Signée : Utamaro, fudé.

Éditeur Omiya.

H. 0^m370. — L. 0^m250.   M. Cosson.

162. Oban, ocre, rose, noir et vert.

Durant sa sieste un bébé oppressé par un cauchemar s'est mis à crier. Sa mère a soulevé la moustiquaire et l'apaise par des caresses.

Au haut de l'estampe, fumée blanchâtre sur un fond gris, les méchants diables, qui font peur aux petits enfants, s'évadent. Le premier dit : « Je saurai bien l'effrayer encore. » Le second : « J'aurais continué à le harceler si sa mère ne l'avait pas éveillé. » Enfin le troisième : « C'est à sa mère que je m'en prendrai. »

Signée : Utamaro, fudé.

Éditeur Omiya.

Pl. 68. — H. 0^m365. — L. 0^m240.   M. Vignier.

163. Heptaptyque oban, violet, vert, noir, jaune avec quelques notes rouge brique.

Le cortège de l'ambassade coréenne figuré par des geisha. Au temps des niwaka, c'était un des jeux favoris des courtisanes de Yédo. Les quatre premières feuilles de l'estampe sont occupées par une théorie de femmes portant divers étendards. Les deux étendards qui sont en tête arborent l'inscription *Jodo*, nom d'un quartier du Yoshiwara dont la traduction est : Cave d'amour. Sur la cinquième feuille on voit dans son palanquin porté par maintes suivantes, la jolie femme représentant l'ambassadeur. Ensuite, à cheval, viennent deux dignitaires. Comme fond, le Fuji.

Estampe où l'artiste a recherché et obtenu de jolis effets de transparence, avec la gaze verte des chapeaux pointus, dans le style coréen, et celle qui garnit les panneaux latéraux du palaquin de l'ambassadeur.

Cette estampe offre également des dégradés[1] d'une extrême subtilité.

Signée : Utamaro, fudé.

Éditeur Yamaguchi Tobei.

Pl. 69 et 70. — H. 0m370. — L. de chaque estampe, 0m260.

M. DE SARTIGES.

164. Diptyque oban, harmonie de rose, de rouge, de violet et de noir sur fond gris.

Dans leur atelier, ce sont des graveurs sur bois pour estampes, figurés par des femmes. L'une d'elles, sur la feuille de droite, est censée représenter l'artiste imagier, montrant un dessin à son éditeur. Une servante apporte du thé.

Sur la feuille de gauche, les graveurs. L'une apporte son outil. Une autre, burin en main, se prépare à attaquer le bois. Et la troisième dégrossit. A grands coups de maillet sur la gouge, elle détache du bloc de larges copeaux.

Dans une armoire des albums de fleurs chinois, le *Kitsuo* et le *Kajski gwaden*.

Sur une table des lettres adressées à Utamaro. Elles proviennent d'éditeurs qui supplient l'artiste de leur fournir des dessins.

Le titre de l'estampe est : *Yédo Meibutsu Nishikiyé Kosaku*, l'industrie des nishikiyé, la fameuse production de Yédo.

Signée : Utamaro, fudé.

Éditeur Tsuruya.

Pl. 71. — H. 0m375. — L. de chaque estampe, 0m250.

M. VEVER.

165. Oban, violet, rouge et jaune.

Assise sur une banquette de chaya, une jeune femme se repose. Auprès d'elle, sa tasse de thé et son nécessaire de fumeuse.

Signée : Utamaro, fudé.

Pl. 74. — H. 0m345. — L. 0m245.   MUSÉE DU LOUVRE.

166. Oban, noir, bleu gris, rouge et violet sur fond jaune.

Assise à terre, près d'un pot d'iris, une jeune femme vêtue d'un peignoir de bain (*yukata*), évente sa gorge nue, tout en causant avec une jeune fille qui, debout derrière elle, arrange sa ceinture.

De la série *Fuzoku Sandan Musumé*, trois styles différents (selon la classe à laquelle elles appartiennent) de jeunes femmes.

Signée : Utamaro, fudé.

Éditeur Wakasaya.

Pl. 73. — H. 0m360. — L. 0m240.   M. BULLIER.

1. Il fut une époque où les amateurs raffolaient des dégradés. On leur en mit partout. Avec une éponge et une dissolution de bichromate ou une lessive de carbonate de soude, la *carbonade* des cuisinières, ou même avec de l'eau bouillante, on « dégradait » une robe en moins de temps qu'il ne faut pour le dire. Mais alors que dans les dégradés réels le ton nuancé contient toujours du rose, cette couleur a disparu dans les dégradés factices.

167. Triptyque oban, polychromie où domine le rouge brique avec un bleu gris, des roses, du violet et du noir.

Interprétation, dans le style populaire, de la fuite contrariée du noble poète Ariwara no Narihira avec une dame de la cour : C'est la nuit, à Musashino (le « site sauvage » de la province de Musashi). Le disque énorme de la lune émerge, micacé, de l'horizon. Au centre de l'estampe, on voit deux amants qui cherchent à se dissimuler parmi les touffes de roseaux et de haghi. A droite et à gauche, des jeunes femmes, armées de lanternes, les recherchent.

Signée : Utamaro, fudé.

Éditeur Tsutaya.

Pl. 72. — H. 0m370. — L. de chaque estampe, 0m240.

MUSÉE DU LOUVRE.

168. Koban (petit format).

Une jeune femme sort de son lit. Elle est en robe de nuit et s'apprête à se laver les dents.

L'estampe porte comme titre : *Omézamé no Zu*, l'éveil.

Signée : Utamaro, fudé.

Pl. 83. — H. 0m180. — L. 0m120.   M. PORTIER.

169. Diptyque (partie de triptyque), rose, violet, vert et noir sur fond gris.

A la porte d'un jardin, son petit serviteur auprès de lui, un jeune élégant joue de la flûte. Des jeunes femmes assises sur une terrasse l'écoutent et une d'entre elles va l'introduire dans la maison. Allusion à la scène connue de Ushiwakamaru (Yoshitsuné jeune) jouant de la flûte devant la porte de sa maîtresse Jorurihimé.

Signée : Utamaro, fudé.

Pl. 75. — H. 0m360. — L. de chaque estampe, 0m250.

M. KŒCHLIN.

170. Oban, d'une intense polychromie de violet, de rouge, de vert et de gris bleu.

C'est 8 heures du matin, l'heure du lapin. Les galants prennent congé des belles filles du Yoshiwara. Une d'elles présente le haori (manteau) que son amant va passer.

On ne voit pas le jeune homme, mais on devine que c'est un élégant de Yédo, car son haori, très simple à l'extérieur, est intérieurement orné d'une peinture de Daruma, signée Rinsho.

De la série *Seiro Juni Toki*, les douze heures du seïro.

Signée : Utamaro, fudé.

Éditeur Tsutaya.   M. BULLIER.

H. 0m370. — L. 0m240.

171. Oban, violet, bleu rouge sur fond jaune poudré.

En peignoir qui s'entr'ouve négligemment sur ses épaules graciles, une courtisane, après le bain, va prendre une tasse de thé, que lui offre une kamuro.

Même série que ci-dessus.

Cette estampe représente l'heure du serpent (10 heures du matin).

Signée : Utamaro, fudé.

Éditeur Tsutaya.

Pl. 74. — H. 0m365. — L. 0m240.   M. BULLIER.

172. Triptyque oban, rouge, violet et gris bleu.

Des jeunes hommes et des geisha s'amusant à pêcher au *yotsudé-ami* (large filet qui possède une armature semblable à celle d'un cerf-volant), sur la côte de Shinagawa, par un soir d'été.

Signée : Utamaro, fudé.

Sans nom ni marque d'éditeur.

Pl. 76. — H. 0^m385. — L. 0^m260.   M. Veyer.

173. Triptyque oban, des beiges, avec des roses et des verts pâles et une note noire sur chacune des feuilles.

Du pont de Ryogoku, des dames, des fillettes, des enfants, regardent les bateaux qui passent sur la Sumida.

Encore que la composition de ce triptyque soit homogène, on devine aisément que chaque estampe contient un groupe de femmes fort distinct des deux autres : à gauche des dames de la bonne société, au milieu des femmes de marchands et à droite des filles du peuple.

Et dans cet estampe qui se situe à la fin de la 2ª période (très près de la 3ª), nous serions tentés de voir comme un brusque raccourci de la carrière artistique d'Utamaro, qui commence par des belles un peu drapées du hiératisme de Kiyonaga, pour s'assouplir à une formule (la meilleure du maître), plus charnue plus sensuelle et se terminer dans le maigriot maniéré, dans le joli à chichis, dans le genre midinette de la dernière période.

Ce triptyque se complète en se superposant au suivant (174). Ce fait n'est pas sans exemple. Le musée de South Kensington, si notre mémoire est fidèle, possède une estampe de Kiyonaga formée de deux triptyques superposés.

Signée : Utamaro, fudé.

Éditeur Omiya. (Kayachô Asakusa).

Pl. 77. — H. 0^m365. — L. de chaque estampe, 0^m250.

Musée des Arts décoratifs.

174. Triptyque oban, d'une polychromie éteinte de gris et de roses passés avec deux taches noires.

Sous le pont de Ryogoku, passent des bateaux promenant de jolies femmes. L'une d'elles, à qui une amie offre la main, saute, son éventail aux dents et relevant son kimono, d'un bateau dans un autre.

Ce triptyque se place au-dessous du précédent.

Signée : Utamaro, fudé.

Éditeur Omiya. (Asakusa, Kayachô, Yédo).

Pl. 78. — H. 0^m380. — L. de chaque estampe, 0^m250.

M. Ducoté.

175. Oban, vert, rose et bleu sur fond jaune.

Une jeune maman, son enfant au sein, va le mettre dans son berceau couvert d'un moustiquaire, cependant que les évente une servante.

Signée : Utamaro, fudé.

Éditeur Uyémura.

H. 0^m365. — L. 0^m240.   M. Mutiaux.

176. Triptyque oban, bleu et rose.

A Yénoshima, des pêcheuses d'awabi (ama) plongent dans les flots.

Signée : Utamaro, fudé.

Éditeur Tsuruya.

H. 0^m375. — L. de chaque estampe, — 0^m245.   M. Jacquin.

177. Oban.

Portrait de jeune femme, imprimé en bleu clair et bleu foncé.

Signée : Utamaro, fudé.

Éditeur Mitsuboshi.

H. 0^m390. — L. 0^m265.   M. Jacquin.

178. Oban décoloré, sur fond jaune.

Un miroir à la main, la courtisane Hanazuma, de la maison Hiogoya.

De la série *Natori Saké Rokkasen*. Six marques choisies de saké, comparées à des courtisanes.

Série où la recherche de l'élégance confine au maniérisme. Ici, pour accentuer la ligne sinueuse de la courtisane assise, l'artiste l'a accotée à la ligne droite de la marge de l'estampe.

Cette série qu'on appelle volontiers la série du baril à saké, porte une coupe vue en perspective sur laquelle est inscrite la désignation de la série, puis un baril dans sa gaine de paille avec une double tablette portant le nom du saké et celui de la courtisane.

Signée : Utamaro, fudé.

Éditeur Tsutaya.

Pl. 79. — H. 0^m360. — L. 0^m230.   M. Bouasse-Lebel.

179. Kosei-Zuri (Épreuve d'essai en noir).

Une courtisane rêve qu'elle se marie. Elle se voit dans un palanquin que portent des servantes.

Dans un panneau séparé on voit Rosei, qui rêve que l'Empereur lui fait solennellement annoncer qu'il l'a choisi pour lui succéder.

Le titre de l'estampe est : *Mitaté Yékiodaï*, deux désillusions analogues.

Signée : Utamaro, fudé.

Éditeur Kano.

H. 0^m255. — L. 0^m280.   M. Vignier.

180. Oban, violet, vert et rose.

Courtisane rêvant. C'est le même sujet (désillusion) qu'offre l'estampe précédente.

Dans un cartouche rectangulaire à droite, on voit également Rosei.

Signée : Utamaro, fudé.

Éditeur Omiya.

Pl. 79. — H. 0^m380. — L. 0^m240.   M. Cosson.

181. Oban.

Deux femmes, de mœurs légères, s'apprêtant à se laver le visage dans un bassin que porte une servante.

De la série *Fuʒoku Bijin Tokei*, les douze heures représentées par des femmes. L'heure japonaise comptait deux fois soixante minutes.

C'est ici l'heure du serpent : 10 heures du matin.

Signée : Utamaro, fudé.

Éditeur Senichi.

Pl. 80. — H. 0^m350. — L. 0^m240.   M. Bullier.

182. Oban, violet, rose et vert, sur fond gris.

Une jeune maman s'est levée de son lit pour faire faire pipi à son bébé, qui frotte ses yeux pleins de sommeil.

Même série que ci-dessus.

La scène se passe à l'heure du rat (2 heures du matin).

Signée : Utamaro, fudé.

Éditeur Senichi.

Pl. 80. — H. 0^m380. — L. 0^m250.   M. Le Veel.

183. Triptyque oban.

A la tombée de la nuit, sur un tertre qu'abrite un saule, et au

bas duquel coule un ruisseau, des jeunes femmes, des jeunes
filles et des enfants capturent des lucioles.

Signée : Utamaro, fudé.

Éditeur Senichi.

Pl. 81. — H. 0^m365. — L. de chaque estampe, 0^m240.

Mme GILLOT.

184. Oban, rose et vert foncé sur fond gris.

Mal éveillée et fort décoiffée par la nuitée, une jeune courtisane sort de son lit. A genoux, elle noue indolemment son obi
sur sa robe de nuit. Elle maintient avec son menton son paquet
de serviettes en papier.

Signée : Utamaro, fudé.

Sans nom ni marque d'éditeur.

Pl. 82. — H. 0^m365. — L. 0^m240. M. ROUART.

185. Oban, violet, rose et gris.

Une jeune maman, son enfant sur le dos, se penche au-dessus
d'un bassin fait d'un tronc d'arbre creusé. Les deux visages,
comme dans un miroir, se reflètent à la surface de l'eau.

De la série *Kokei Sansho*, les trois rieurs de Kokei. (Le
troisième rieur étant évidemment ici un chien.)

Signée : Utamaro, fudé.

Sans nom ni marque d'éditeur.

Pl. 82. — H. 0^m360. — L. 0^m245. M. BULLIER.

186. Oban, bleu, noir et violet.

Portrait d'une jolie femme de basse classe.

Signée : Utamaro, fudé.

Éditeur Tsuruya.

Pl. 84. — H. 0^m360. — L. 0^m230. M. VIGNIER.

187. Pentaptyque oban, vert, violet, noir, gris et bleu.

Toute une théorie de femmes et d'enfants qui se dirigent
à Mukojima, sur la rive de la Sumida, lors de la floraison des
cerisiers.

Signée : Utamaro, fudé.

Éditeur Marumura.

H. 0^m365. — L. de chaque estampe, 0^m250. M. ROUART.

188. Oban, noir et violet.

Le buste nu, une jeune femme se débarbouille à côté d'un baquet
plein d'eau. Derrière elle, un paravent décoré des sept sages dans
la forêt de bambous, et sur lequel est posée une robe nouvelle.

Non signée.

Éditeur Ezakiya.

Pl. 85. — H. 0^m365. — L. 0^m245. M. VIGNIER.

189. Diptyque oban, rose et violet.

La courtisane Yosooi, de la Matsubaya, se promenant, accom-
gnée de deux kamuro, d'une shinzo et d'un otokoshi.

Signée : Utamaro, fudé.

Éditeur Tsuruya.

H. 0^m380. — L. de chaque estampe, 0^m255.

M. BOUASSE-LEBEL.

190. Feuille d'éventail (Jigami), jaune, vert, violet, rouge et bleu, sur
fond gris.

Fuite de deux amants par une nuit pluvieuse.

Cette estampe a conservé exceptionnellement fraîche sa polychromie vive et chantante.

Signée : Utamaro, fudé.

Éditeur Yamakami.

Pl. 83. — H. 0^m195. — L. 0^m265. M. MANZI.

191. Oban, violet.

Jeune femme au sortir du bain, son peignoir découvrant ses
seins. Elle s'essuie le visage avec une serviette (*tenughi*).

Signée : Utamaro, fudé.

Éditeur Tsuruya.

Pl. 84. — H. 0^m375. — L. 0^m250. M. MANZI.

192. Oban, presque monochrome dans les gris et les noirs, avec
deux notes roses sur fond gris.

Buste de jeune femme de la classe ouvrière. Elle tient une
ombrelle à la main, et entre ses dents l'extrémité d'une écharpe.

Signée : Utamaro, fudé.

Éditeur Iwacho.

Pl. 85. — H. 0^m350. — L. 0^m235. M. VEVER.

193. Surimono, marron et gris.

Jeune mère montrant des jouets à son bambin, le 5e jour du
5e mois (mai), qui est la fête des garçons.

De la série *Junitsuki Shikisha Waka*, poèmes sur les douze
mois écrits sur le Shikishi.

Signée : Utamaro, fudé.

H. 0^m180. — L. 0^m115. M. PORTIER.

194. Oban.

Une jeune femme sort du bain. Elle est devant sa toilette
mi-nue sous son peignoir. Et durant qu'une servante l'évente,
elle enseigne à son chien à faire le beau.

Non signée.

Ni nom, ni cachet d'éditeur.

H. 0^m380. — L. 0^m255. M. MANZI.

195. Oban.

Faucon perché sur un rocher.

Signée : Utamaro, fudé.

Éditeur Yamaguchi Tobei.

H. 0^m345. — L. 0^m230. M. R. COLLIN.

196. Oban.

Deux tortues nageant dans un étang, dont le fond est tapissé
de plantes aquatiques.

La légende dit : Des tortues vivent dans l'étang, qui est vieux
de 10 000 ans.

Signée : Utamaro, fudé.

Pl. 86. — H. 0^m355. — L. 0^m230. M. JACQUIN.

197. Oban, gris bleuté et brun.

Faucon perché sur une branche de prunier en fleur.

Signée : Utamaro, fudé.

Ni nom ni marque d'éditeur.

Pl. 86. — H. 0^m375. — L. 0^m255. M. DU PRÉ DE St-MAUR.

198. Chuban.

Jument et son poulain dessinés dans le style du *Riakugwa*
(dessin rapide).

Signée : Utamaro, fudé.

Ni nom ni marque d'éditeur.

Pl. 95. — H. 0^m220. — L. 0^m170. M. BOUASSE-LEBEL.

199. Koban.

Deux petites filles jouent avec des poupées, le 3ᵉ jour du 3ᵉ mois (mars), le *Hina no Sekku*, jour de la fête des poupées.

De la série *Gayu Junitsuki*, amusements raffinés des douze mois.

Signée : Utamaro, fudé.

H. 0ᵐ175. — L. 0ᵐ155.   M. Jacquin.

200. Oban, noir, à rehauts violets et jaunes.

Deux bambins chinois donnent la pâture à une famille de grues.

Ce sujet évoque, par prétérition, le dieu Fukurokuju, dont les enfants et les grues sont les compagnons favoris.

Signée : Utamaro, fudé.

Éditeur Yamaguchi Tobei.

Pl. 87. — H. 0ᵐ350. — L. 0ᵐ235.   M. Maroni.

201. Oban.

Des chevaux gris, des blancs, des alezans, un pie s'ébrouent dans un pré.

Une des rares estampes où l'on surprenne Utamaro à archaïser. Ici son dessin n'a plus rien du précis, du précieux de ses albums d'insectes et d'oiseaux. Il s'essaye — et le résultat est médiocre — au style large des Kano.

Signée : Utamaro, fudé.

Éditeur Mori.

Pl. 87. — H. 0ᵐ310. — L. 0ᵐ210.   M. Vever.

YAMA UBA ET KINTOKI

202. Kakémonoyé, tiré dans une gamme de beiges, avec rehauts de rouge et de vert.

Yama uba montre à Kintoki un régime de châtaignes. Pour atteindre aux fruits qu'il convoite, l'enfant rouge tente de se hausser en s'aggripant à la robe de sa mère.

Cette estampe, une des plus célèbres d'Utamaro, est connue sous le nom de « La Châtaigne ».

Signée : Utamaro, fudé.

Éditeur Marumura.

Pl. 88 (en couleurs). — H. 0ᵐ500. — L. 0ᵐ220. M. Doucet.

203. Oban, rouge et violet.

Kintoki se regardant dans un miroir que lui présente Yama uba.

Signée : Utamaro, fudé.

Éditeur Marumura.

Pl. 90. — H. 0ᵐ365. — L. 0ᵐ255.   M. Vignier.

204. Oban, rouge, violet et gris bleu.

Yama uba, abritée sous un arbre, fait faire pipi à Kintoki.

Signée : Utamaro, fudé.

Éditeur Omiya.

Pl. 89. — H. 0ᵐ370. — L. 0ᵐ250.   M. Manzi.

205. Oban, rouge et violet.

Kintoki tirant, en manière de jeu, la tignasse de Yama uba.

Signée : Utamaro, fudé.

Éditeur Tsuruya.

H. 0ᵐ345. — L. 0ᵐ250.   M. Vever.

206. Oban, rouge, vert, violet et jaune.

Yama uba et Kintoki vont mettre au pot une oie. La bête est plumée et Kintoki, un gros couteau à la main, s'apprête à la parer. Sa mère nourricière le regarde avec un air de curiosité amusée.

De la série *Kintaro Sannin Kiodai*, les trois frères Kintoki.

Il n'y eut en réalité qu'un seul Kintoki. Utamaro entendit probablement, dans cette série, représenter l'enfant rouge à trois âges différents.

Signée : Utamaro, fudé.

Éditeur Tsuruya.

Pl. 90. — H. 0ᵐ375. — L. 0ᵐ245.   M. Maroni.

207. Oban, rouge, vert et violet.

Yama uba peignant les sourcils de Kintoki.

Signée : Utamaro, fudé.

Sans nom ni marque d'éditeur.

H. 0ᵐ385. — L. 0ᵐ250.   Mᵐᵉ Langweil.

208. Oban, rouge et violet.

Yama uba curant l'oreille de Kintoki — lequel paraît goûter fort cet épisode de toilette.

Signée : Utamaro, fudé.

Sans nom ni marque d'éditeur.

Pl. 91. — H. 0ᵐ375. — L. 0ᵐ235.   M. Kœchlin.

209. Oban, tirée en rouge et violet et décolorée.

Cependant que Yama uba, agenouillée, le buste nu, peigne ses longs cheveux, Kintoki est grimpé sur ses épaules.

Signée : Utamaro fudé.

Éditeur Omiya.

Pl. 89. — H. 0ᵐ365. — L. 0ᵐ240.   M. Mutiaux.

210. Oban, rouge et violet.

Kintoki et Yama uba se baisant sur la bouche.

Signée : Utamaro, fudé.

Éditeur Yamaguchi Tobei.

Pl. 93. — H. 0ᵐ380. — L. 0ᵐ245.   M. Rouart.

211. Oban, rouge, violet et vert.

Yama uba rasant sur la tête de Kintoki la largeur d'un ruban de cheveux.

Signée : Utamaro, fudé.

Éditeur Yamakichi.

H. 0ᵐ375. — L. 0ᵐ255.   M. Vever.

212. Oban, rouge, violet, jaune et vert.

Yama uba qui s'est laqué les dents en noir contemple son œuvre dans un miroir. Derrière elle, Kintoki lui tire la langue et le miroir révèle sa grimace.

Signée : Utamaro, fudé.

Éditeur Yeijudo.

H. 0ᵐ370. — L. 0ᵐ250.   M. Vignier.

213. Oban, violet et rouge (décolorée).

Yama uba allaitant Kintoki.

Signée : Utamaro, fudé.

Éditeur Yeijudo (Yamatomoye).

H. 0ᵐ375. — L. 0ᵐ240.   M. Mutiaux.

214. Oban, rouge et violet.

Yama uba cajolant Kintoki.

Signée : Utamaro, fudé.

Éditeur Yeijudo (Yamatomoyé).

Pl. 91. — H. 0^m395. — L. 0^m260.   M. VEVER.

215. Oban, rouge et vert.

Yama uba qui a tiré une bouffée de sa pipette, projette en l'air une volute de fumée. Kintoki voudrait s'en saisir et attrape à deux mains le menton de sa mère.

Signée : Utamaro, fudé.

Éditeur Tsutaya.

Pl. 92. — H. 0^m385. — L. 0^m250.   Mme LANGWEIL.

216. Oban, rouge, vert et violet.

Yama uba embrassant Kintoki.

Pour marquer l'extrême développement pileux de Yama uba, que les artistes japonais ont toujours représentée avec une toison embroussaillée, Utamaro l'a gratifiée, dans cette estampe, ainsi que la plupart de celles qu'il lui a consacrées, de doubles sourcils.

Signée : Utamaro, fudé.

Éditeur Tsutaya.

H. 0^m340. — L. 0^m225.   M. MUTIAUX.

217. Oban, rouge, vert et violet.

Yama uba allaitant Kintoki. L'enfant rouge a des distractions. Il tourne la tête sans pourtant lâcher le sein de sa nourrice dont il tiraille le bout.

Signée : Utamaro, fudé.

Éditeur Tsutaya.

Pl. 92. — H. 0^m385. — L. 0^m250.   M. VEVER.

218. Oban.

Kintoki prête ses deux bras à Yama uba pour dévider un écheveau de fil.

Signée : Utamaro, fudé.

Éditeur Tsutaya.

Pl. 93. — H. 0^m375. — L. 0^m245.   M. BING.

KAKÉMONOYÉ

219. Kakémonoyé, tons neutres sur fond gris clair.

Jeune couple se promenant par une nuit pluvieuse.

De la série *Ukiyo San Séki*, trois incidents de la soirée.

A côté du cartouche portant le nom de la série on lit : Le mari et la femme sous la pluie.

Signée : Utamaro, fudé.

Éditeur Marumura.

H. 0^m500. — L. 0,225.   M. DOUCET.

220. Kakémonoyé, bistre.

Par un soir d'été, un jeune homme et son amie vont respirer le frais sur le bord de la Sumida. Le jeune homme porte sur ses épaules un garçonnet, qui est le frère de la jolie fille.

Même série que ci-dessus.

Éditeur Marumura.

H. 0^m500. — L. 0^m225.   M. MUTIAUX.

221. Kakémonoyé, beige, violet, rouge.

Près d'un brasero, une dame est assise, son éventail à la main.

Derrière elle, une dame plus jeune, debout. Elles sont en peignoir de nuit et avant d'aller se coucher, brûlent des *Kayaribi*. Ce sont des fidibus, faits de bois de *muro* et dont la fumée chasse les moustiques.

Même série que ci-dessus.

L'estampe est intitulée : La mère et la fille, au soir.

Avec les deux précédentes, cette estampe forme une série complète.

Signée : Utamaro, fudé.

Publiée par Marumura.

Pl. 94. — H. 0^m510. — L. 0^m235.   MUSÉE DU LOUVRE.

222. Kakémonoyé, rouge, vert et violet sur fond gris.

Hisamatsu et sa maîtresse Osomé (scène de théâtre).

La robe de la jeune femme offre un joli exemple de dégradé. Violette dans le haut elle s'atténue peu à peu jusqu'à un gris rosé.

Signée : Utamaro fudé.

Éditeur Marujin.

Pl. 95. — H. 0^m475. — L. 0^m175.   M. VEVER.

223. Kakémonoyé.

La jeune Kanéko, poétesse de grand talent, quoique de basse extraction, a obtenu audience d'une princesse à qui ses vers ont plu. Pour cette honorable circonstance, elle s'est fait accompagner de son bambin.

De la série *Kindaï Shichi Saïjo Shika*, sept brillantes poétesses et leurs poèmes.

Signée : Utamaro, fudé.

Éditeur Marumura.

H. 0^m505. — L. 0^m230.   M. MUTIAUX.

224. Kakémonoyé, polychromie à dominante rose.

Deux jeunes personnes conversent. L'une, la pipe aux lèvres, est assise dans l'intérieur d'un kago, l'autre appuyée sur le toit, tient sa pipe à la main.

Même série que ci-dessus.

Signée : Utamaro, fudé.

Éditeur Marumura.

Pl. 94. — H. 0^m500. — L. 0^m237.   M. VEVER.

225. Kakémonoyé, rouge, pourpre et réséda.

Portrait fantaisiste de la célèbre poétesse Kaga no Chiyo. Elle est représentée en pied, avec, à ses côtés, un chat et une fillette.

Même série que ci-dessus.

Signée : Utamaro, fudé.

Éditeur Marumura.

Pl. 97. — H. 0^m505. — L. 0^m230.   Mme LANGWEIL.

226. Kakémonoyé, noir, gris et vert pâle sur fond teinté.

Une jeune maman, vêtue d'un kimono de gaze noire transparente. Derrière elle, son bébé — qu'une servante tente de tirer en arrière — se voile le visage d'un pan de la robe de sa mère.

Signée : Utamaro, fudé.

Éditeur Iwacho.

H. 0^m525. — L. 0^m190.   M. MARTEAU.

227. Kakémonoyé.

Même estampe que la précédente.

Pl. 96. — H. 0^m495. - L. 0^m175.   M. DU PRÉ DE SAINT-MAUR.

228. Kakémonoyé, violet, rose et noir.

Sur le quai de la Sumida, deux geisha dont l'une très grise ne se soutient qu'avec l'aide de sa compagne.

Signée : Utamaro, fudé.

Éditeur Iwacho.

Pl. 96. — H. 0m500. — L. 0m170.   M. Mutiaux.

229. Kakémonoyé, violet, rose, jaune et orange sur fond gris.

La courtisane Hokkoku, debout, dans sa robe de nuit. Assise auprès d'elle, sa petite kamuro.

De la série *Tosei Bijin San yu*, trois beautés modernes.

Signée : Utamaro, fudé.

Éditeur Marumura.

Pl. 97. — H. 0m320. — L. 0m235.   M. Mutiaux.

230. Kakémonoyé, gris et noir.

Faucon sur un prunier.

Signée : Utamaro, fudé.

Pl. 96. — H. 0m490. — L. 0m225.   Mme Langweil.

231. Tanzaku, gris et noir.

Carpes et truites nageant.

Signée : Utamaro, fudé.

H. 0m305. — L. 0m075.   M. Jacquin.

232. Hashirakaké, rouge et vert.

Faucon sur une branche de pin couverte de neige.

Signée : Utamaro, fudé.

Pl. 97. — H. 0m690. — L. 0m120.   M. Javal.

TROISIÈME PÉRIODE

PIÈCES DIVERSES

233. Oban, rose sur fond gris.

La courtisane Urazuru, de la maison Keizetsuro, écrivant une lettre.

Signée : Utamaro, fudé.

Éditeur Yamamoto.

H. 0m375. — L. 0m245.   Musée du Louvre.

234. Oban, bleu et blanc sur fond gris.

La courtisane Takigawa de l'Ogiya. Elle s'essuie l'oreille avec la manche de son peignoir de bain.

De la série *Seiro Nanakomachi*, sept beautés (Komachi, le nom de la poétesse, est employé dans le sens de jolie femme) de Seiro.

Signée : Shomei (le véritable), Utamaro fudé.

Éditeur Sensa.

Pl. 100. — H. 0m370. — L. 0m250.   M. Fleury.

235. Triptyque.

Taïko Toyotomi Hidéyoshi fait la fête à Higashiyama, avec ses cinq femmes, leurs servantes et son favori Ishida Mitsunari.

Titre de l'estampe : *Taïko Gosaï Rakuto Yukwan no Zu*, Taïko et ses cinq épouses piquniquant à Rakuto (à l'est de Kyoto).

C'est, prétend-on, à cause de cette estampe, où la cour voulut voir un blâme aux mœurs du Shogunat, qu'Utamaro fut jeté en prison.

Signée : Utamaro, fudé.

Éditeur Yamani.

Pl. 98. — H. 0m380. — L. 0m245.   M. Jacquin.

236. Oban, vert pâle, vert foncé et rose sur fond jaune clair.

Jeune maman donnant à téter à son bébé. Elle est assise devant une table de toilette dont le miroir reflète le derrière de la tête de l'enfant.

Signée : Utamaro, fudé.

Éditeur Yamamori.

Pl. 102. — H. 0m350. — L. 0m235.   M. Bullier.

237. Oban, vert et rose sur fond gris.

Jeune femme assise, jouant avec son bébé. Elle l'élève au-dessus de sa tête afin qu'il puisse attraper un fruit qu'elle tient entre ses lèvres.

Signée : Utamaro, fudé.

Éditeur Senichi.

Pl. 99 (en couleurs). — H. 0m370. — L. 0m250.   M. Bullier.

238. Oban, violet, vert et rose sur fond gris.

La jolie Koharu et son amant Jihei. Elle porte une lanterne et lui une ombrelle.

De la série *Ongioku Hiyoku no Bangumi*, scènes de drames.

Signée : Utamaro, fudé.

Éditeur Yamakichi.

Pl. 102. — H. 0m315. — L. 0m220.   M. Vignier.

239. Oban, rose, violet et noir sur fond gris.

Otsuma coiffe son époux Hachirobei. Elle est debout derrière lui, un petit peigne à manche dans une main, un chiffon dans l'autre, et elle incline la tête pour juger de son œuvre. Lui, assis à terre se regarde dans un miroir.

Même série que ci-dessus.

Signée : Utamaro, fudé.

Éditeur Yamakichi.

H. 0m330. — L. 0m220.   M. Mutiaux.

240. Koban, rose et vert.

Trois jeunes garçons dansant dans une niwaka.

De la série *Kodomo Niwaka*, niwaka d'enfants.

Signée : Utamaro, fudé.

Éditeur Yamaguchi Tobei.

H. 0m230. — L. 0m175.   M. Vever.

241. Triptyque, rouge, violet et gris bleu.

C'est, dans la campagne, une soudaine pluie d'été. Sous un arbre, se sont réfugiés des bambins pleurnicheurs, des mamans qui allaitent. Jovial, un marchand d'aubergines bourre sa pipe. De toutes parts, des gens rallient l'abri. Une jeune femme vient d'arriver, qui n'a pu encore réparer le désordre qu'une course rapide a apporté dans sa toilette. Du kimono entr'ouvert, ses seins fougueux s'échappent. Un coquebin, auprès d'elle, s'en émeut.

Signée : Utamaro, fudé.

Éditeur Tsuruya.

Pl. 106. — H. 0m370. — L. de chaque estampe, 0m246.

M. Smet.

242. Oban, noir, violet et rouge.

Une jeune femme peignant ses cheveux qu'elle vient de laver. Elle a le buste nu, son kimono tenant à peine sur son épaule.

De la série *Fujin Sogaku Juttai*, c'est-à-dire d'une série analogue à 32, 33, etc., mais avec quelques variantes :

D'abord le fond de l'estampe n'est pas micacé ; le cartouche tripartite n'a pas le cerne rouge. Et surtout le style du dessin est plus tardif. Il semble que maintes séries d'Utamaro se composent d'estampes faites à des époques très différentes.

Dans le volet central du cartouche se lit l'observation physiognomonique suivante :

Elle se tient très propre. Elle est très passionnée, mais son amour n'est pas de ceux qu'on gagne aisément.

Signée : Utamaro, Sokwan (physiognomoniste)

Éditeur Yamato.

Pl. 108. — H. 0^m385. — L. 0^m250.   M. Rouart.

243. Oban, noir, gris et rose.

La jeune et jolie Chiyozuru regardant l'intérieur d'une lanterne qui lui projette son cône de lumière sur le haut du visage. Même série que ci-dessus.

De cette jeune personne, le physiognomoniste dit qu'elle est charmante et fidèle et que les hommes sont fous d'elle.

Signée : Utamaro, Sokwan.

Éditeur Tsuruya.

On remarquera que cette estampe et la précédente, qui portent le même titre de série proviennent de deux éditeurs différents.

Pl. 108. — H. 0^m380. — L. 0^m250.   M. Rivière.

244. Chuban, gamme de bistres.

Courtisane aidant son jeune amant à vêtir son manteau (haori). C'est 8 heures du matin, l'heure du lapin.

De la série *Yoshiwara Tokei*, les douze heures du Yoshiwara.

Signée : Utamaro, fudé.

Pl. 83. — H. 0^m225. — L. 0^m165.   M. Mutiaux.

245. Oban, orange sur fond gris.

Geisha, les seins découverts, accoudée sur sa boîte à shamisen. Elle tient sa pipe d'une main et de l'autre un cure-dent.

De la série *Shinsei Goshiki no Sumi*, cinq différentes couleurs d'encres indiennes, récemment fabriquées.

Les Japonais appellent encre indienne ce que nous nommons encre de Chine. Le titre de série est, en effet, inscrit sur un bâton d'encre entouré d'un papier et posé sur une branche fleurie. En un des tropes si usités par les imagiers, Utamaro compare cinq femmes aux toilettes nouvelles à des bâtons d'encres versicolores.

Signée : Utamaro, fudé.

Éditeur Tsuruya.

Pl. 101. — H. 0^m355. — L. 0^m235.   M. Mutiaux.

246. Oban, presque monochrome (noir et gris), sur fond gris-clair, sauf la note rouge de la bouche et le bleu de la serviette.

Portrait fantaisiste de la dame Oshun, l'épouse de Dembei, un montreur de singes. Allusion à un drame joué à l'époque.

Signée : Utamaro, fudé.

Ni nom ni marque d'éditeur.

H. 0^m375. — L. 0^m250.   M. Rouart.

247. Oban.

Apparition, à travers un massif de pivoines, d'une jeune fille coiffée d'éventails. Elle danse la shakkio.

Non signée.

Éditeur Yamani.

Pl. 104. — H. 0^m325. — L. 0^m220.   M. Maroni.

248. Oban, rose, gris et violet.

Tombé, son premier kimono, qui forme comme un soyeux anneau autour d'elle, une jeune femme debout s'évente. Elle est vêtue d'une robe de dessous, fleurie de haghi.

Cette estampe est une réclame de la maison Irukura, qui fut renommée à cette époque pour ses soieries.

De la série *Natsu-Isho Tosei Bijin*, jeunes belles en robes d'été.

Signée : Utamaro, fudé.

Pl. 112. — H. 0^m385. — L. 0^m250.   M. Bing.

249. Triptyque.

Jeune dame, d'une famille de daïmio, jouant avec sa suite de *koshimoto* (servantes), sur la grève de Yénoshima.

Signée : Utamaro, fudé.

Éditeur Marujin.

H. 0^m370. — L. de chaque estampe, 0^m255.   M. Pol Neveux.

250. Oban.

Assis sur son lit, qu'une moustiquaire recouvre, un jeune homme cause avec son amie, debout auprès de lui.

Signée : Utamaro, fudé.

Éditeur Yamamori.

H. 0^m355. — L. 0250.   M. Rouart.

251. Triptyque.

Jeunes femmes jouant au volant sur le quai de la Sumida.

Signée : Utamaro, fudé.

Éditeur Yamaguchi Tobei.

H. 0^m370. — L. de chaque estampe, 0^m250.   M. Bullier.

252. Triptyque oban, harmonie en gris beige, avec un noir central et une puissante note brun rouge ; de chaque côté des rouges.

Scène de novembre dans le verger d'un daïmio. Des dames et un koshio font la cueillette des kaki.

Signée : Utamaro, fudé.

Éditeur Wakasaya.

Pl. 107. — H. 0^m365. — L. de chaque estampe, 0^m245.

M. Mutiaux.

253. Oban, vert, rouge et noir sur fond jaune.

Une jeune et jolie courtisane fait sa toilette de nuit, aidée par sa kamuro.

De la série *Meikun Keichu no Yoso oi*, toilettes de courtisanes fameuses.

Signée : Utamaro, fudé.

Éditeur Omiya.

H. 0^m375. — L. 0^m250.   M. Le Veel.

254. Oban, violet et vert sombre sur fond teinté.

Nuitamment, deux amoureux Hambei (lui) et Ochiyo (elle) ont réussi à se joindre. Il tient d'une main une lanterne, de l'autre un parapluie qu'il ouvre. Elle pleure et s'essuye les yeux avec son écharpe.

Titre de l'estampe : *Ochiyo Hambei. Yoru no Namida,* pleurs dans la nuit.

De la série des huit vues d'Omi.

Le titre de cette estampe est, avec des caractères différents, mais la même prononciation, le nom d'un des paysages d'Omi (qu'on voit dans le coin supérieur gauche), c'est une nuit pluvieuse à Karasaki.

L'analogie est non seulement dans le titre, mais dans le sujet traité :
pluie, larmes.

Signée : Utamaro, fudé.

Éditeur Mori.

Pl. 101. — H. 0ᵐ370. — L. 0ᵐ245.   M. Javal.

255. Oban, vert, violet, rouge, jaune et noir sur fond gris.

La Fuji musumé (la fille aux glycines) et l'Oni no Nembutsu
(le diable prêtre).

De la série *Yédo Shi iré Otsu Miyaghé*, Souvenirs d'Otsu
faits à Yédo.

Signée à gauche (pour la Fuji Musumé) : Utamaro, fudé.

A droite : Tosa Mitsunobu Monjin Matahei, fudé (Matahei
l'élève de Tosa Mitsunobu).

On entendra que cette prétendue collaboration n'est qu'un jeu.
Matahei ne pouvait prêter son concours à Utamaro pour bien des
raisons, dont la principale est qu'il ne vivait plus depuis longtemps.

Sans doute, Utamaro a-t-il voulu s'essayer aux *otsuyé*, dont Matahei,
nous a-t-on dit, fit un si grand nombre? Et, fidèle à son féminisme,
notre imagier interpréta — sans génie — la Fuji Musumé, alors qu'il se
bornait à emprunter à son devancier le burlesque Oni no Nembutsu.

Pl. 109. — H. 0ᵐ375. — L. 0ᵐ250.   M. Bing.

256. Oban, rose, gris bleu et violet.

La courtisane Kawasémi Ogiya contemplant un kaké-hana-
iké (vase qu'on suspend), en forme de bateau, dans lequel des
fleurs sont arrangées.

De la série *Gosetsu Hana Awasé*, fleurs de cinq mois.

Signée : Utamaro fudé.

Éditeur Mitsuboshi.

Pl. 103. — H. 0ᵐ390. — L. 0ᵐ255.   M. Salomon.

257. Surimono. Cette estampe est accidentellement tirée sur le papier
hosho, spécial aux surimono. Elle existe également tirée sur le
papier habituel.

Jeune femme le buste nu, se lavant.

De la série *Bijin Menso Juttai*, dix types différents de femmes,
au point de vue de la physiognomonie.

Selon l'artiste, les femmes de ce type sont toujours dociles.

Signée : Utamaro, fudé.

Éditeur Tsuruya.

H. 0ᵐ190. — L. 0ᵐ130.   M. Kœchlin.

258. Petit format, bistre et rose.

Jeune femme buvant une coupe de saké.

Même série que ci-dessus.

La note du physiognomoniste dit : Cette jeune femme est osée
comme le sont les geisha. Nous la préférerions plus timide.

Signée : Utamaro, fudé.

Éditeur Tsuruya.

H. 0ᵐ180. — L. 0ᵐ115.   M. Mutiaux.

259. Petit chuban en noir.

Arrangement de fleurs, pivoines et marguerites.

Signée : Utamaro, fudé.

Éditeur Yamaguchi Tobei.

Pl. 95. — H. 0ᵐ125. — L. 0165.   M. R. Collin.

260. Oban, bleu et jaune.

Parodie de la scène de l'espion de Chushingura (drame des 47
Ronin). Sur une terrasse, une courtisane évente ses seins nus.

En contre-bas, un homme vêtu d'un seul pagne lit une lettre.
Okaru, l'espion, est figuré par un chien. Ce dernier fait, qui n'est
que trivial pour nous, prend sa pleine signification au Japon, où
l'on appelle chien, un espion.

En haut, à gauche de l'estampe, dans un cartouche, se voit la
scène réelle du drame.

Signée : Utamaro, fudé.

Éditeur Yeijudo.

Pl. 105. — H. 0ᵐ365. — L. 0ᵐ250.   M. Jacquin.

261. Triptyque oban, polychromie où dominent le jaune et le rose.

Une princesse en promenade. Elle vient de sortir de son
carrosse et se promène aux abords du palais. Auprès d'elle, des
suivantes.

C'est une pure fantaisie de l'artiste d'environner de servantes la
jeune princesse, alors qu'elle devrait être accompagnée de serviteurs
mâles.

Signée : Utamaro, fudé.

Éditeur Wakasaya.

H. 0ᵐ365. — L. de chaque estampe, 0ᵐ245.   M. Seure.

262. Oban, rose et gris.

La courtisane Yoyotosé disposant des chrysanthèmes dans un
vase, le 9ᵉ jour du 9ᵉ mois.

De la série *Yukun Gosetsu Shokwa Kwai*, arrangements de
fleurs par des courtisanes célèbres durant cinq jours de fête.

Signée : Utamaro, fudé.

Éditeur Yamasa.

H. 0ᵐ380. — L. 0ᵐ255.   M. Mutiaux.

263. Oban, fleurs polychromes sur le fond blanc de la robe.

Dans un encadrement en forme d'éventail, la courtisane
Ariwara (de la Tsuruya), enguirlande de fleurs et de feuillages
son kimono blanc.

Signée : Utamaro, fudé.

Éditeur Yamaguchi Tobei.

H. 0ᵐ385. — L. 0ᵐ260.   M. Javal.

264. Maruyé (estampe de forme circulaire).

Jeune femme jouant avec son bébé. Elle tient à la main un
jouet en forme de marteau de Daïkoku.

Signée : Utamaro, fudé.

Éditeur Yamamatsu.

Diamètre 0ᵐ240.   M. Madvig.

265. Hosoyé, coloris des béniyé.

Chubei et sa maîtresse Umégawa se promenant sous une
ombrelle.

Signée : Utamaro, fudé.

Éditeur Inuyé.

H. 0ᵐ290. — L. 0ᵐ140.   M. Madvig.

266. Hosoyé, des gris, des noirs et un rose sur fond gris.

Fuite de deux amants Omatsu et Seijuro.

Signée : Utamaro, fudé.

Éditeur Senichi.

Pl. 111. — H. 0ᵐ320. — L. 0ᵐ150.   M. Smet.

267. Hosoyé, violet et bleu, avec deux vigoureux noirs et deux taches
roses et jaunes.

Les deux amants Ochiyo et Hambei.

Signée : Utamaro, fudé.

Éditeur Inuyé.

Pl. 111. — H. 0^m320. — L. 0^m145.   M. VEVER.

268. Hosoyé, bleu pâle et rose avec des jaunes.

Dans un paysage fantaisiste, qui est supposé représenter Toï no Tamagawa, deux geisha déguisées en blanchisseuses.

De la série *Seïro Niwaka ni no Kawari*, la seconde partie des danses d'une niwaka au Yoshiwara.

Signée : Utamaro, fudé.

Éditeur Yamato.

Pl. 112. — H. 0^m330. — L. 0^m150.   MUSÉE DU LOUVRE.

269. Hosoyé, béniyé, bleu, rose et jaune.

Deux acteurs dans le drame *Maïrasé soro Renri no Tachibana*.

Signée : Utamaro, fudé.

Éditeur Yamaguchi Tobei.

Pl. 112. — H. 0^m300. — L. 0^m130.   M. VEVER.

270. Hosoyé, béniyé, rose, gris et noir.

Deux acteurs dans les rôles de Yukihira et Matsukazé.

Signée : Utamaro, fudé.

Éditeur Yamaguchi Tobei.

Pl. 114. — H. 0^m305. — L. 0^m140.   M. VEVER.

271. Oban, rouge, bleu, rose et vert.

Un jeune garçon a capturé un rat et le couvre prestement d'une boîte. Sa sœur aînée l'éclaire avec la flamme d'un bâton résineux.

Cette scène est une interprétation badine de l'épisode tragique qu'on voit dans le cartouche de gauche : Inohayata achevant à coup de poignard Nuyé, que Yorimasa avait blessé d'une flèche.

Signée : Utamaro, fudé.

Éditeur Omiya.

Pl. 105. — H. 0^m375. — L. 0^m240.   M. ROUART.

272. Oban yokoyé, bistre, vert, rouge et rose.

Après le bain, une courtisane dont le peignoir entr'ouvert montre la gorge nue, se fait couper les ongles des pieds par sa shinzo.

De la série *Sangatsu Hana no Bijin Awasé*, beautés des trois métropoles : Yédo, Kyoto, Osaka.

Estampe datée de l'année du cheval[1].

Signée : Utamaro, fudé.

Éditeur Yamaguchi Tobei.

H. 0^m240. — L. 0^m365.   M. LEBEL.

273. Oban.

Coiffeuse arrangeant les cheveux d'une jeune fille.

De la série *Furyu Nana Komachi Kiyomidzu*, sept aspects élégants de Kiyomidzu.

Signée : Utamaro, fudé.

Éditeur Tsuruya.

H. 0^m385. — L. 0^m250.   M. RIVIÈRE.

---

1. Durant la période de production d'Utamaro, l'année du cheval se présente deux fois, en 1786 et en 1798. L'estampe décrite ci-dessus ne saurait évidemment prétendre à la première de ces dates, ni même, selon nous, à la seconde. Elle serait donc, comme trop d'autres, abusivement signée du nom d'Utamaro.

Signalons que nous avons découvert trop tard pour être reproduite dans ce catalogue, une estampe, d'ailleurs médiocre, signée *Kojin* (feu) Utamaro, une estampe publiée après la mort de l'artiste.

274. Oban.

Un jeune homme et une jeune fille font danser des marionnettes représentant Yama Uba et Kintoki.

De la série *Ongioku Koi no Misao*, dramatique scène d'amour.

Signée : Utamaro, fudé.

Sans nom ni marque d'éditeur.

Pl. 110. — H. 0^m385. — L. 0^m250.   M. MADVIG.

275. Oban, olive, bleu, violet et rouge sur fond gris.

Des fantômes apparaissent à des enfants qui se sauvent et se cachent le visage contre terre.

C'est la fin du *Hiakumonogatari* ou des Cent histoires de revenants.

Autrefois, au Japon, des enfants se réunissaient un certain soir pour écouter les cent histoires de revenants. Au début de la cérémonie, on allumait cent mèches dans une lampe. Et, à chaque fois qu'une histoire était contée, on éteignait une mèche. Quand il ne restait plus qu'une seule lumière, alors apparaissaient des fantômes.

Non signée.

Éditeur Omiya.

Pl. 109. — H. 0^m300. — L. 0^m230.   M. CHIALIVA.

276. Oban.

La courtisane Ichikawa, de la Matsubaya, se promenant avec ses deux kamuro Tamamo et Mitsumo.

Signée : Utamaro, fudé.

Éditeur Yeijudo.

H. 0^m380. — L. 0^m245.   M. CHIALIVA.

277. Oban.

Jeune femme assise, tenant un chien.

De la série *Bijin Gomenso*, cinq aspects divers de jolies femmes.

Signée : Utamaro, fudé.

Éditeur Tsuruya.

Pl. 110. — H. 0^m365. — L. 0^m255.   M. MARONI.

278. Oban, violet passé et blanc sur fond gris.

La courtisane Yayégiku, de la Matsubaya.

Signé : Utamaro, fudé.

Éditeur Yamaguchi Tobei.

H. 0^m380. — L. 0^m245.   M. ROUART.

279. Oban.

Portrait en buste de Osan, l'épouse de Mohei.

Signée : Utamaro, fudé.

Éditeur Marujin.

Pl. 111. — H. 0^m380. — L. 0^m245.   M. FLEURY.

280. Oban, rose et vert sur fond gris.

Les courtisanes Hanaogi et Takigawa, de la maison Ogiya.

De la série *Seïro Yukun Awasé Kagami*, comparaisons de courtisanes.

Signée : Utamaro, fudé.

Éditeur Yamuda.

Pl. 104. — H. 0^m370. — L. 0^m245.   M. JAVAL.

281. Diptyque hosoyé (partie de tryptique), dans les tons jaune bistre.

Scène de théâtre où figurent un acteur en burlesque samuraï et un acteur en femme, qui porte un grand chapeau de voyage.

Style de Toyokuni II (celui qui s'intercale entre le vrai Toyokuni
et son successeur officiel, Kunisada). Ce Toyokuni II, qui ne dut son
nom qu'à l'épouse du Ier, est remarquable par un maniérisme angu-
leux, ses visages de femmes en lame de couteau qu'on retrouve singulièrement dans cette estampe.

Signée : Utamaro, fudé.

Éditeur Matsuya.

Pl. 114. — H. 0m305. — L. de chaque estampe, 0m245.

M. Kirchlin.

282. Hosoyé, bistre (qui fut probablement un violet), et rouge sombre.

Deux geisha dansant la Suzumi-odori (danse du moineau).
L'une est assise, coiffée d'un ruban qui joue les coques du bonnet
alsacien, l'autre debout gambadant, porte un chapeau de paille
en forme de corbeille.

Il semble, dans cette estampe, tant la couleur est pleine, grasse,
que l'imprimeur a, comme parfois celui d'Harunobu, employé, au lieu
de tons aquarellés, des couleurs gouachées.

De la série *Seiro Niwaka*, mascarades.

Signée : Utamaro, fudé.

Éditeur Yamaka.

Pl. 114. — H. 0m330. — L. 0m150.

M. Vever.

283. Triptyque hosoyé.

Sur chaque feuille, un couple d'acteurs, un acteur en homme
et un en femme. Ils célèbrent l'ouverture du théâtre Kabukiza.

Signée : Utamaro, fudé.

Marque d'éditeur non identifiée.

Chacune des feuilles du triptyque est signée Utamaro. La signature
correspond comme graphisme au premier tiers de la 2e période. Mais
rien autre que cette signature ne décèle la manière du maître. La
composition est d'un parallélisme par trop maladroit ; les attitudes sont
raides. La décoration des robes et la polychromie sont insolites dans
l'œuvre d'Utamaro.

Pl. 113. — H. 0m340. — L. de chaque estampe, 0m150.

M. Jacquin.

284. Koban, jaune et violet.

Arrangement de fleurs dans un vase de bambou.

Signée : Utamaro, fudé.

H. 0m225. — L. 0m170.

M. Fleury.

285. Hashirakaké, rouge brique et noir.

Les deux amants Umégaya et Chubei. Estampe inspirée de
la « Sortie nocturne ».

Signée : Utamaro, fudé.

Éditeur Marumura.

Pl. 100. — H. 0m615. — L. 0m130.

M. Smet.

286. Hashirakaké, vert, rose, ocre et noir.

Par le vent, chemine une jeune femme, la tête enveloppée
d'un capuchon noir.

Pastiche de Kiyonaga. Nous écrivons ici « pastiche », et non comme
dans certaines estampes du début d'Utamaro, « influence » de Kiyonaga.

Signée : Utamaro, fudé.

Éditeur Matsuya.

Pl. 103. — H. 0m595. — L. 0m110.

M. Vever.

287. Hashirakaké.

Scène de drame. Hanshichi et sa femme Sankatsu caressant
leur enfant.

Signée : Utamaro, fudé.

Éditeur Marumura,

Pl. 103. — H. 0m606. — L. 0m140.

M. Bullier.

288. Hashirakaké, gris et jaune vert.

Jeune fille achetant une cage à lucioles d'un jeune mushi-uri
(marchand d'insectes).

Signée : Utamaro, fudé

Éditeur Yamahan.

H. 0m595. — L. 0m115.

M. Vever.

289. Hashirakaké.

Le marchand d'éventails.

Signée : Utamaro, fudé.

Éditeur Yamahan.

H. 0m610. — L. 0m115.

M. Odin.

290. Hashirakaké, noir, bistre et rose.

Deux amoureux, Umégawa et Chubei se promenant sous un
parasol.

Signée : Utamaro, fudé.

Sans nom ni marque d'éditeur.

Pl. 100. — H. 0m585. — L. 0m110.

M. Salomon.

291. Hashirakaké.

Les deux amants Hisamatsu et Osomé.

Signée : Utamaro, fudé.

Éditeur Marumura.

H. 0m635. — L. 0m145.

M. Vever.

292. Hashirakaké.

Jeune homme buvant une tasse de thé. Auprès de lui une servante de la chaya.

De la série *Ukiyo Hakkei*, huit aspects de la vie populaire.

H. 0m600. — L. 0m110.

M. Javal.

LES ÉLÈVES D'UTAMARO

293. Oban.

La courtisane Kaoru, de la maison Yébiya, rêvant à un poème.

De la série (de 36 estampes), *Imayo Onna Kasen*, poétesses
modernes.

Signée : Shikimaro, yégaku.

Éditeur Yeijudo.

H. 0m370. — L. 0m255.

M. Madvig.

294. Oban.

Faucon sur un perchoir.

Signée : Shikimaro.

Éditeur Yeijudo.

H. 0m340. — L. 0m235.

M. Vever.

295. Hosoyé.

Danseuse représentant une mushi-uri (marchande d'insectes).

De la série *Furyu Musumé Odori*, danseuses raffinées.

Signée : Hidémaro, yégaku.

H. 0m325. — L. 0m150.

M. Vever.

296. Oban.

> Portrait de courtisane.
> De la série *Komei Kin no Hanaïké*, les fameux vases à fleurs en or.
> Signée : Hidémaro, fudé.
> Éditeur Tsutaya.
> H. 0^m370. — L. 0^m240. M. FLEURY.

297. Oban.

> Jeune mère caressant son enfant.
> Signée : Tsukimaro, fudé.
> Éditeur Yamaguchi Tobei.
> H. 0^m385. — L. 0^m260. M. MADVIG.

298. Oban.

> Couple de pêcheurs à la ligne. Le jeune homme vient de lever un poisson que son amie saisit au bout du fil.
> Signée : Kikumaro, fudé.
> H. 0^m325. — L. 0^m230. M. BOUASSE-LEBEL.

299. Oban.

> La courtisane Wataraï, de la maison Maru Yébiya.
> Signée : Kikumaro.
> Éditeur Marubun.
> H. 0^m375. — L. 0^m235. M. MADVIG.

300. Jeune homme et deux fillettes passant à cheval à Isé.

> Signée : Kikumaro, fudé.
> Éditeur Marumura.
> H. 0^m380. — L. 0^m255. M. MADVIG.

301. Hashirakaké.

> Les deux amants Umégawa et Chubei.
> Signée : Kikumaro.
> Éditeur Iwatoya.
> H. 0^m600. — L. 0^m100. M. KŒCHLIN.

302. Oban.

> Trois geisha déguisées en musiciens ambulants (*Torioi*).

De la série *Seiro Niwaka Zensei Asobi*, jeux de niwaka par le personnel du Yoshiwara.

> Signée : Minémaro, fudé.
> Éditeur Marujin.
> H. 0^m340. — L. 0^m235. M. VEVER.

303. Oban.

> Des geisha dansant au Yoshiwara une niwaka où elles jouent les rôles de Yama uba, Kintoki et Shibaraki.
> De la série *Shin Yoshiwara Niwaka*, niwaka du nouveau Yoshiwara.
> Lors d'un incendie, le quartier presque entier du Yoshiwara fut détruit. Après sa reconstruction on l'appela Shin (le nouveau) Yoshiwara.
> Signée : Minémaro, fudé.
> Éditeur Izumi.
> H. 0^m335. — L. 0^m235. M. VEVER.

304. Triptyque oban.

> Des jeunes hommes et des geisha font une partie de pêche à Shinagawa.
> Signée : Sékiho, fudé.
> Éditeur Marubun.
> H. 0^m370. — L. de chaque estampe, 0^m235. M. VEVER.

305. Oban.

> Couple de jeunes fauconniers.
> Signée : Bunro, yégaku.
> Éditeur Yézakiya.
> H. 0^m340. — L. 0^m220. M. VEVER

306. Oban.

> Jeune homme offrant une coupe de saké à sa bonne amie.
> Signée : Bunro, yégaku.
> Éditeur Yézakiya.
> H. 0^m347. — L. 0^m232. M. MADVIG.

Yehon suruga no maï. — *La Danse de Suruga.*
  Dessinateur : Kitogawa Utamaro.
  Préfacier : Kikira Kinké.
  Graveur : Kobayashi Chimpachi.
  1790. Yédo, chez Tsutaya Jusabro, 3 vol.

Yehon Azuma asobi. — *Promenade à Yédo.*
  1790. 3 vol.

Yehon Chiki no hana. *Les Fleurs des quatre saisons.*
  Signature : Kitagawa Utamaro.
  1801. Yédo, chez Izumiya Ichibé, 2 vol. en couleurs.

Seiro yehon Nenju ghioji. — *Annuaire des Maisons Vertes.*
  Dessinateur : Kitagawa Utamaro, avec ses élèves Kiku-
  maro, Hidémaro, Takémaro.
  Auteur : Jippencha Ikku.
  Graveur : Fuji Kazumuné.
  Ouvrier imprimeur : Kwakuchodo Toyémon.
  1804. Yedo, chez Kazusaya Chusuké Juo. 2 vol. imprimés
  en couleurs.

2° OUVRAGES NON DATÉS

Momochidori. — *Les Cent Crieurs.*
  Dessinateur : Kitagawa Utamaro.
  Préfacier : Akamazu Hinkei.
  Yédo, chez Tsutaya Jusabro, 2 vol. imprimés en couleurs.

Chiochi no tsuto. — *Trésors de la marée basse.*
  Dessinateur : Kitagawa Utamaro.
  Préfacier : Akara Sugayé.
  Yédo, chez Tsutaya Jusabro; imprimé en couleurs.

Haruno Iro. — *Aspect du Printemps.* En couleurs.

Tama migaki Aoto zéni. — *Les Sapèques d'Aoto.*
  Auteur : Kioden.

YUKIMARO

Bumbu nido mangokutsu. — *L'homme aux dix mille koku.*
  Dessinateur : Yukimaro.
  Auteur : Kiçoji.
  1788. Yedo.

LIVRES EXPOSÉS[1]

COLLECTION VEVER

UTAMARO

1° OUVRAGES DATÉS

Chants de Théâtre.
Signature : Kitagawa Toyoakira, 1776-1777. Yédo, chez Daïkokuya et Igaya.

KANADÉHON CHUCHINGURA. — *Magasin des fidèles vassaux* (Les 47 Ronins).
Signature : Kitagawa Toyoakira, 1777.

USO HAPPIAKU MAMPACHI-DEN. — *Les huit cents mensonges de Mampachi.*
Dessinateur : Utamaro.
Graveur : Yomoya Hontaro.
1780. Yédo.

DAÏCEN SEKAÏ KAKINENO SOTO. — *La création du monde.*
Auteur : Toraï Sanwa.
1784, Yédo.

WAKA YÉBISU. — *Poésies sur Yébisu* (Les Fêtes du Jour de l'An).
Dessinateur : Kitagawa Utamaro (cachet Bokuyen).
Auteurs : Rokujuyen et Magao.
1786. Yédo, chez Tsutaya Jusabro; imprimé en couleurs.

YEHON KOTOBA NO HANA. — *Le bouquet des paroles.*
1797 (1re ed. en 1787), Yédo, chez Tsutaya Jusabro. 2 vol.

YEHON MUSHIYERABI. — *Choix d'Insectes.*
Dessinateur : Kitagawa Utamaro.
Auteur de la préface : Rokujuyen.
Auteur de la post-face : Toriyama Sékiyen.
Graveur : Fuji Hazumuné.
1788. Yédo, chez Kochodo (Tsutaya Jusabro), 2 vol. imprimés en couleurs.

Chants de Théâtre.
1788. Yédo, chez Tsutaya Jusabro.

YUKIONNA. — *Roman d'une fée de neige.*
1788.

SUYEHIRO. — *La Fille au cou qui s'allonge.*
Dessinateur : Utamaro.
Auteur : Kioden.
1788. Yédo, chez Tsutaya Jusabro.

KIOGETSU-BO. — *Amour fou pour la lune.*
Dessinateur : Kitagawa Utamaro Toyoakira.
Préfacier : Kino Samadaru.
1789. Yédo, chez Kochodo (Tsutaya Jusabro); imprimé en couleurs.

YEHON TATOYÉ BUCHI. — *Poésies aux allusions rythmiques.*
Dessinateur : Kitagawa Utamaro.
Auteur : Rokujuyen.
1789. Yédo, chez Tsutaya, 3 vol.

FUGHEN-ZO. — *L'Éléphant de Fughen.* Poésies sur les fleurs du printemps.
Dessinateur : Kitagawa Utamaro.
Préfacier : Kochodo.
1790. Yedo, chez Kochodo (Tsutaya Jusabro); imprimé en couleurs.

YEHON YOMOGHINO CHIMA. — *L'Ile des Artemisia.*
Dessinateur : Kitagawa Utamaro.
Auteur : Choghetsu-an.
Graveur : Asakura Yohachi.
1790. Yédo, chez Nishimura Dembé.

YUCHORO NAGAÏKI BANACHI. — *Conte de la longue vie de Yuchoro.*
Dessinateur : Utamaro.
Auteur : Tekinn.
1790. Yedo, chez Tsutaya Jusabro.

(1) Les lectures et traductions des titres et des noms sont celles de Hayashi.

UTAMARO

PL. II

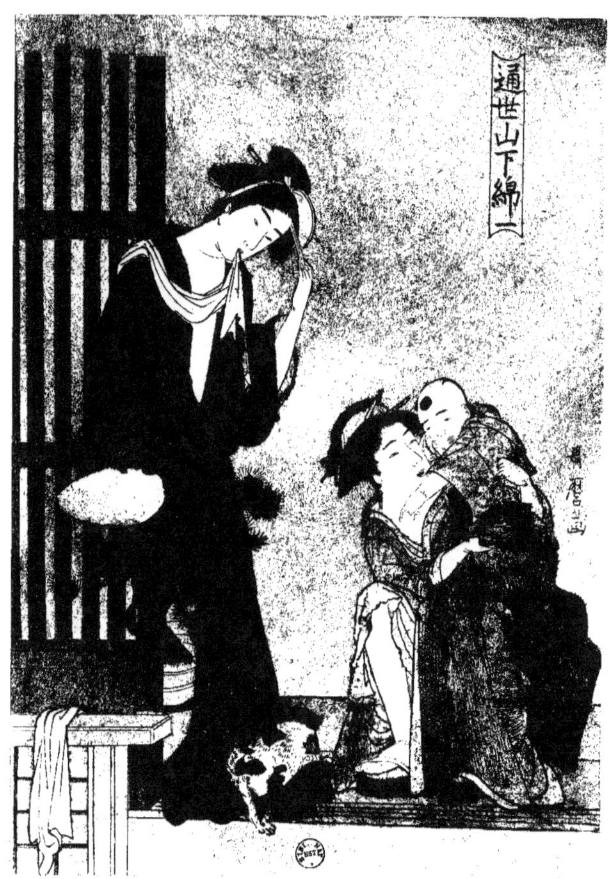

UTAMARO

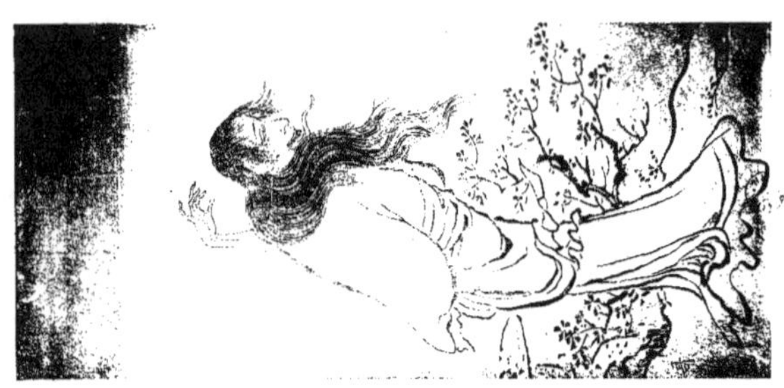

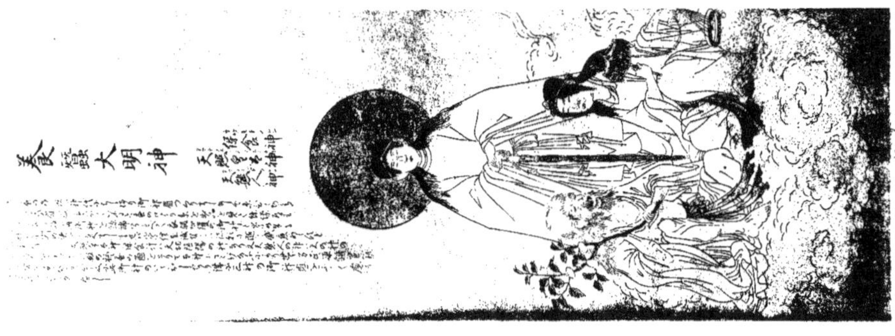

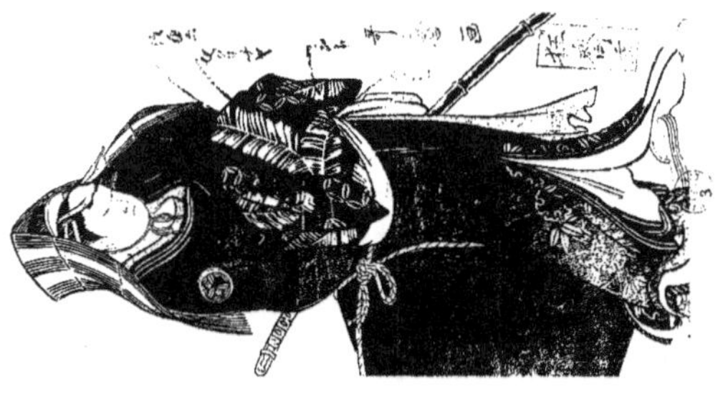

UTAMARO

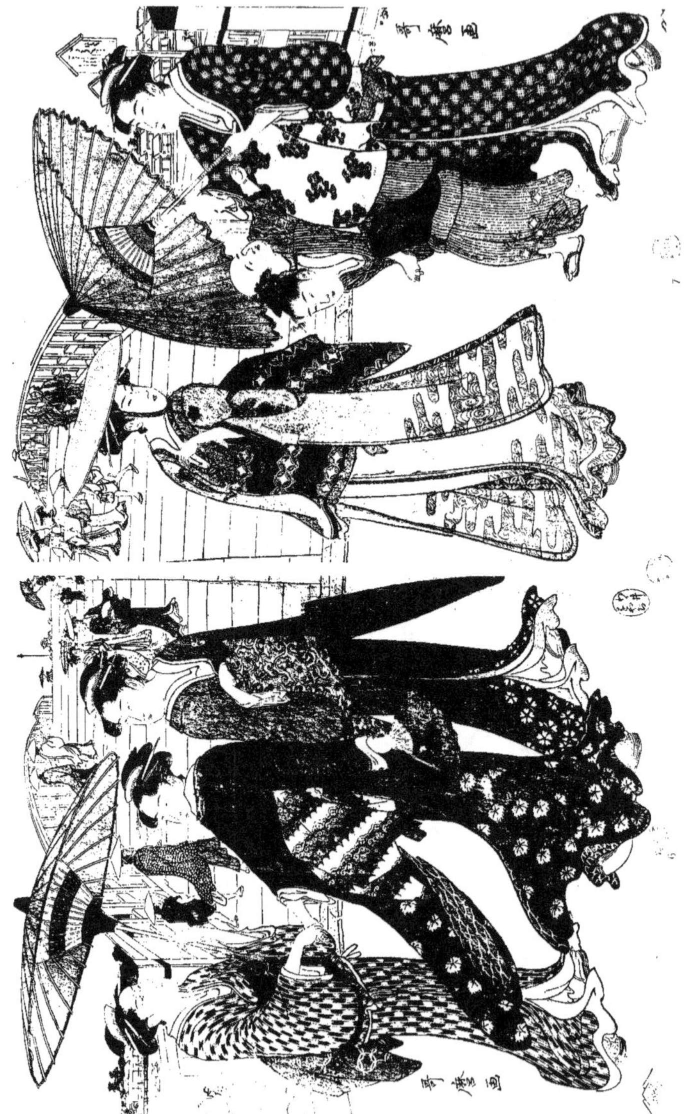

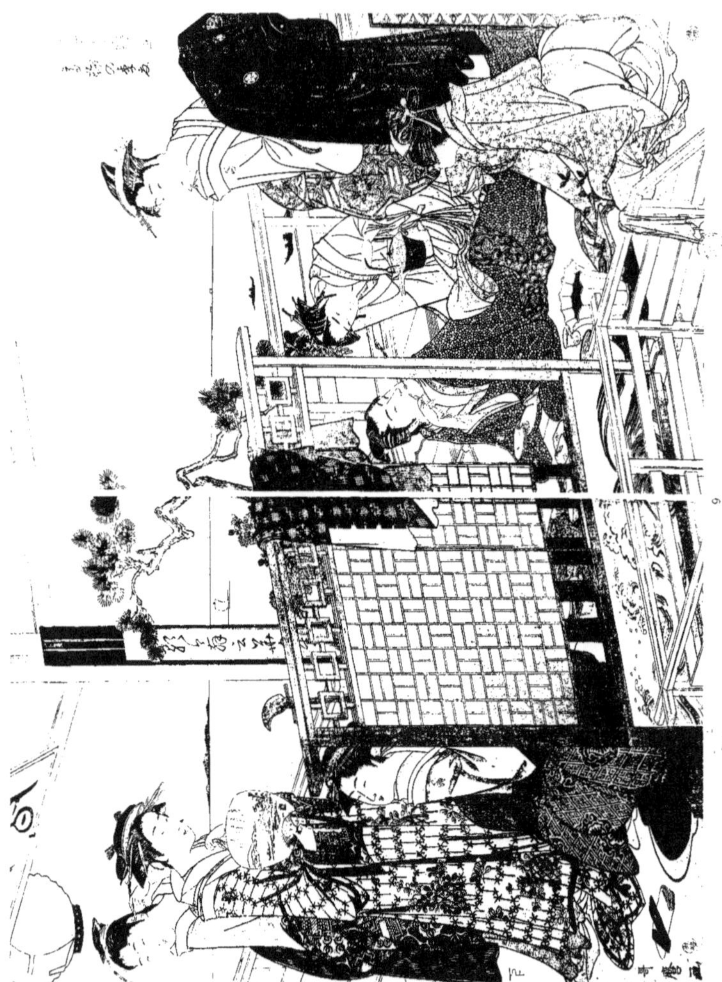

UTAMARO   PL. VI

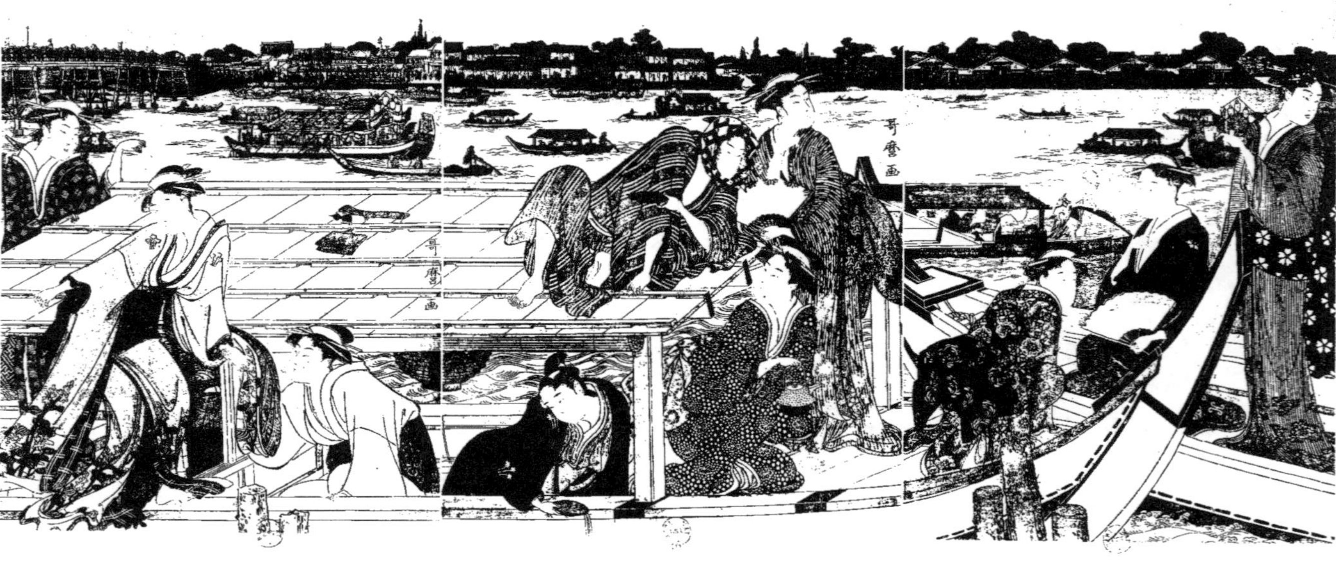

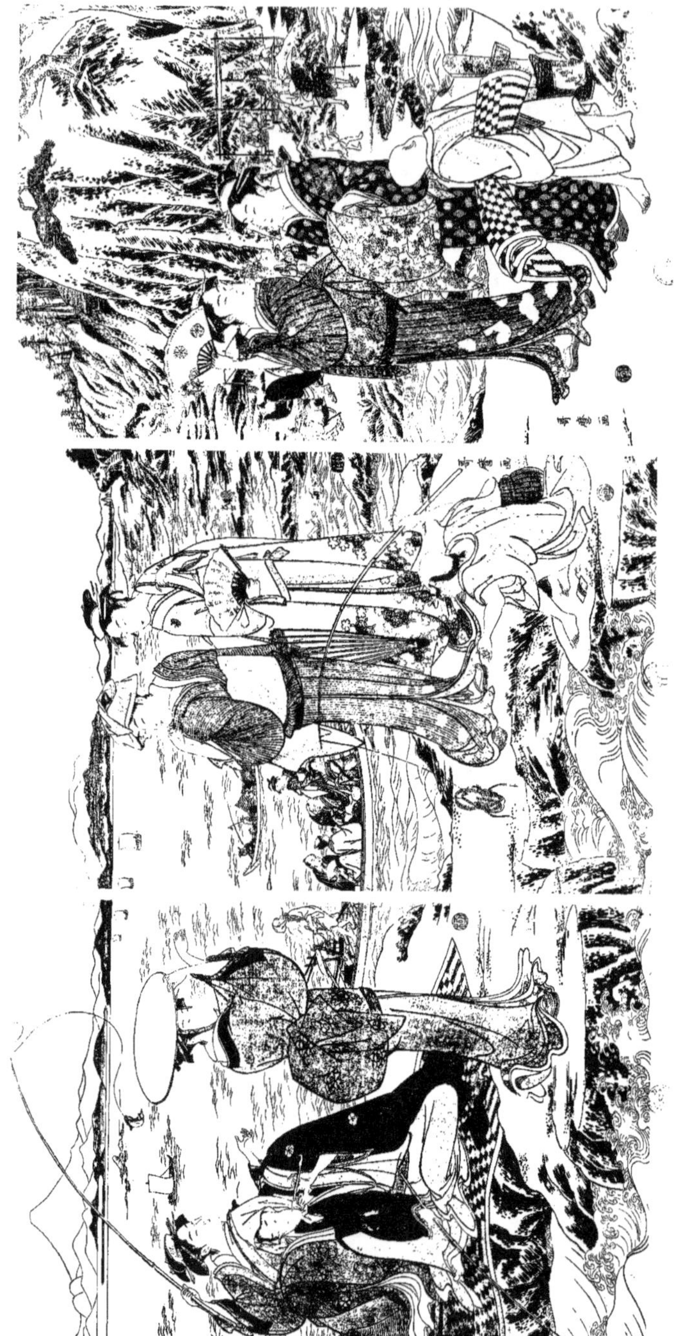

PL. VI
UTAMARO

UTAMARO

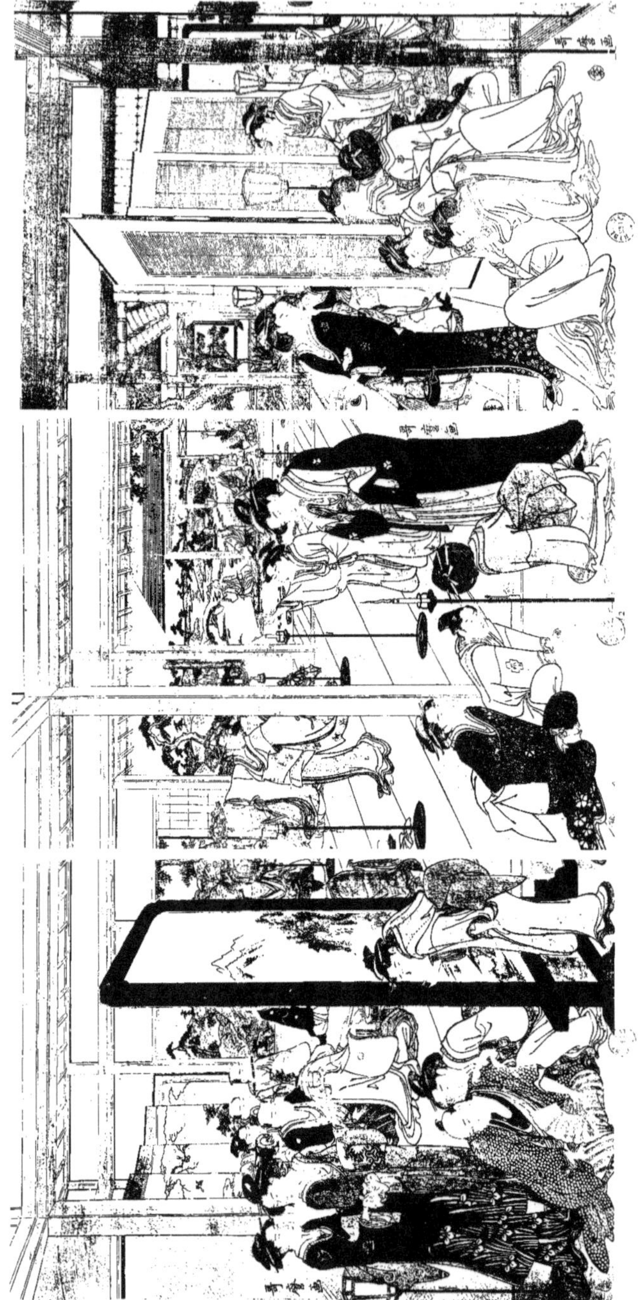

PL. VII

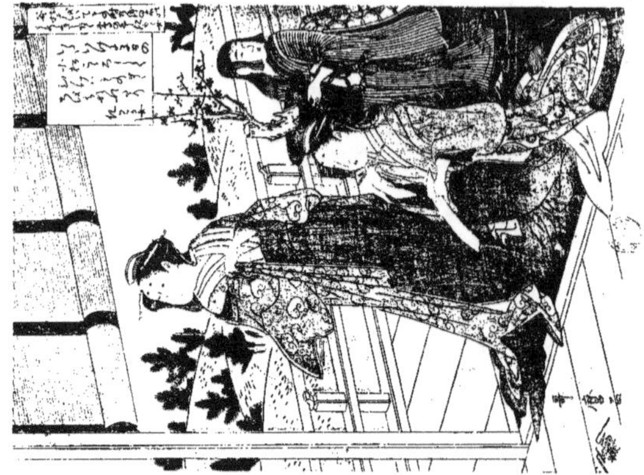

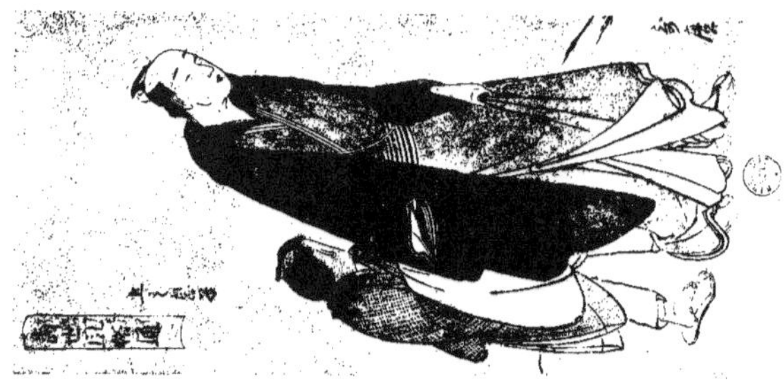

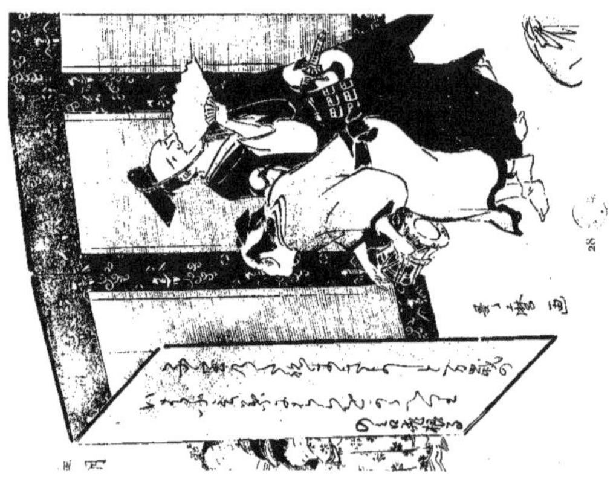

UTAMARO

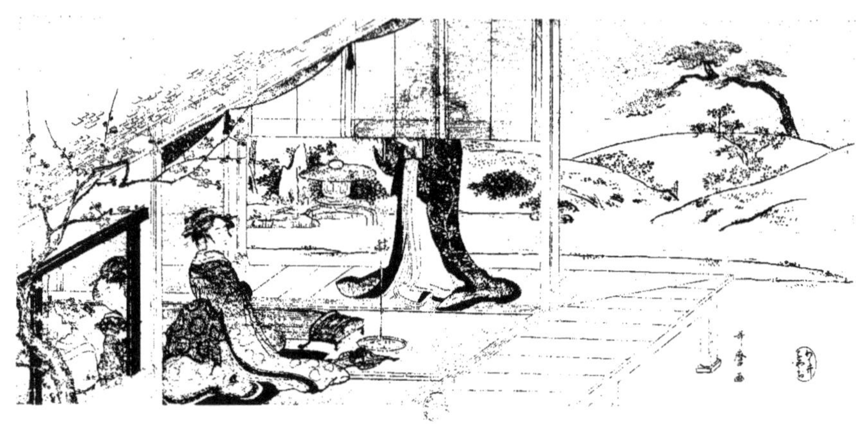

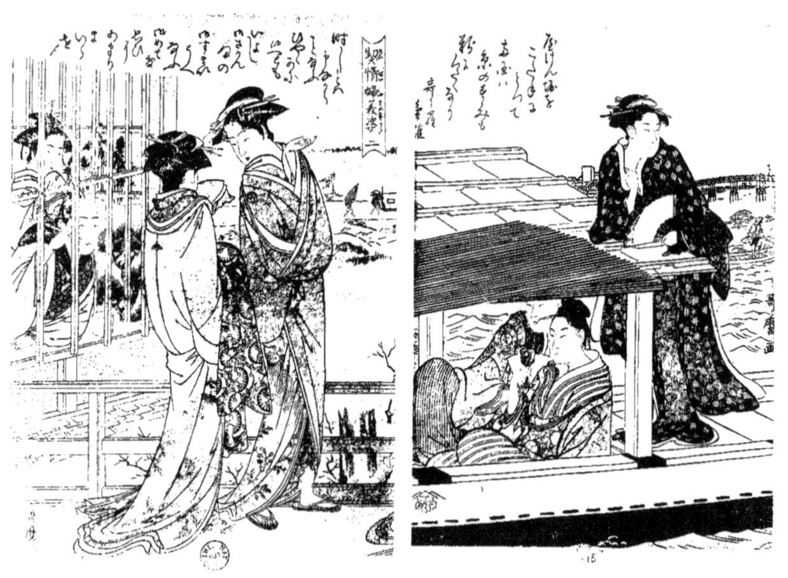

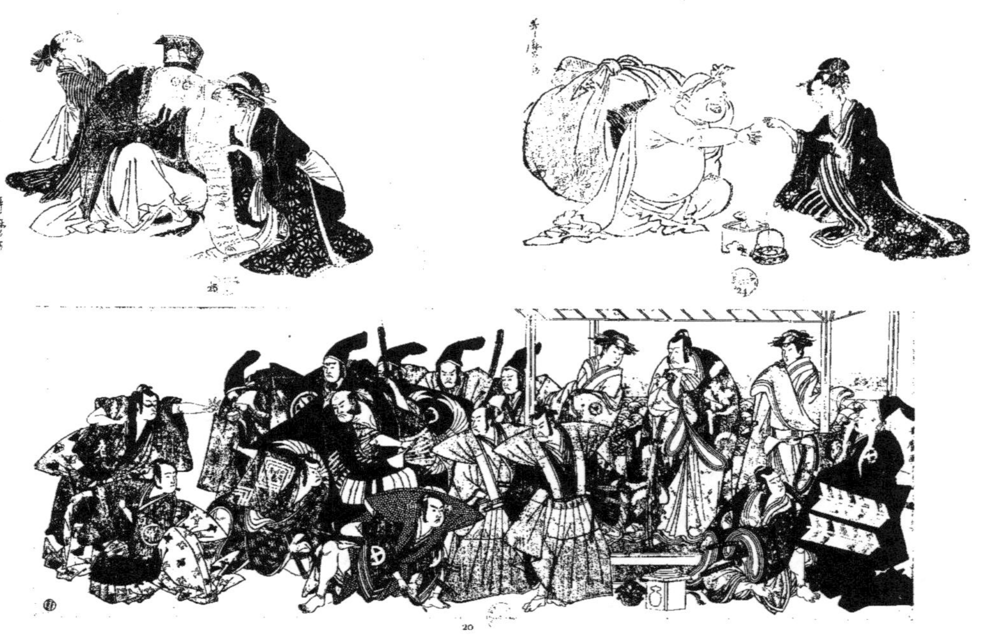

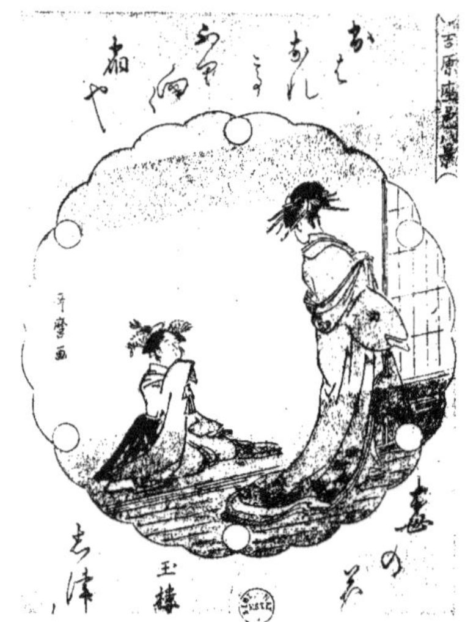

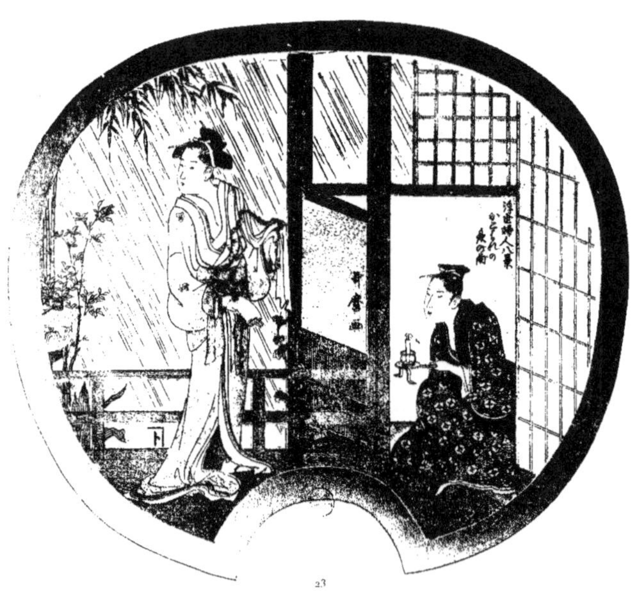

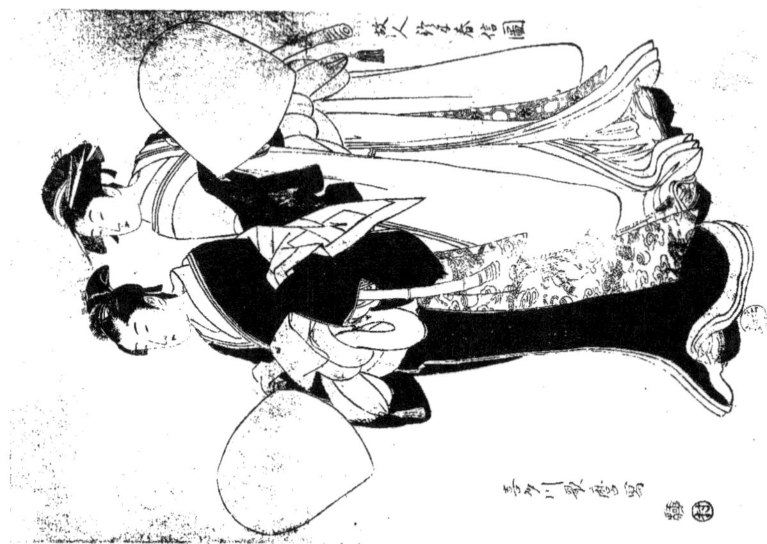

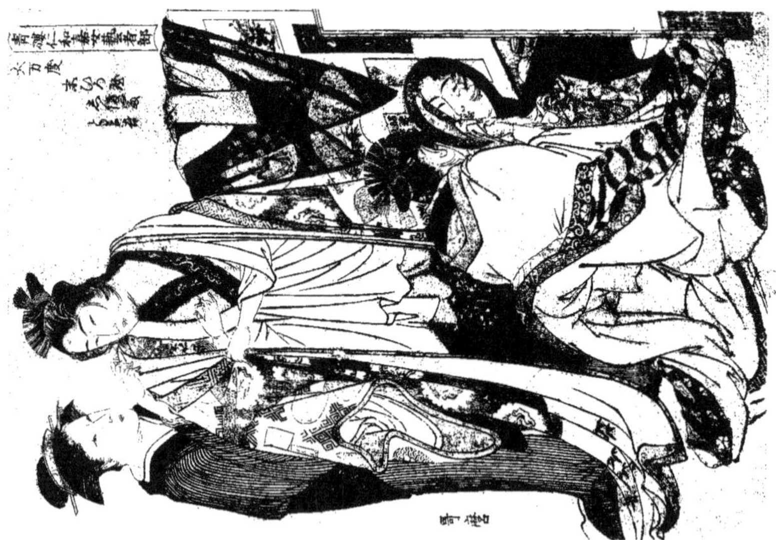

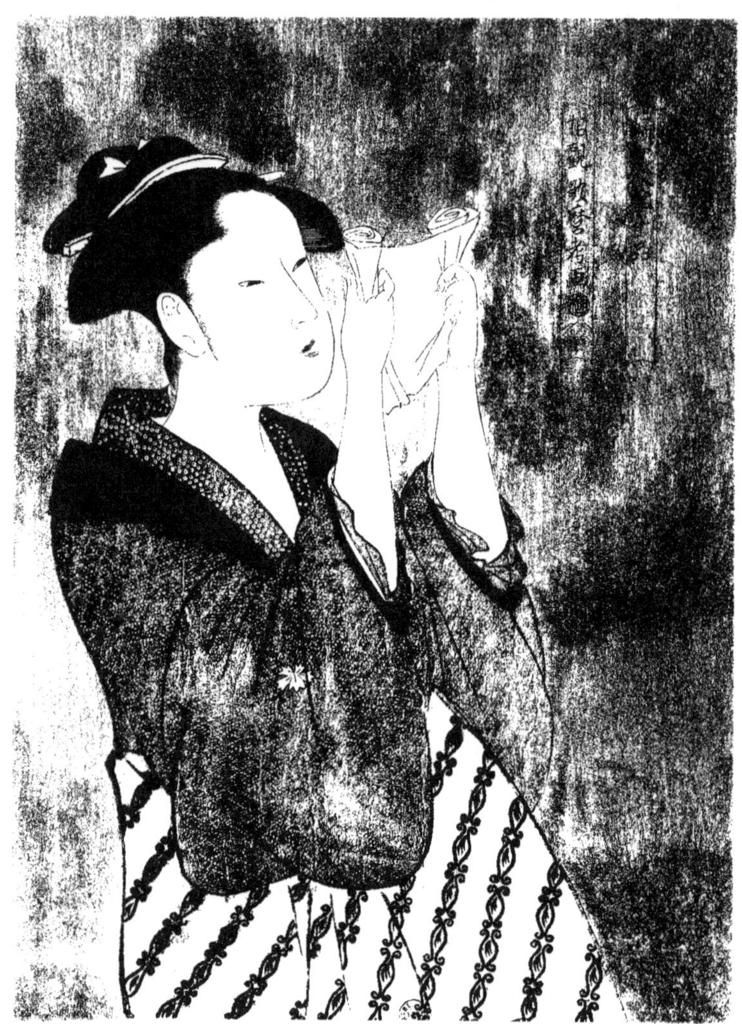

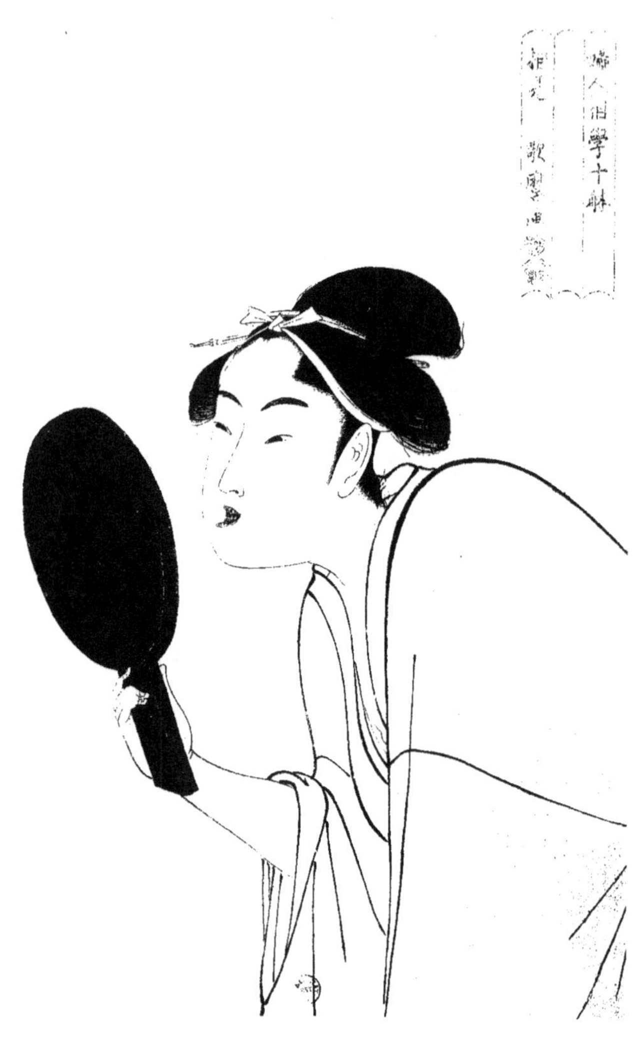

UTAMARO.

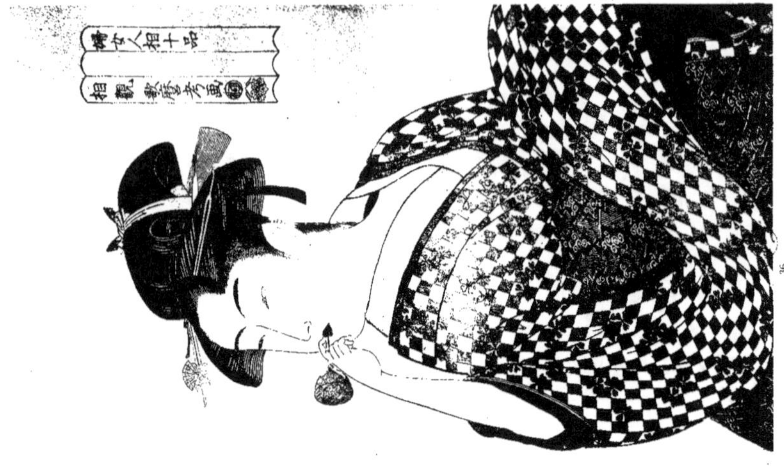

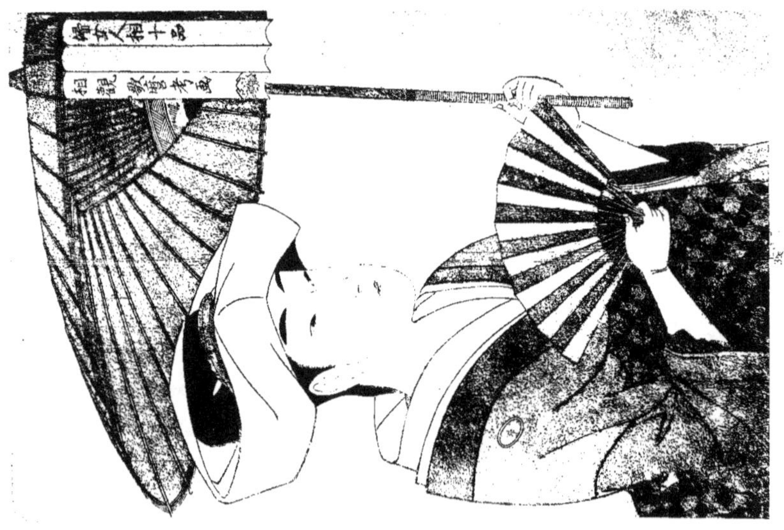

UTAMARO

PL. XV

UTAMARO

PL. XVII

PL. XVI

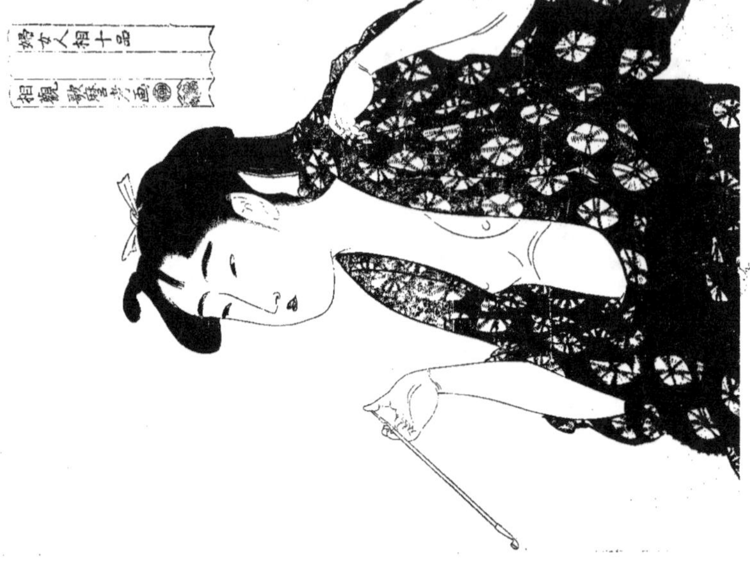

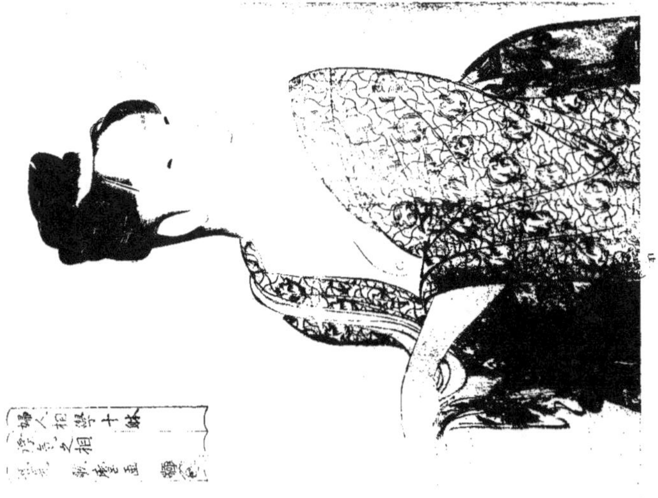

UTAMARO

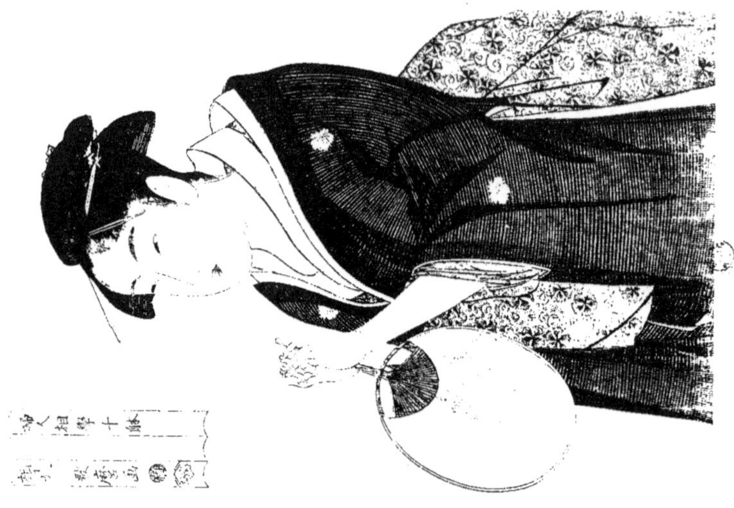

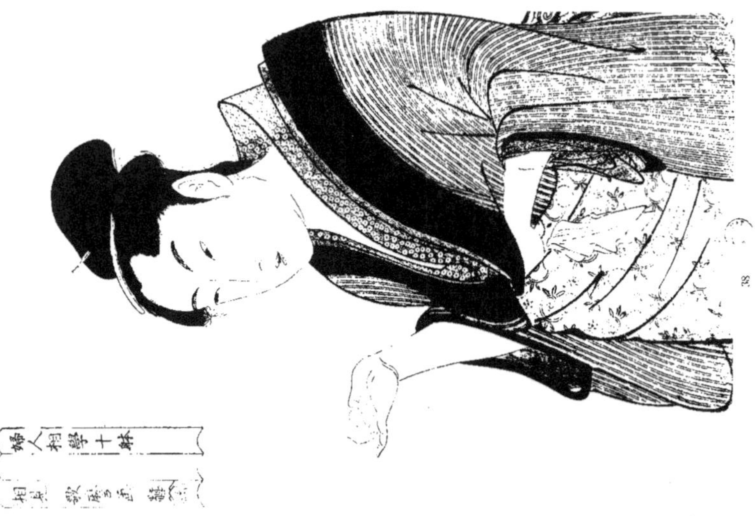

UTAMARO

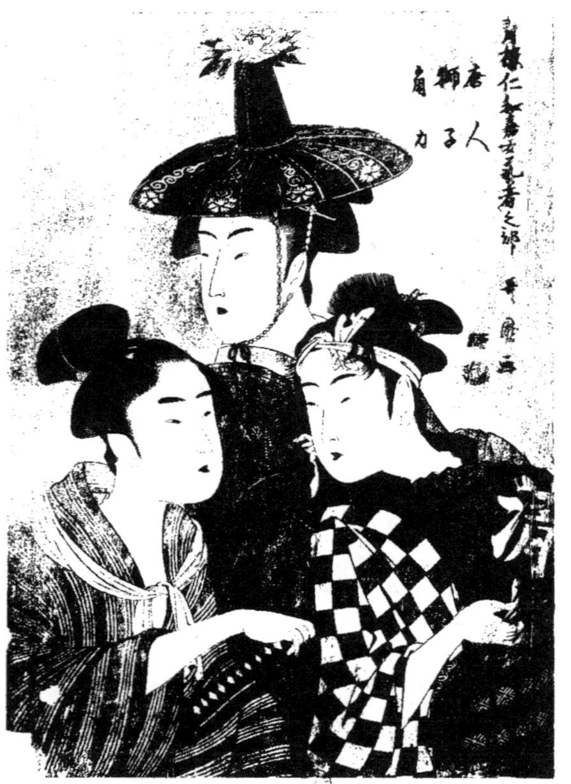

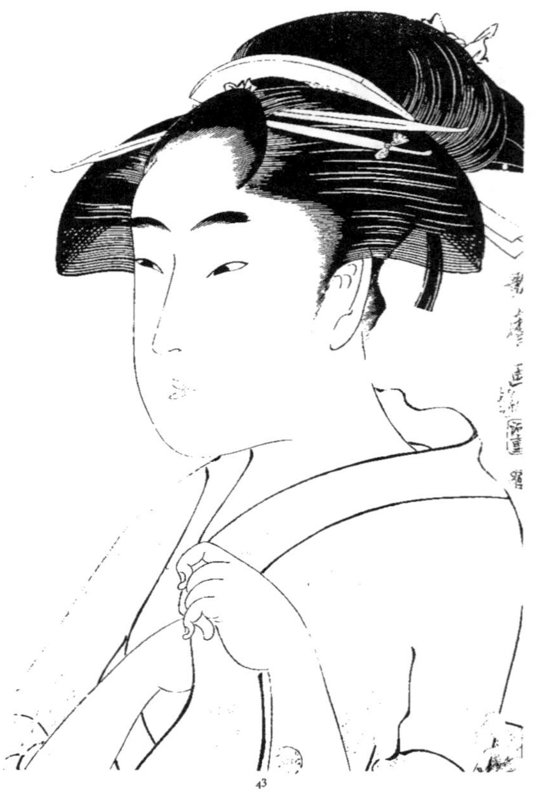

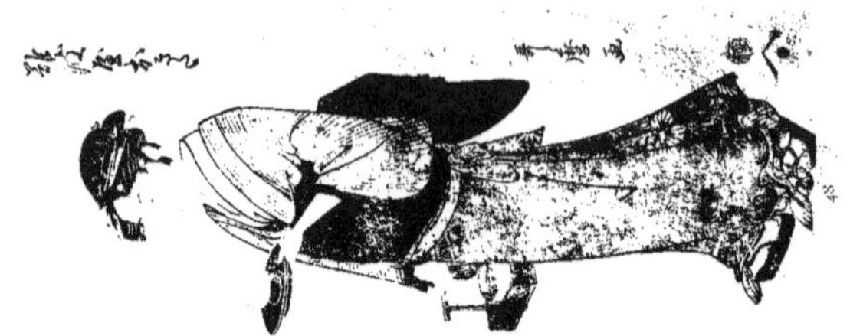

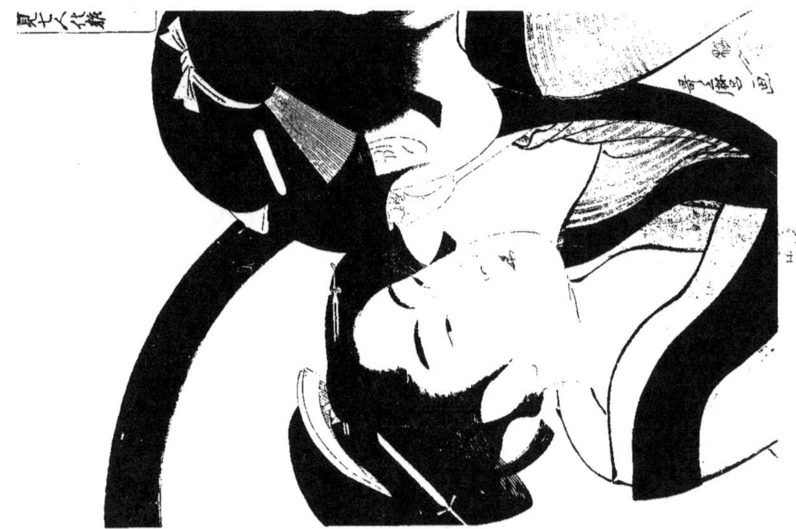

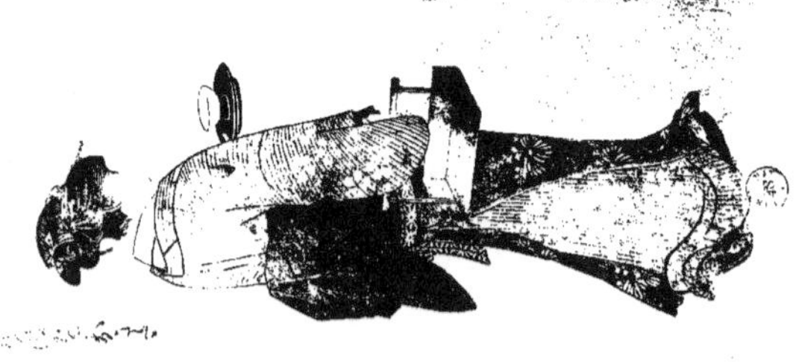

UTAMARO

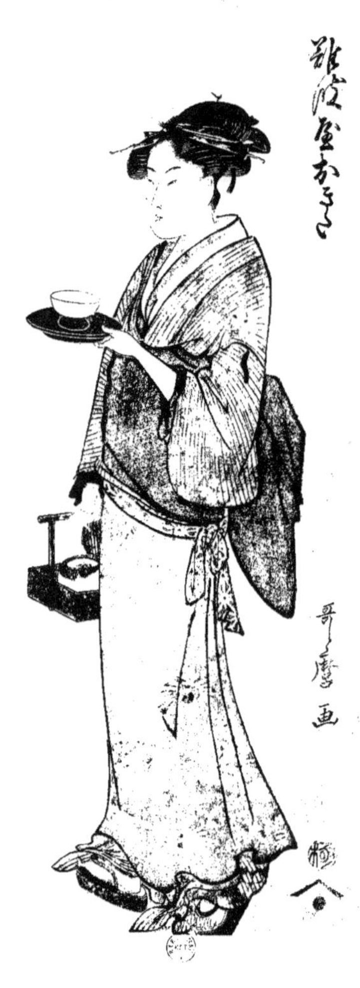

UTAMARO

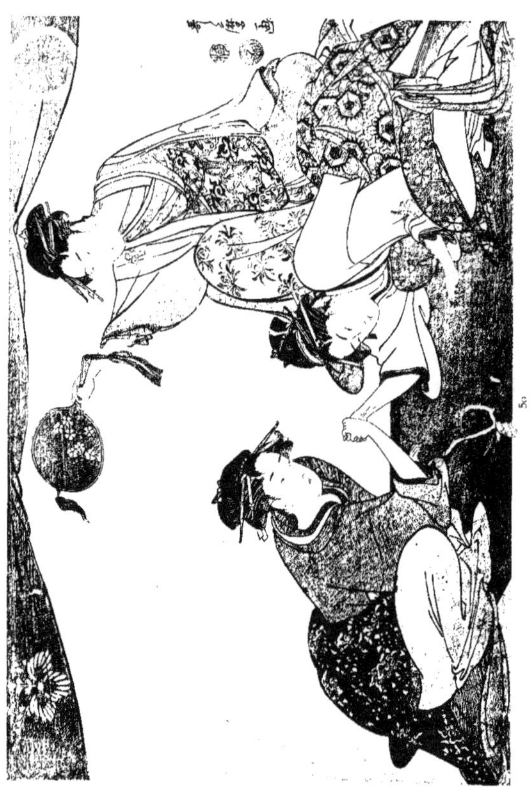

PL. XXI

UTAMARO

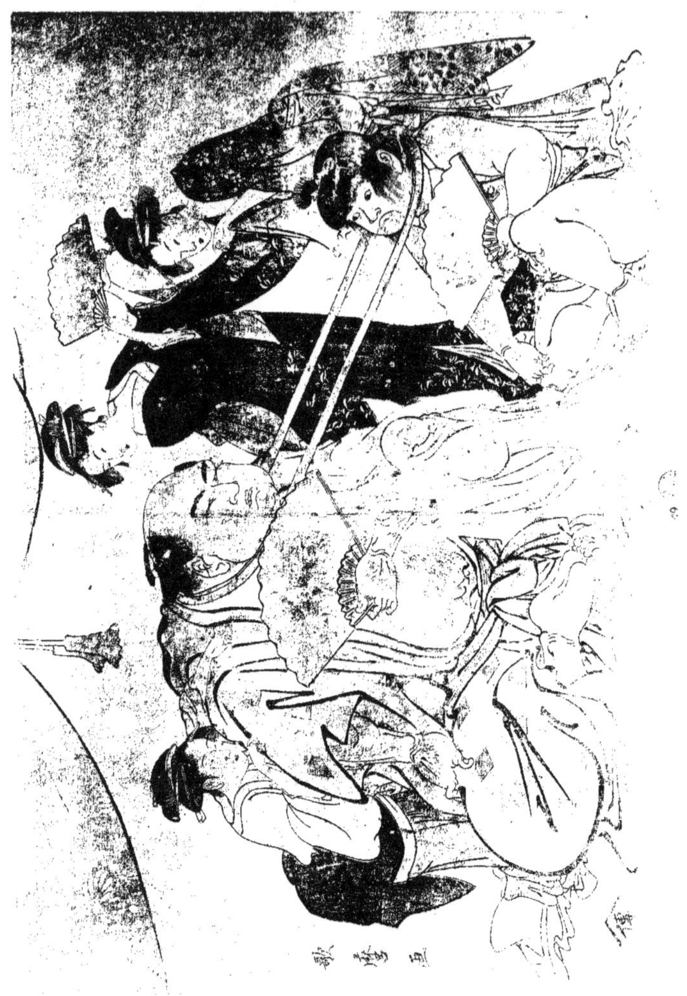

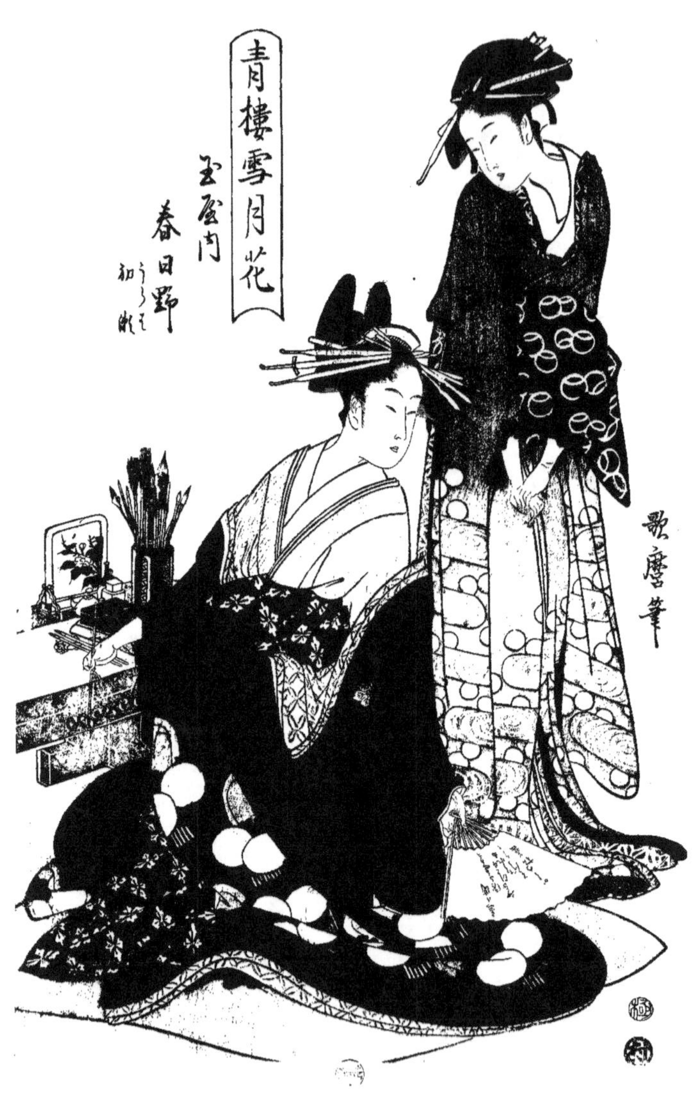

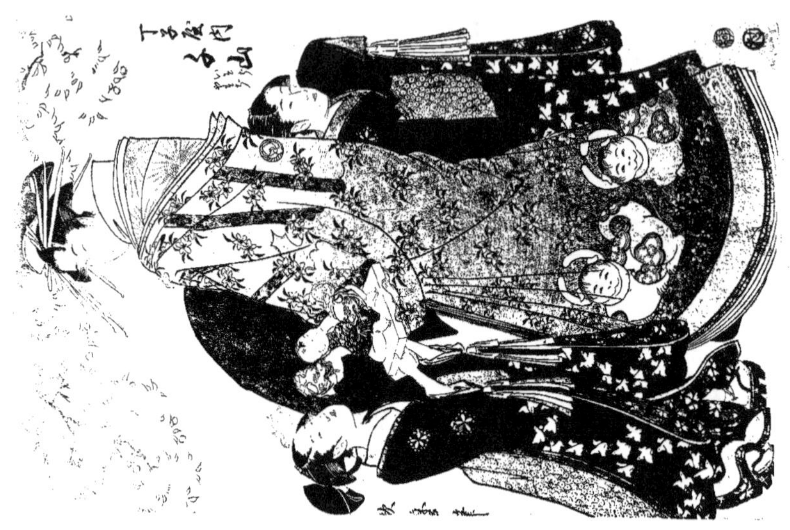

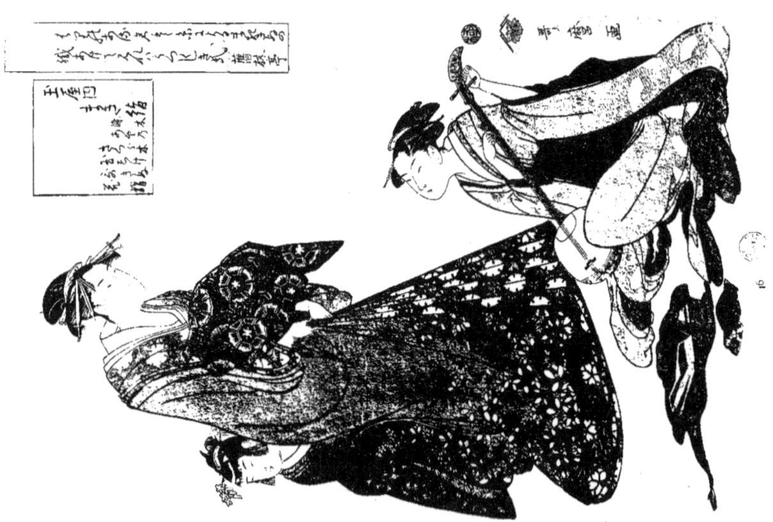

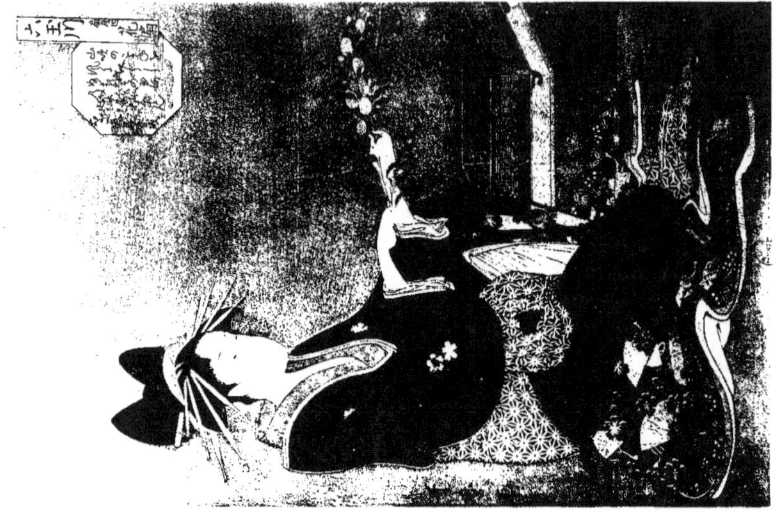

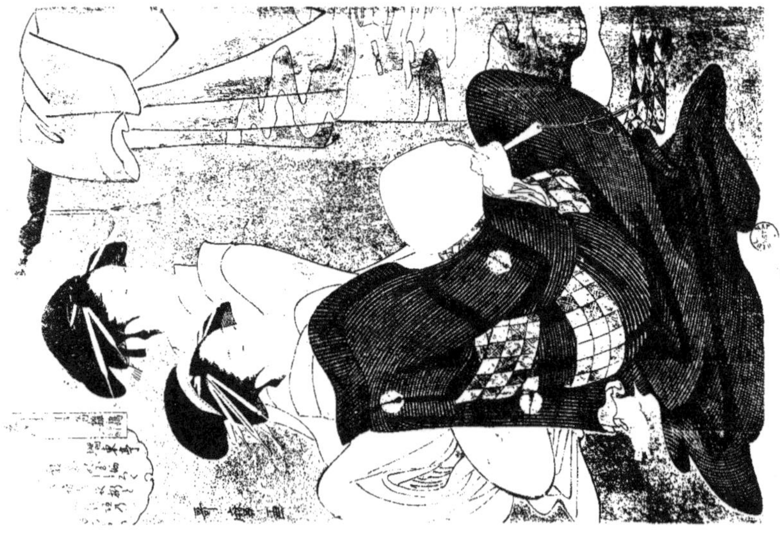

UTAMARO

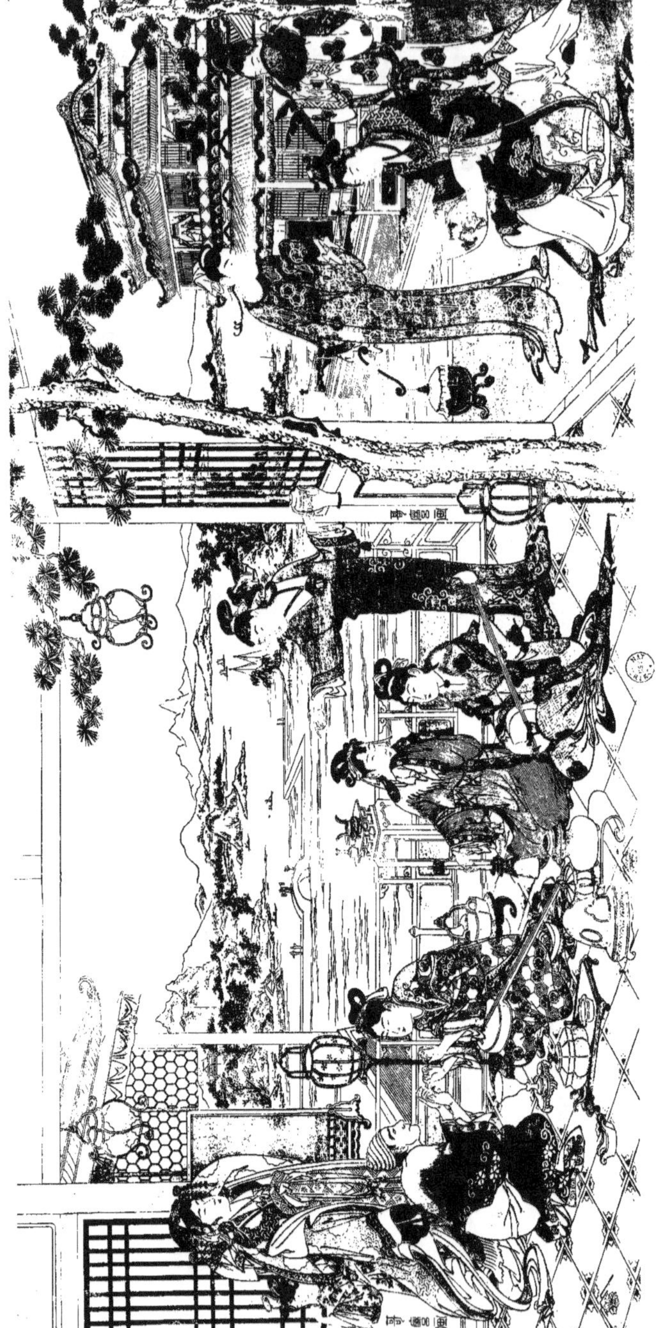

UTAMARO

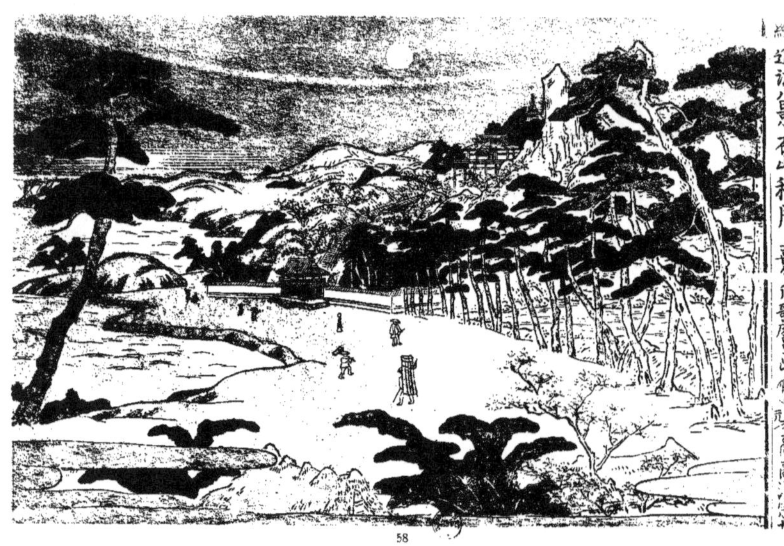

58

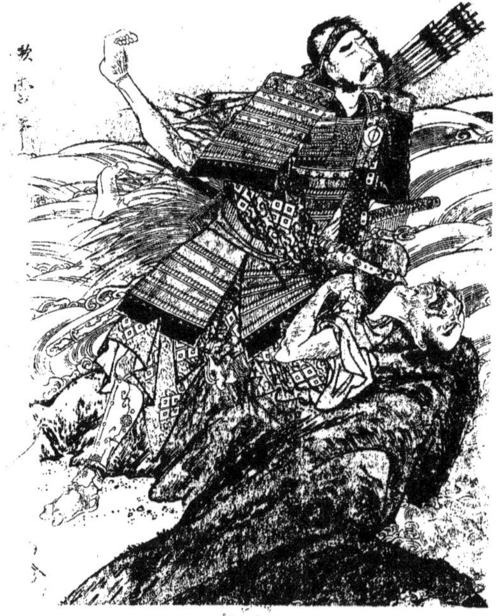

5g

UTAMARO

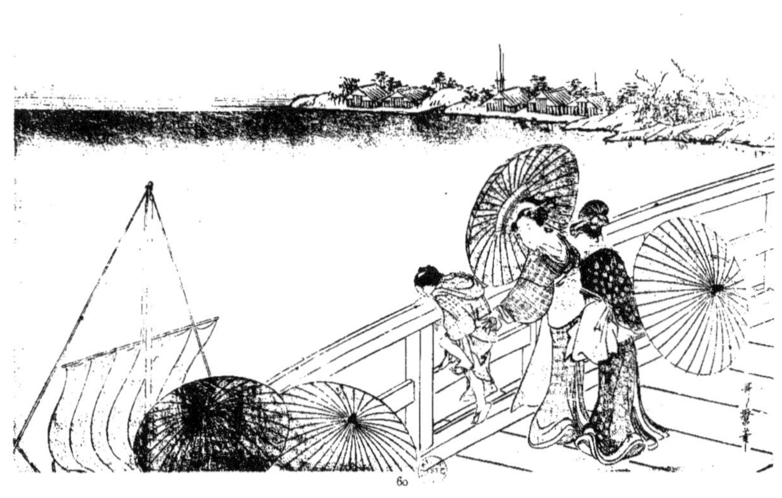

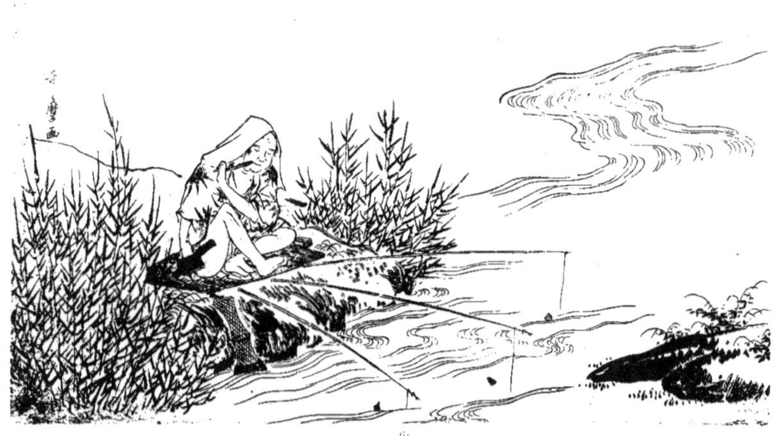

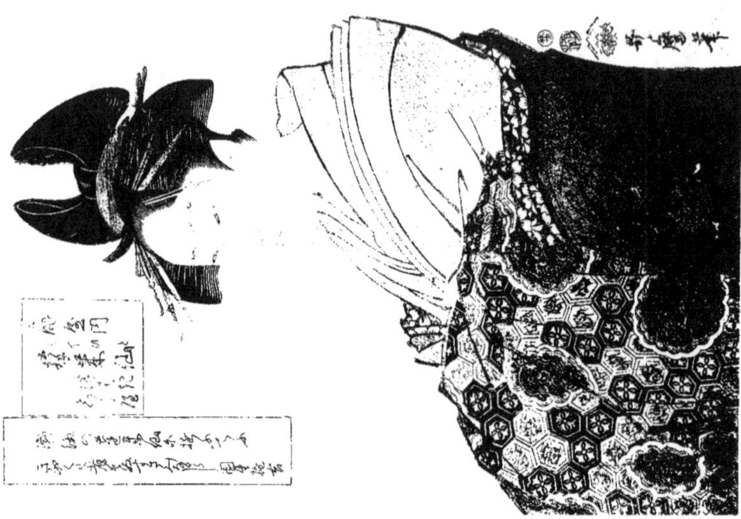

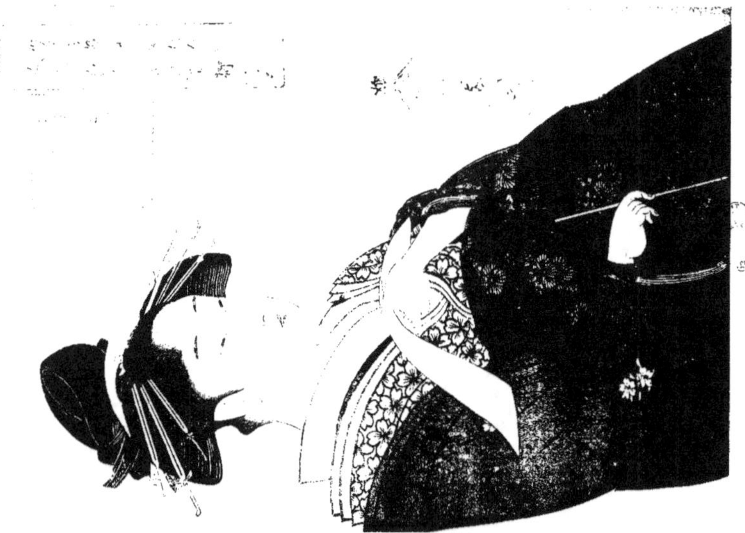

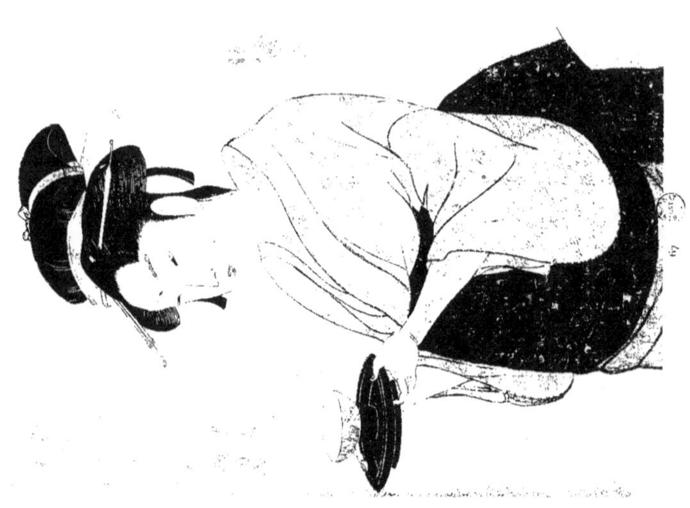

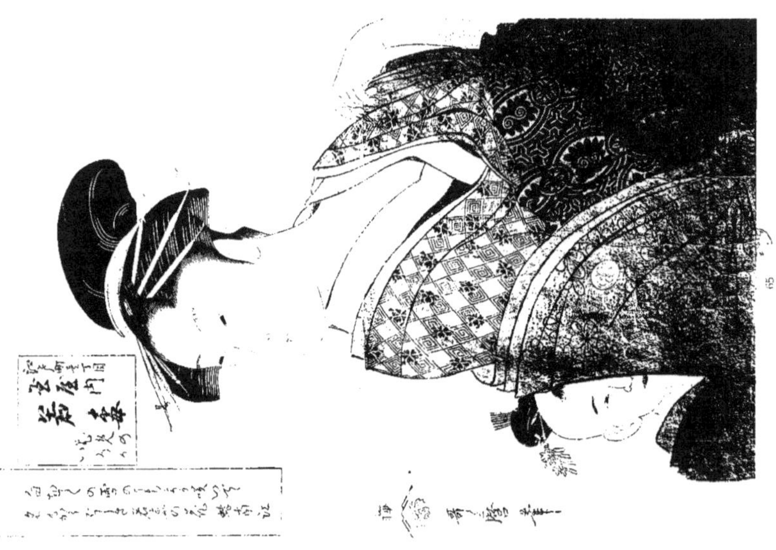

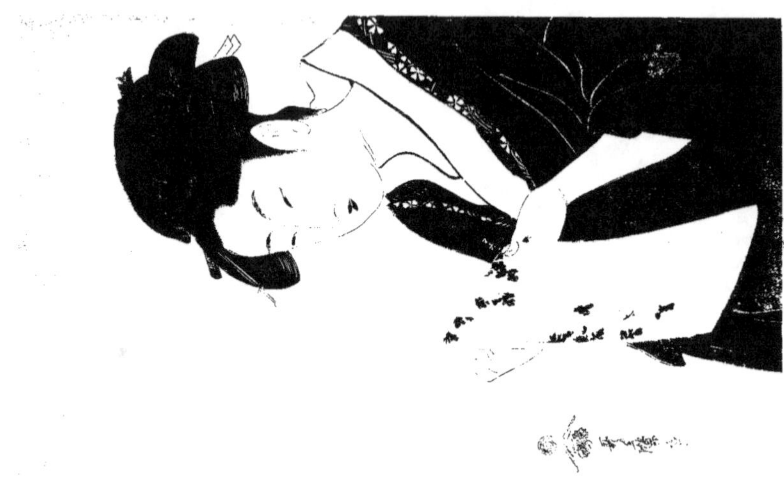

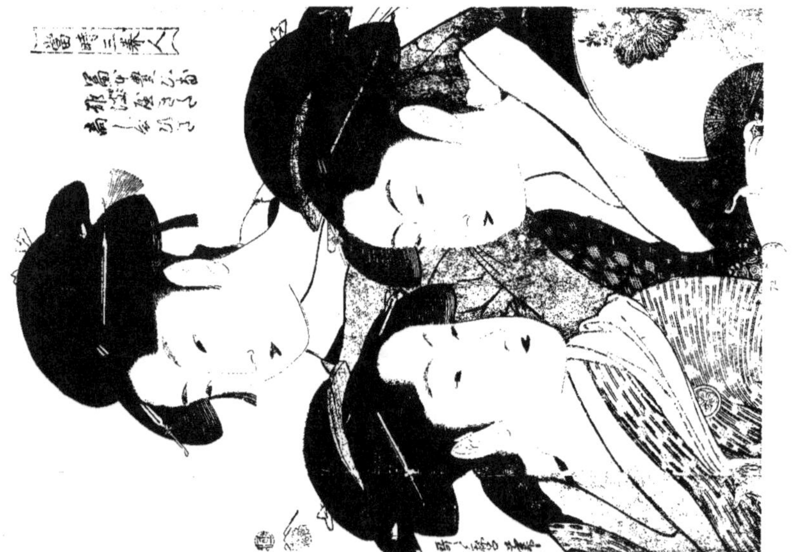

UTAMARO

UT

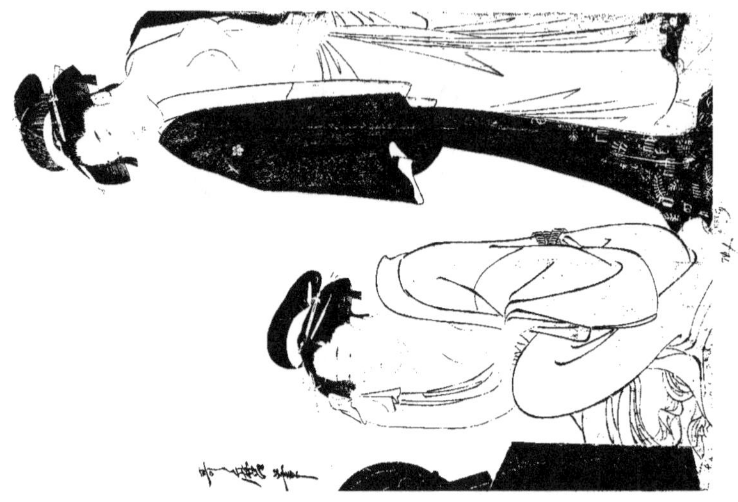

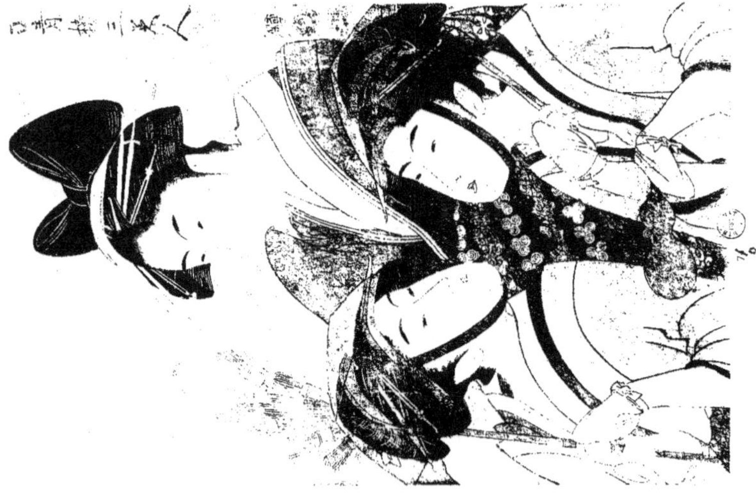

UTAMARO

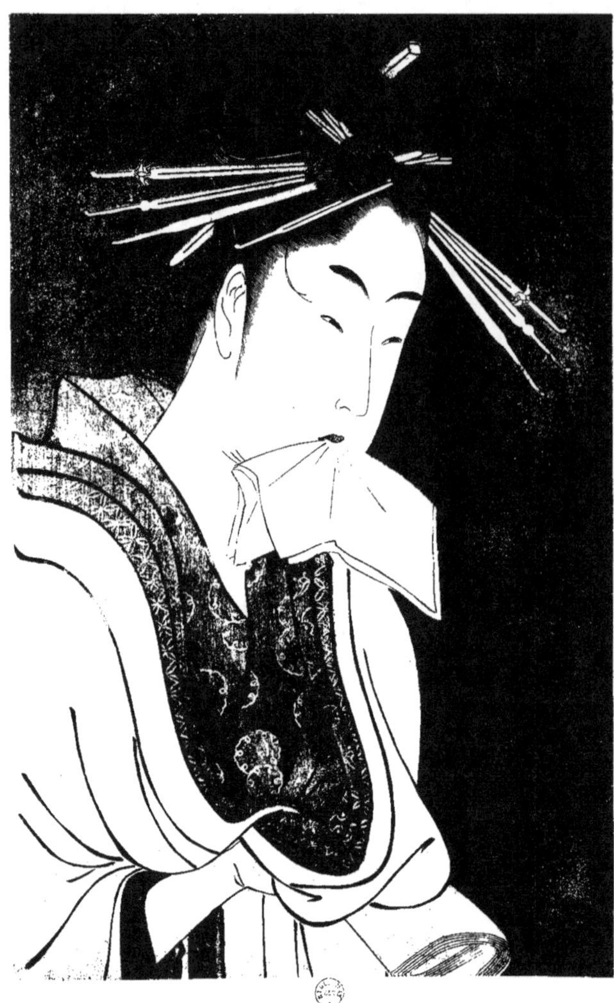

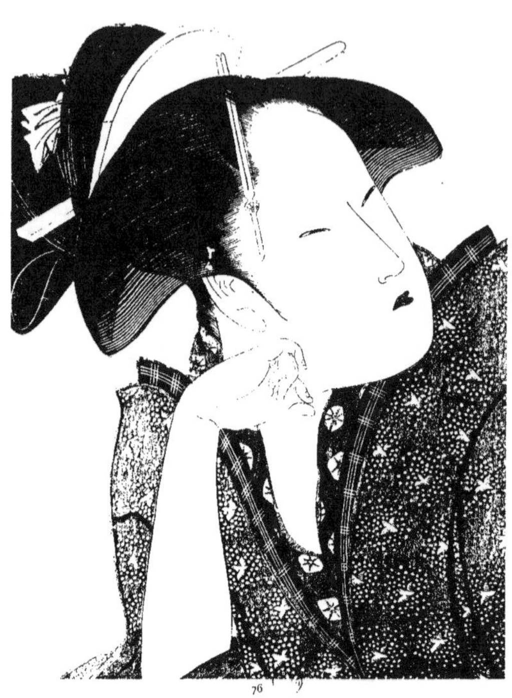

76

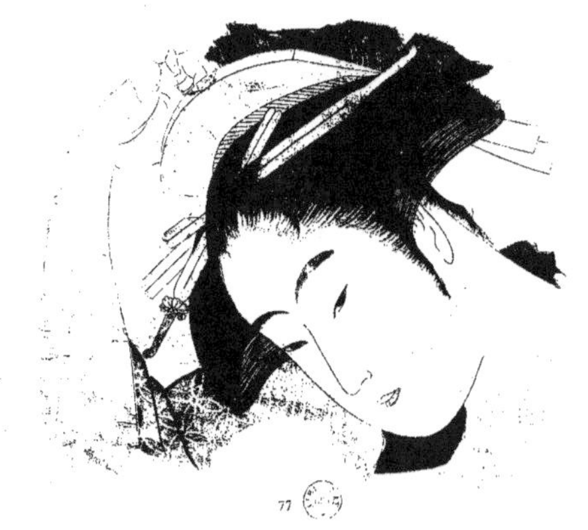

77

UTAMARO

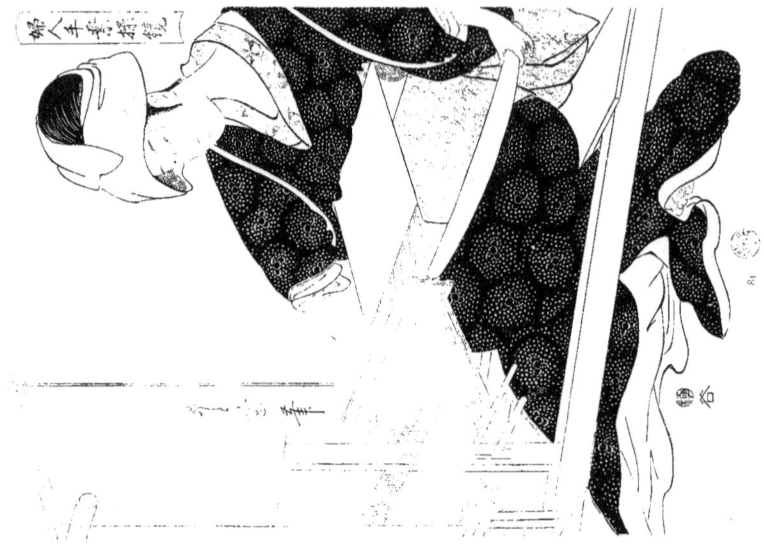

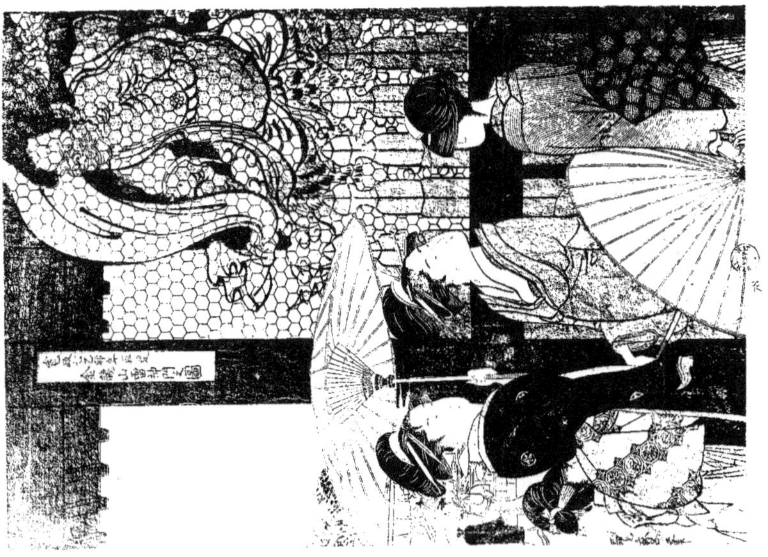

UTAMARO

UTAMARO

Pl. XXXVIII

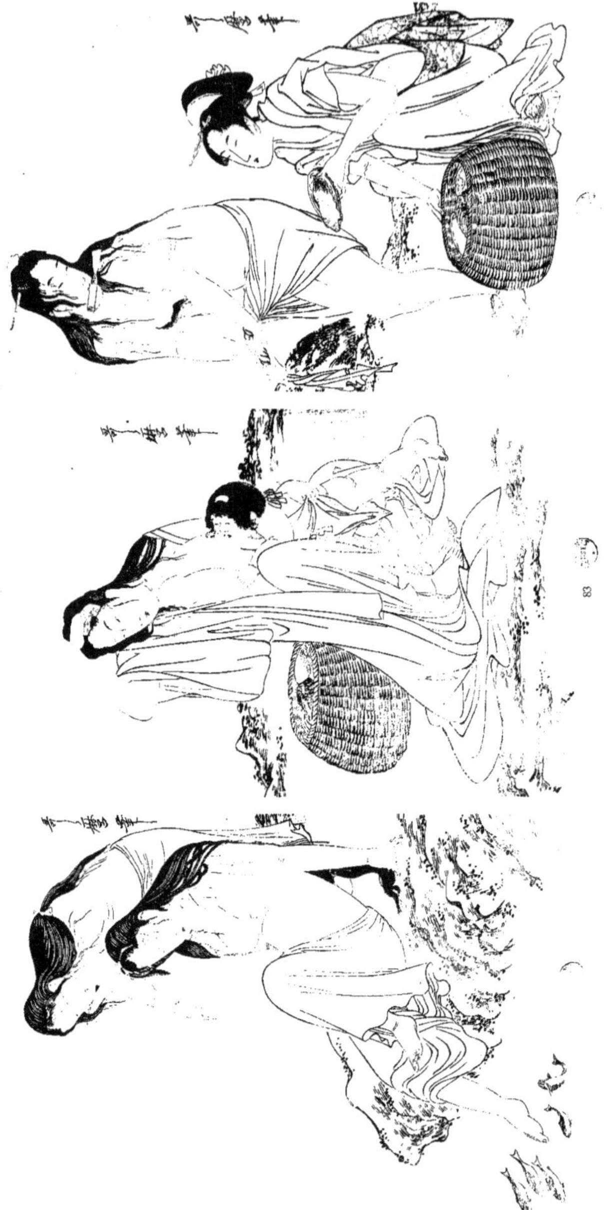

UTAMARO

UTAMARO

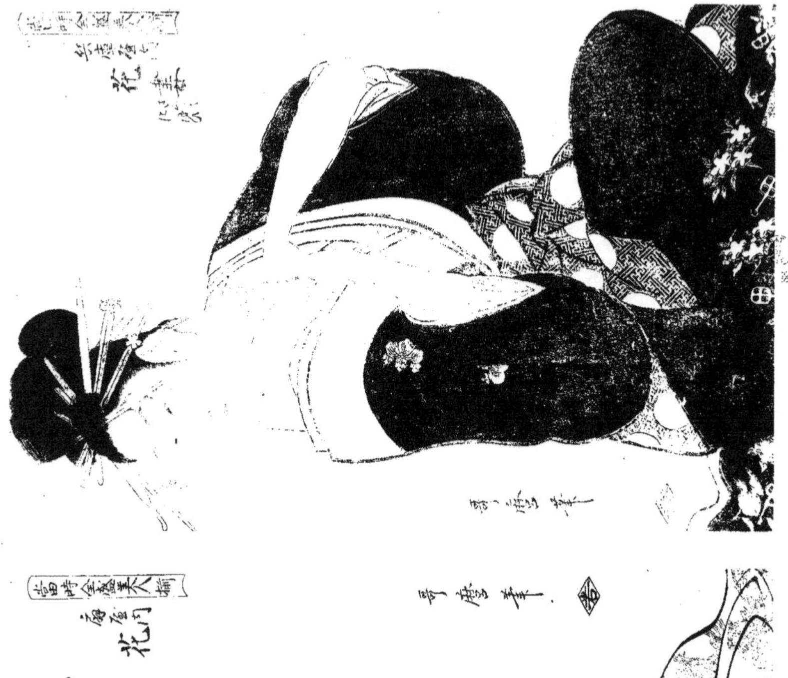

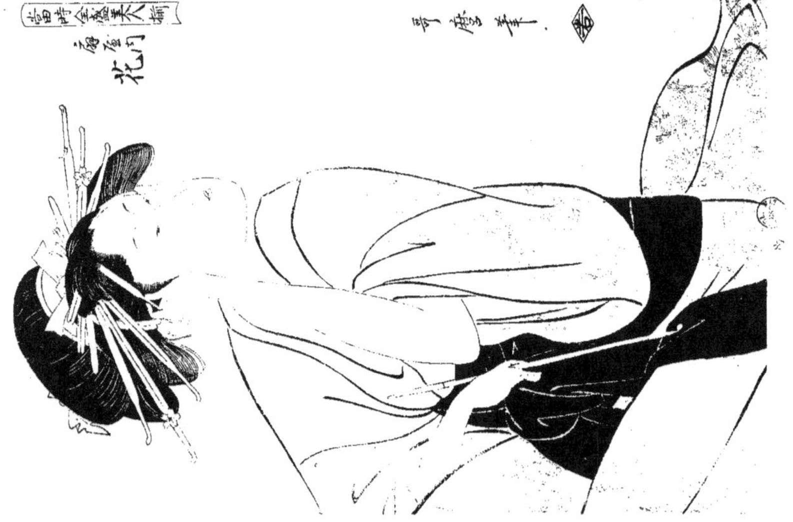

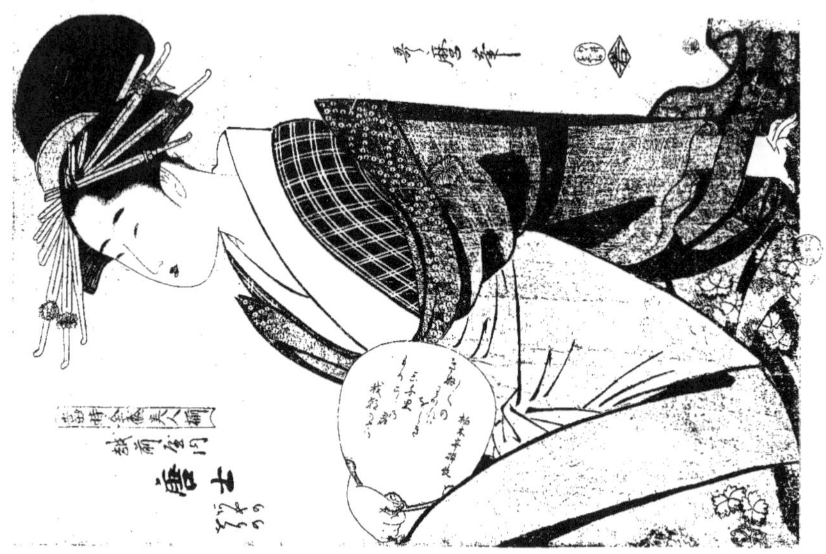

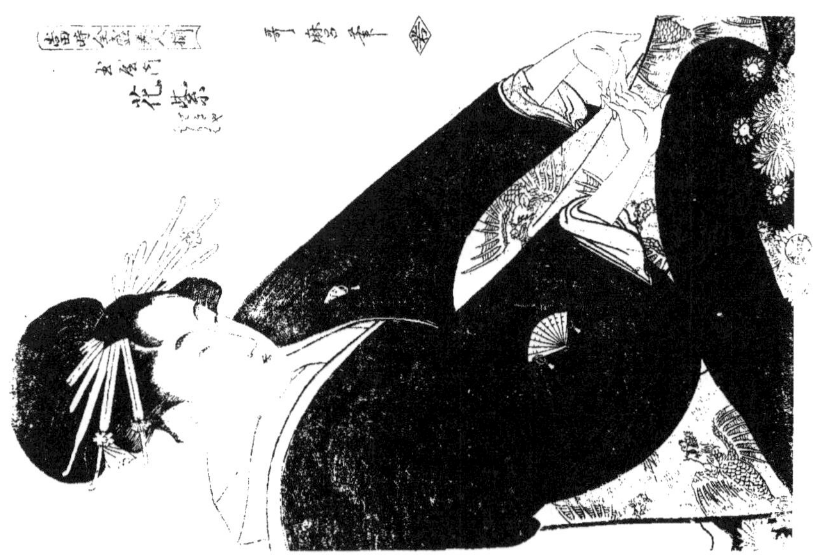

PL. XL

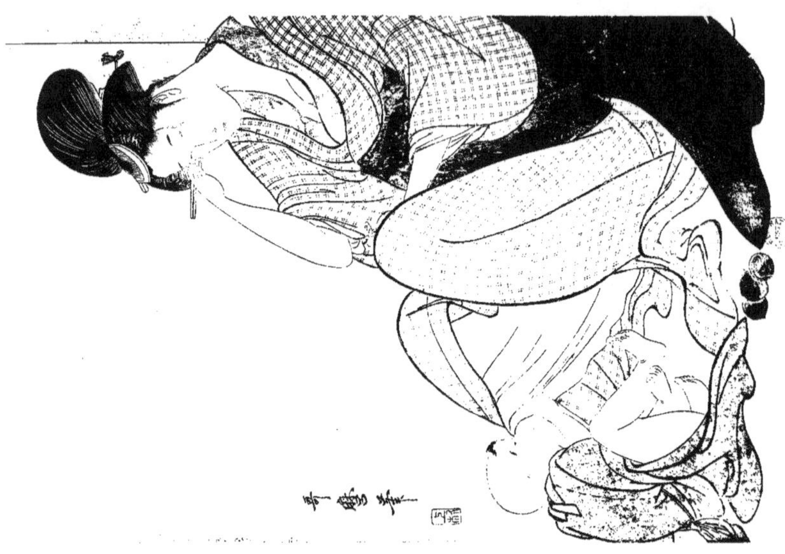

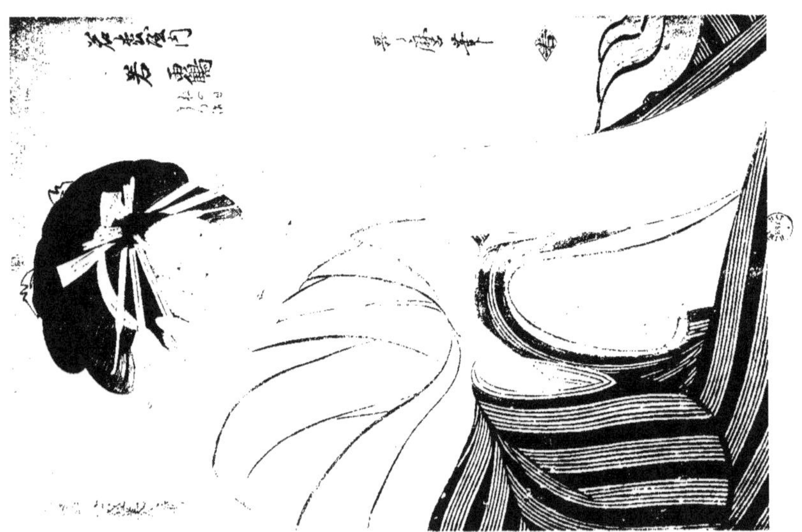

UTAMARO

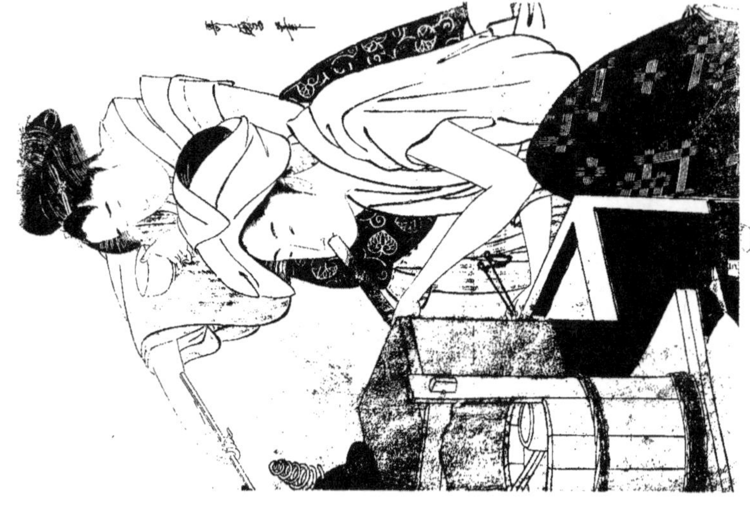

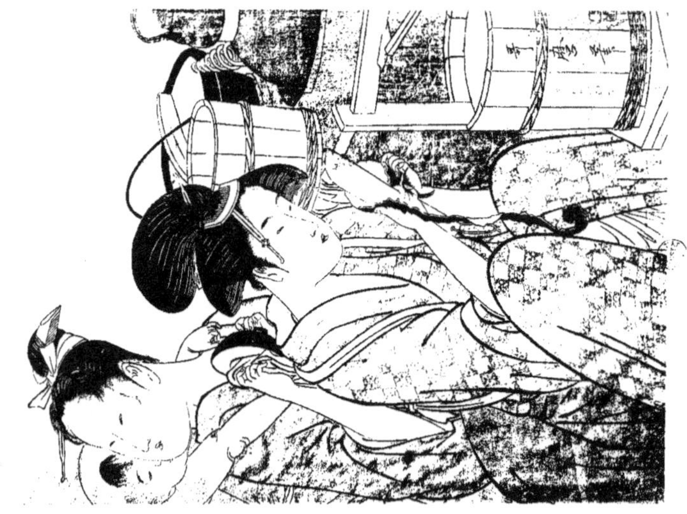

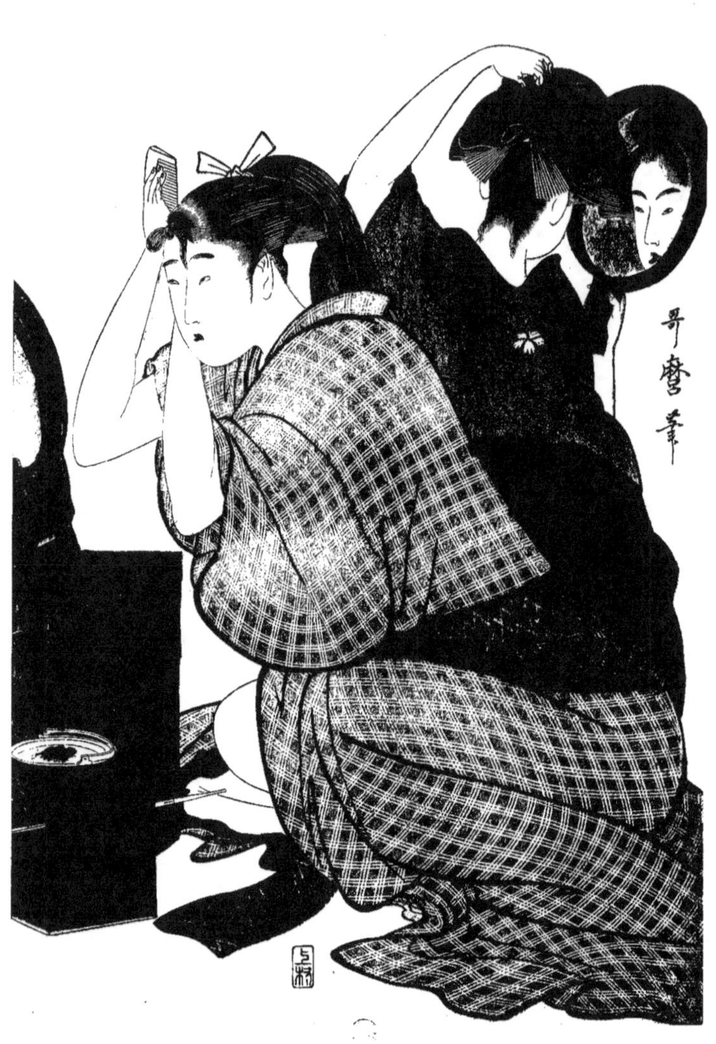

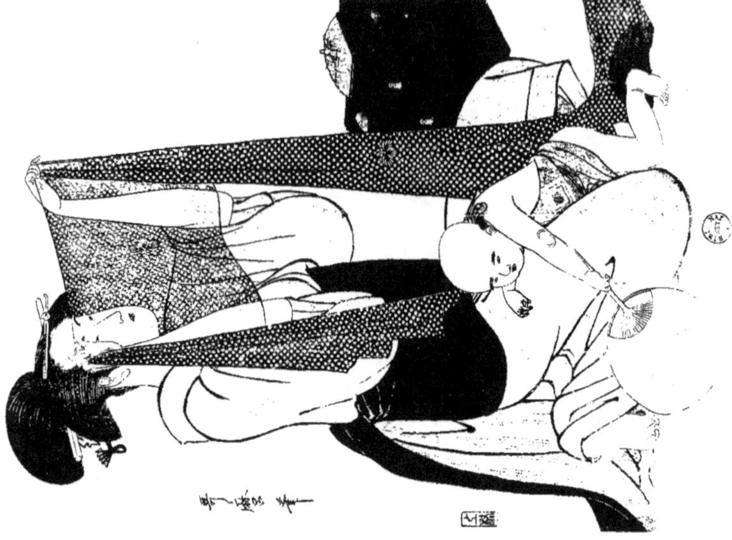

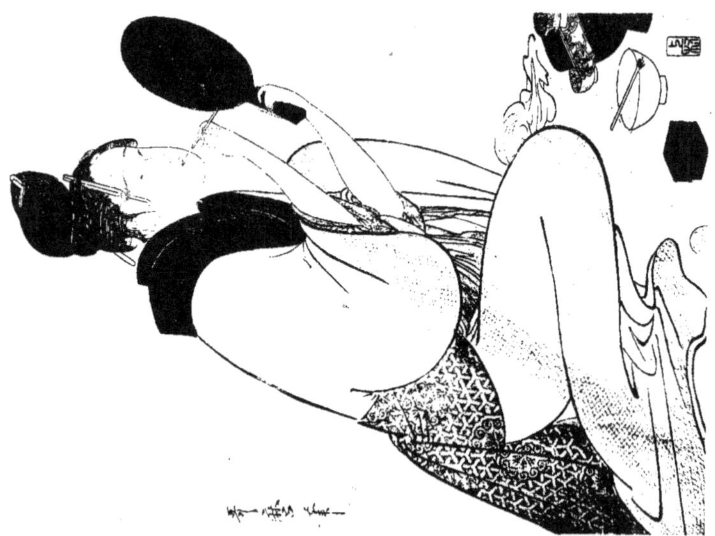

UTAMARO

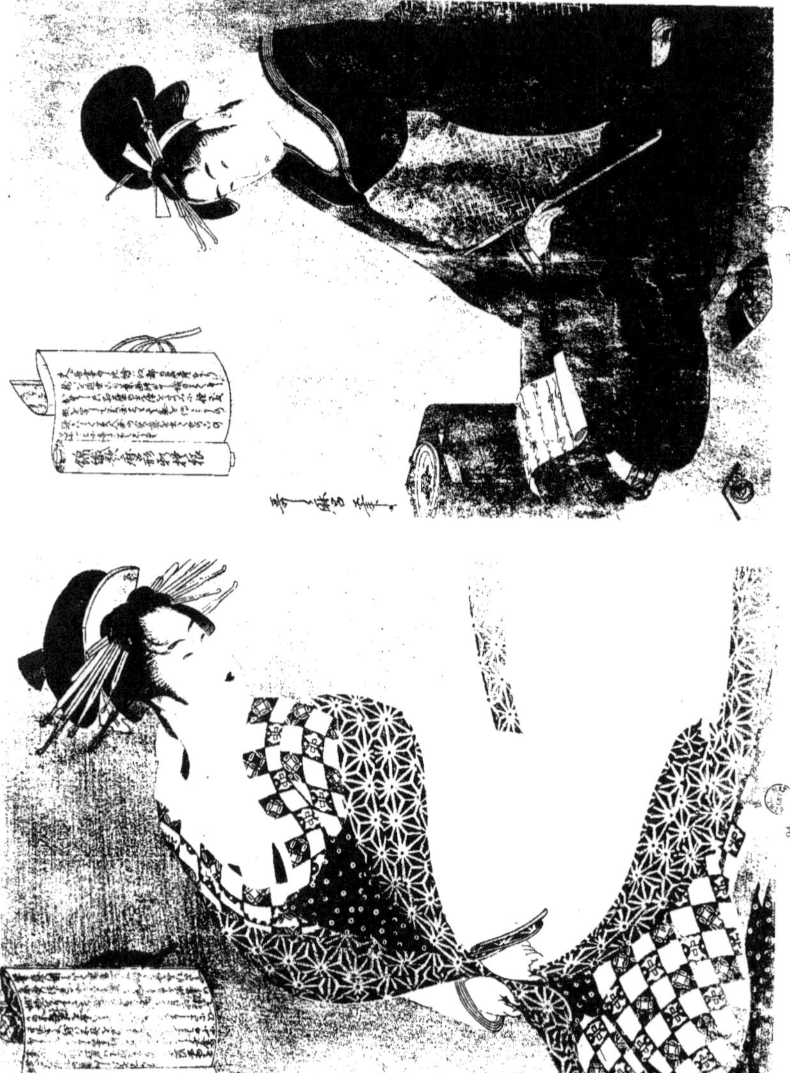

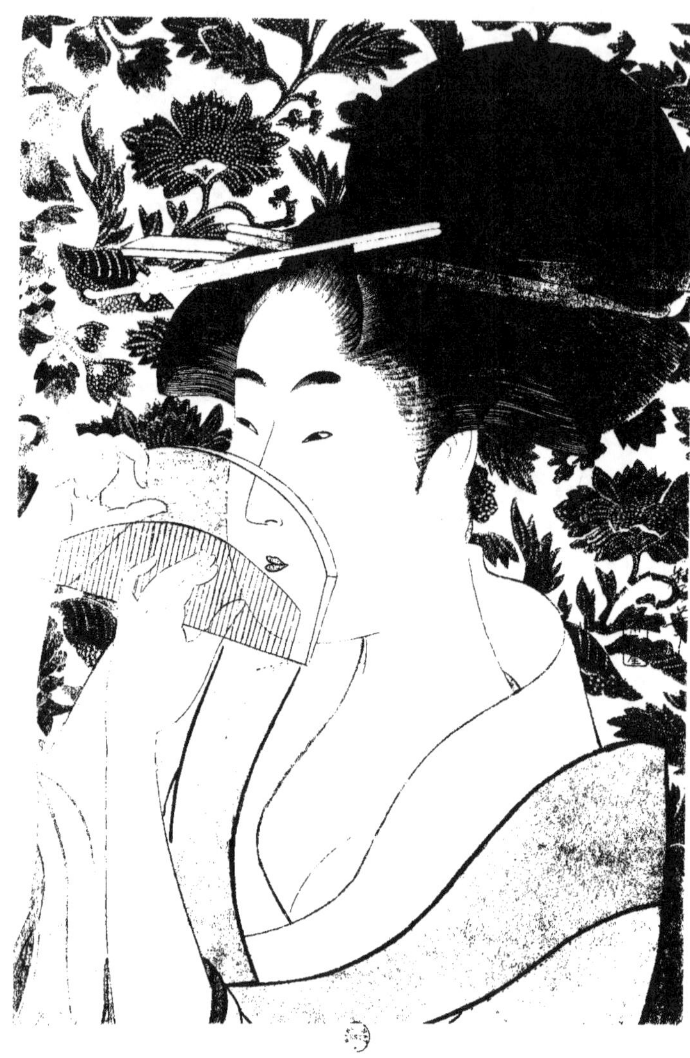

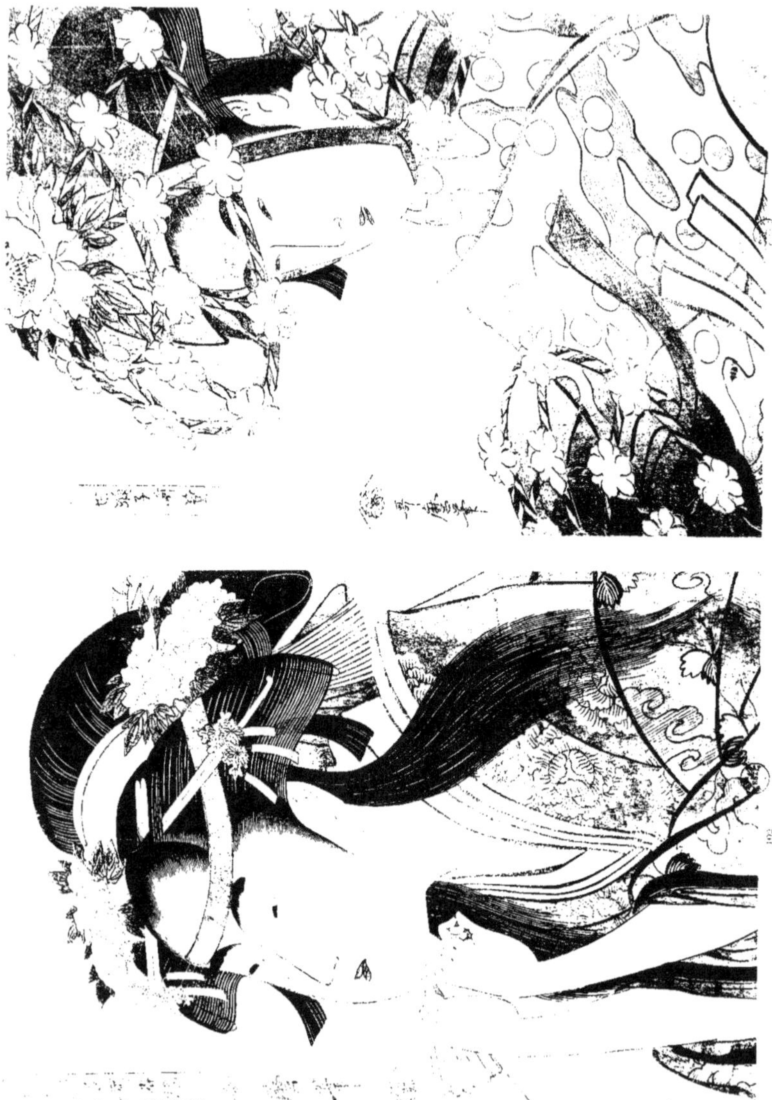

UTAMARO

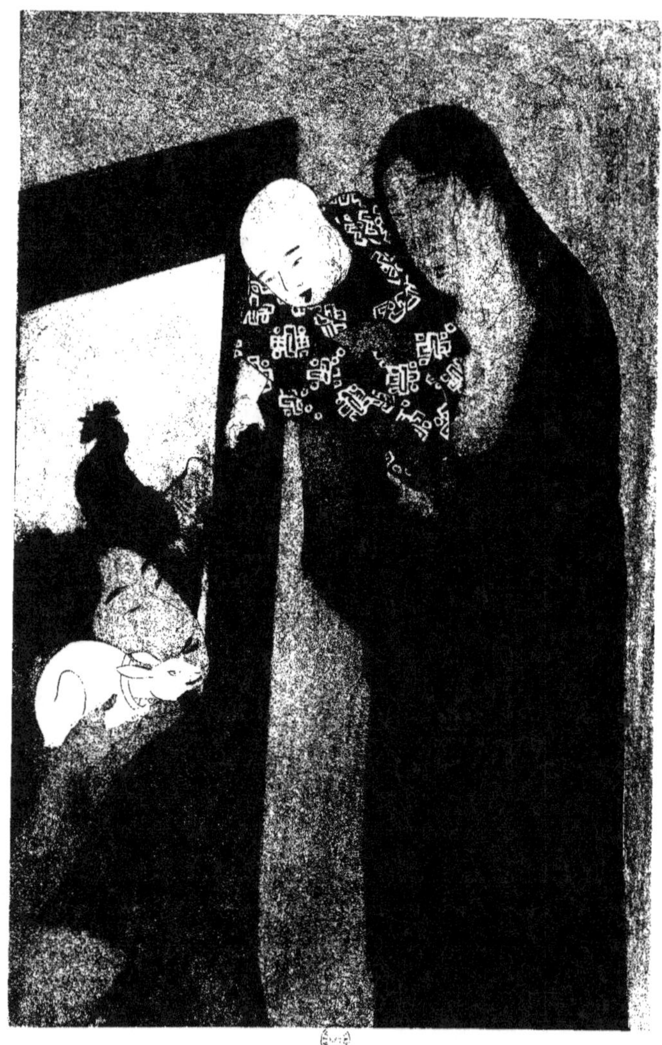

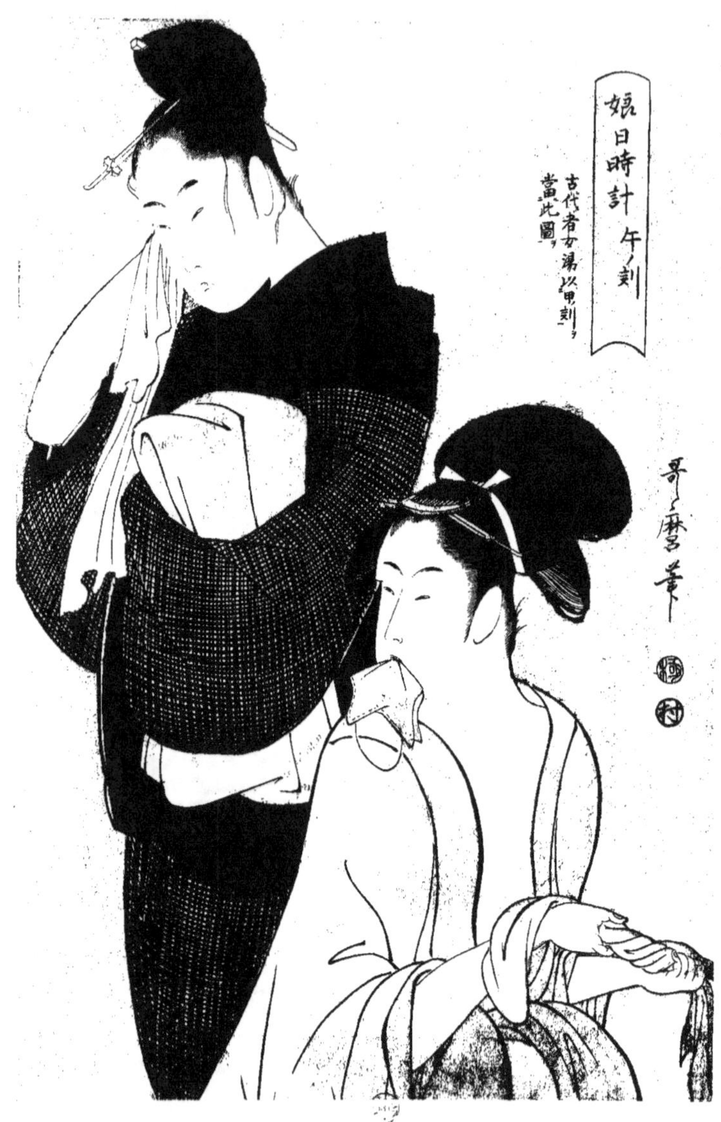

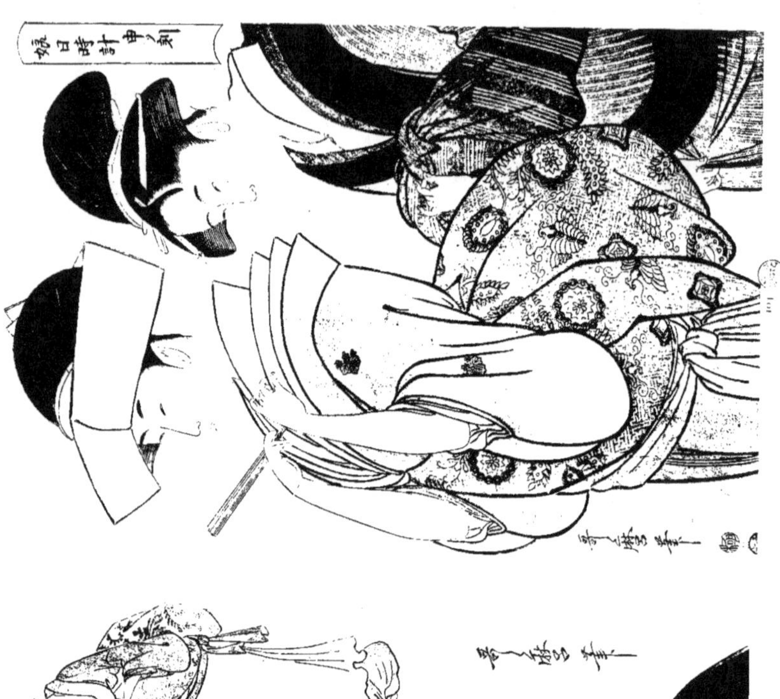

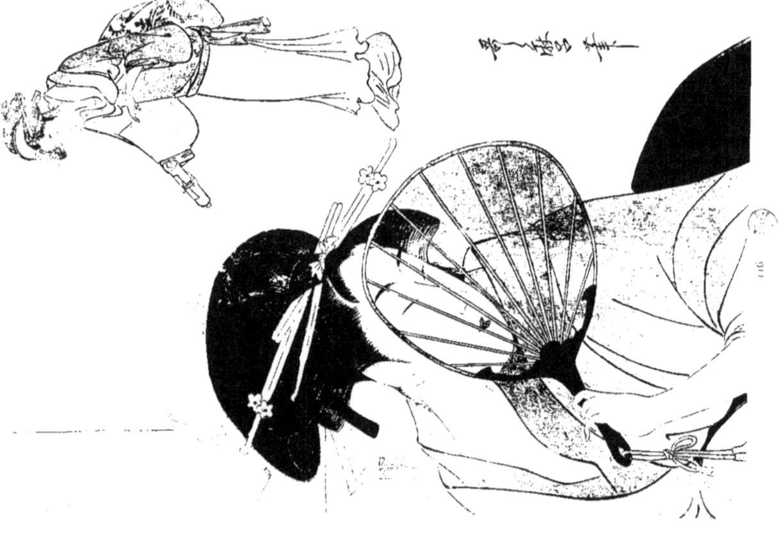

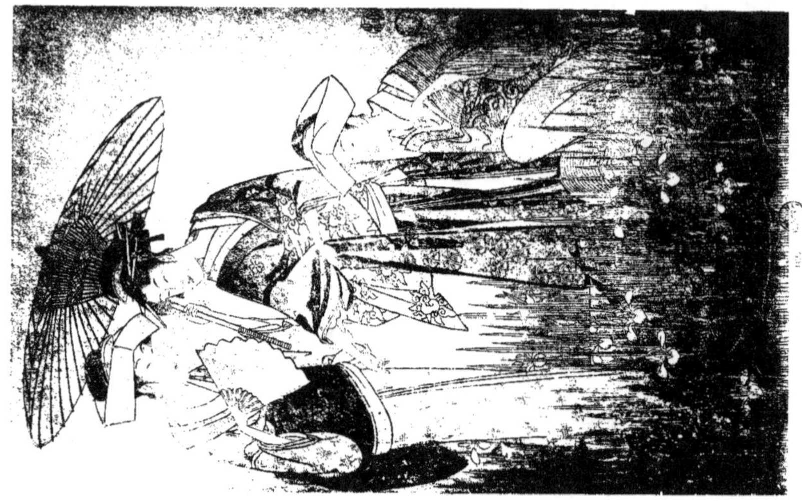

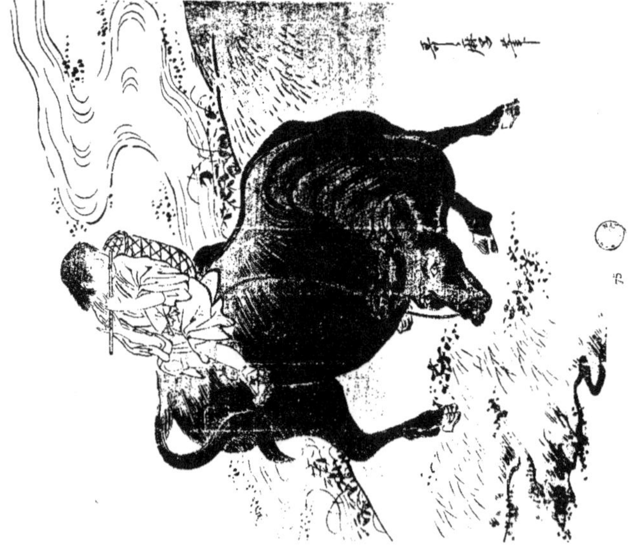

UTAMARO

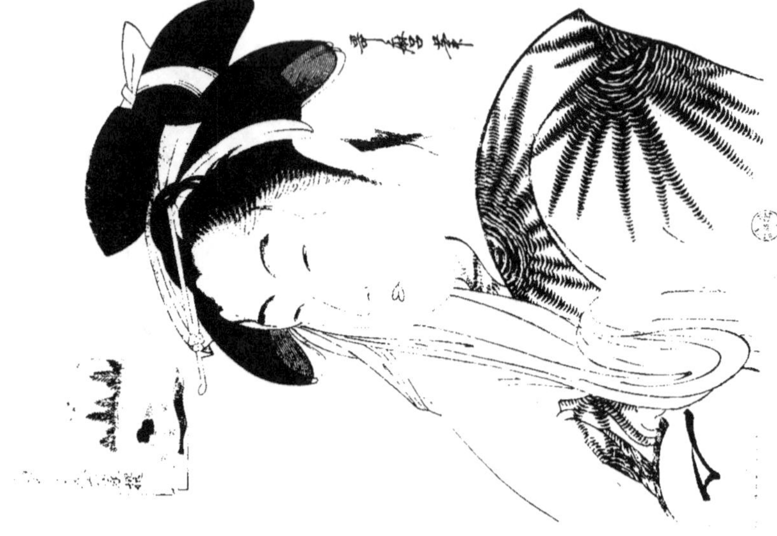

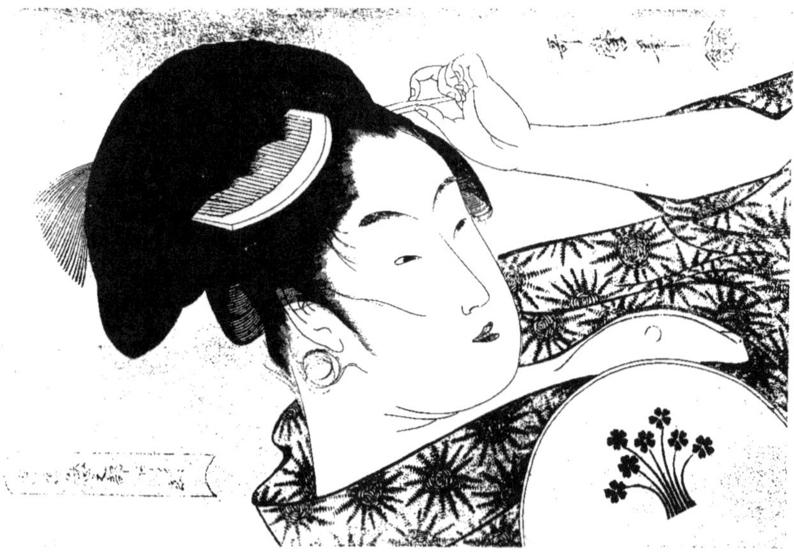

UTAMARO

PL. LI

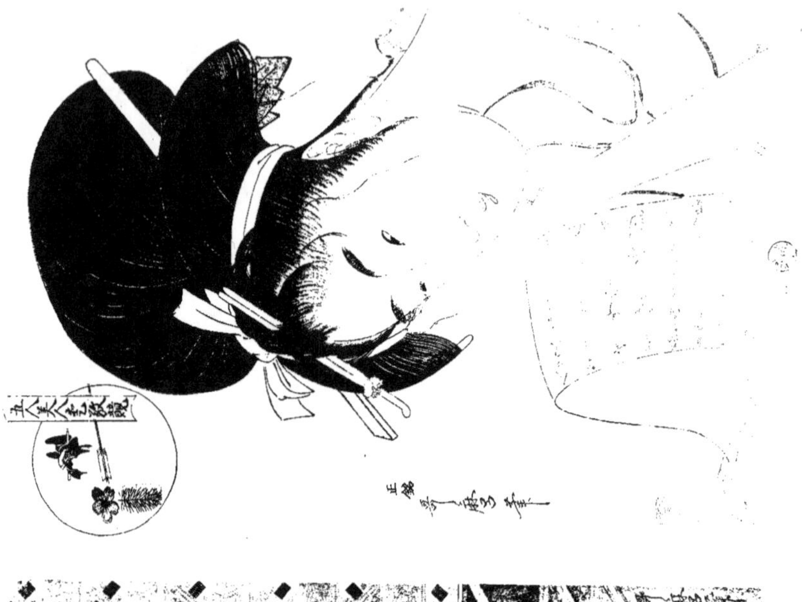

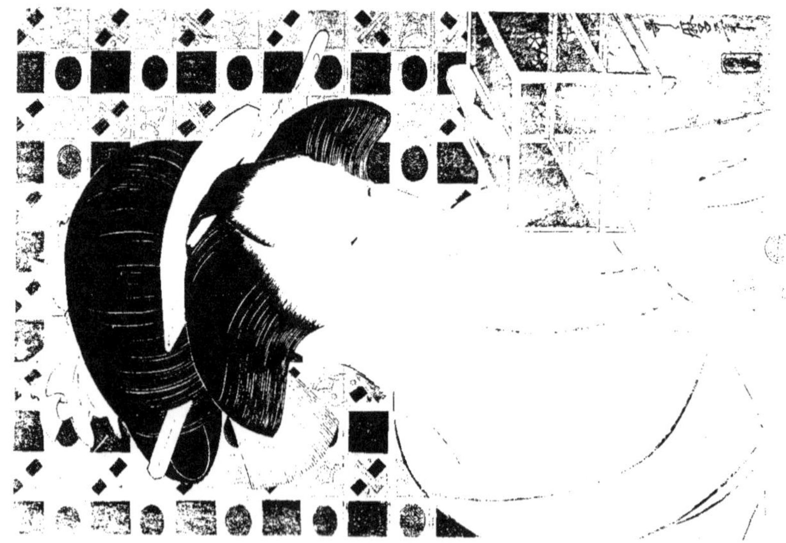

UTAMARO

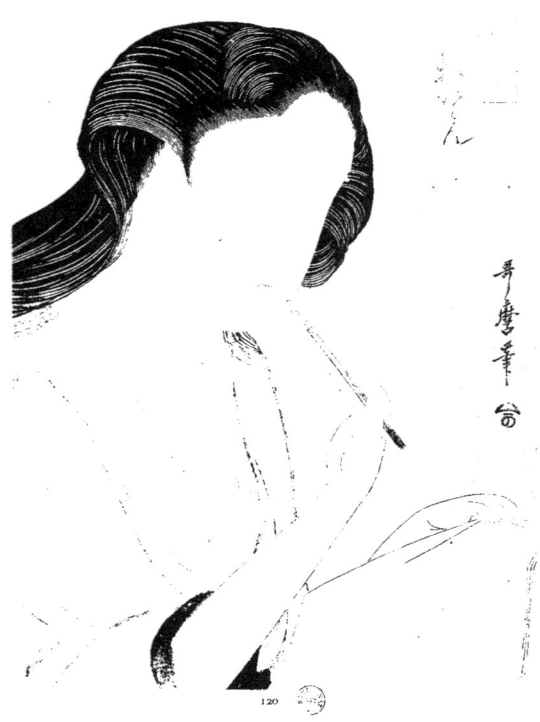

UTAMARO

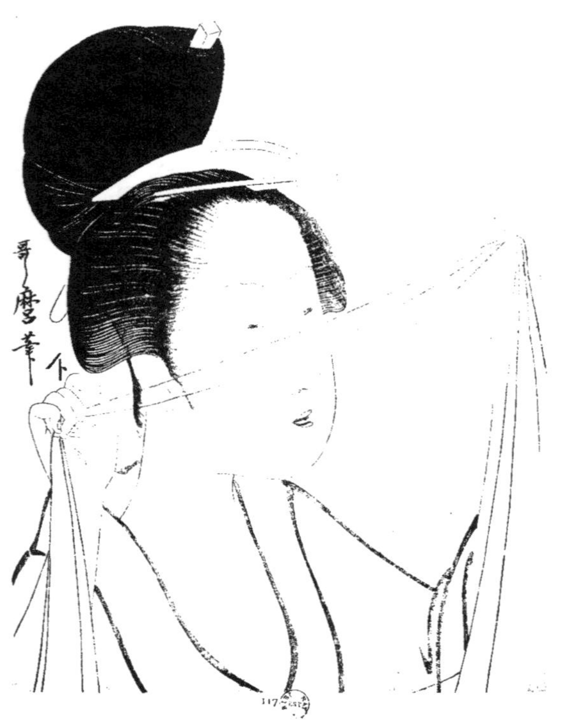

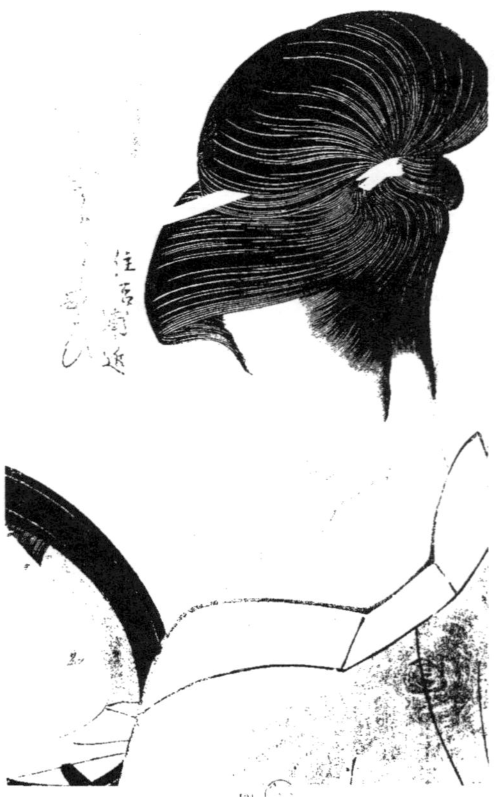

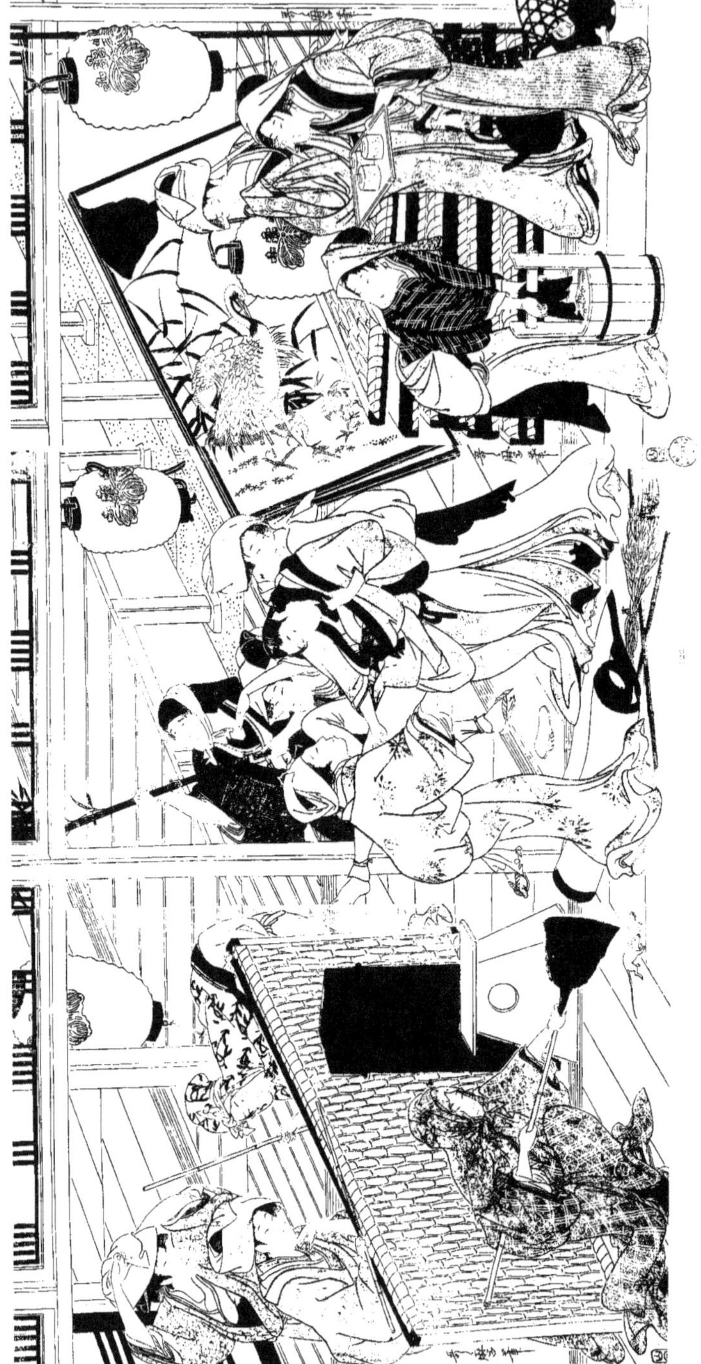

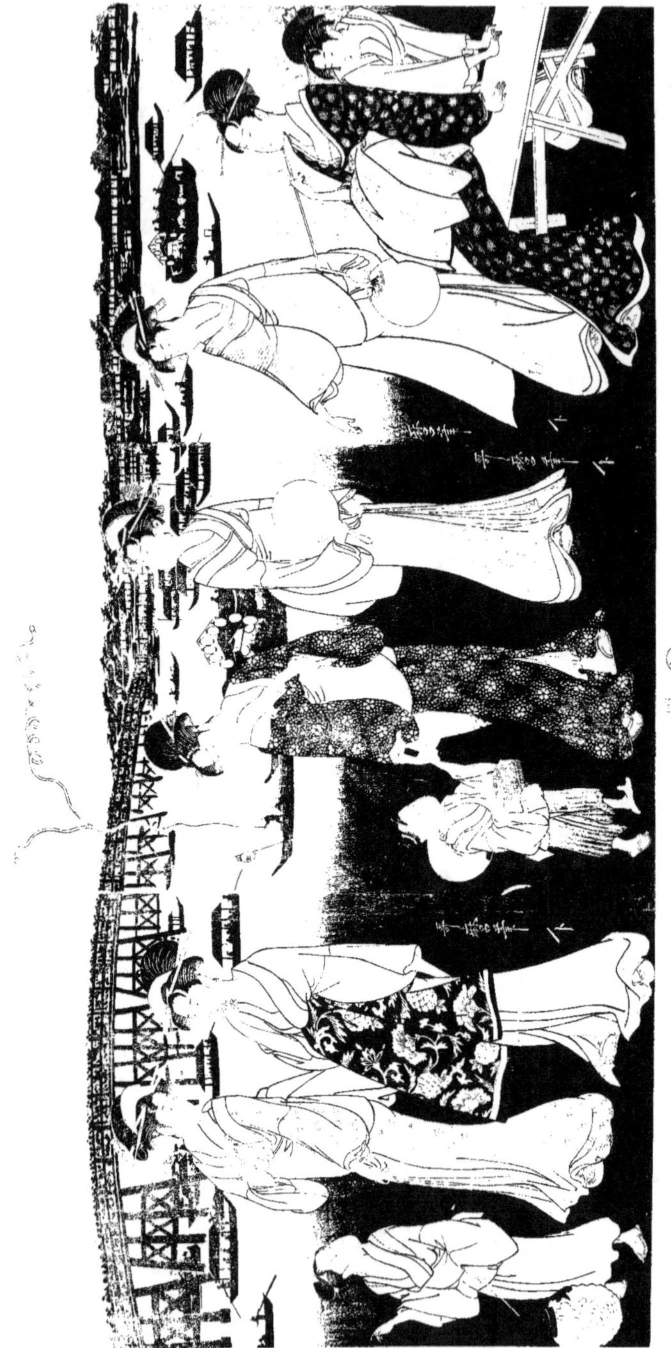

UTAMARO

PL. LVI

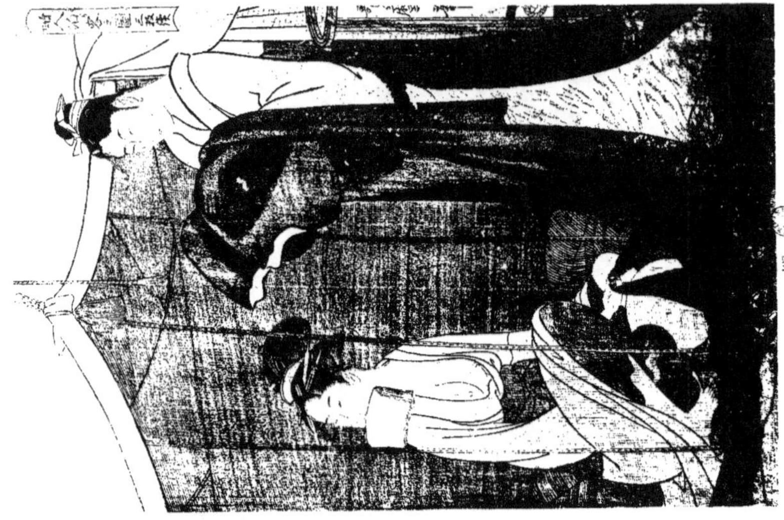

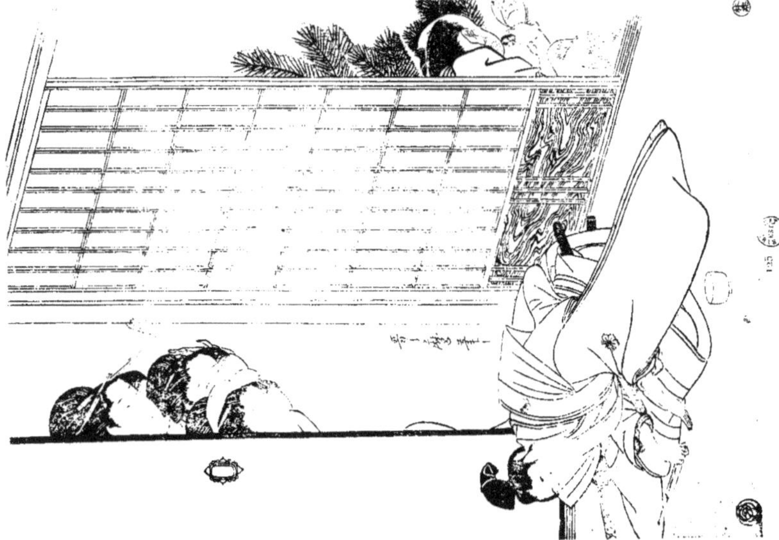

UTAMARO

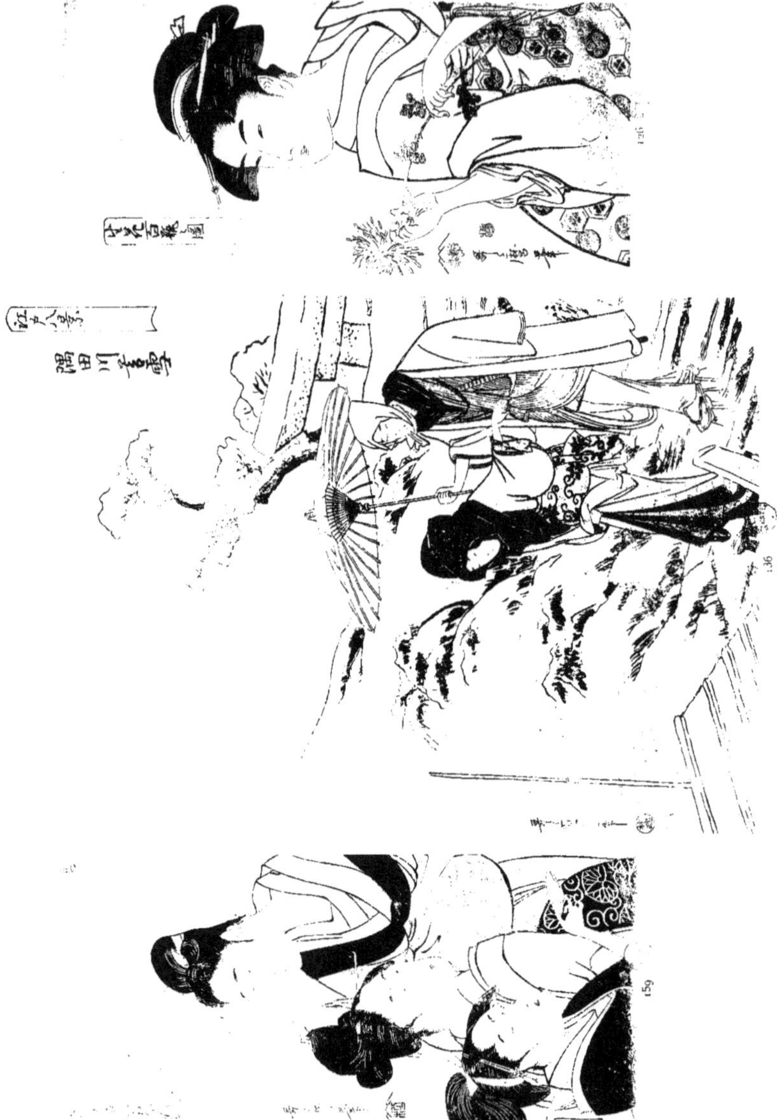

UTAMARO

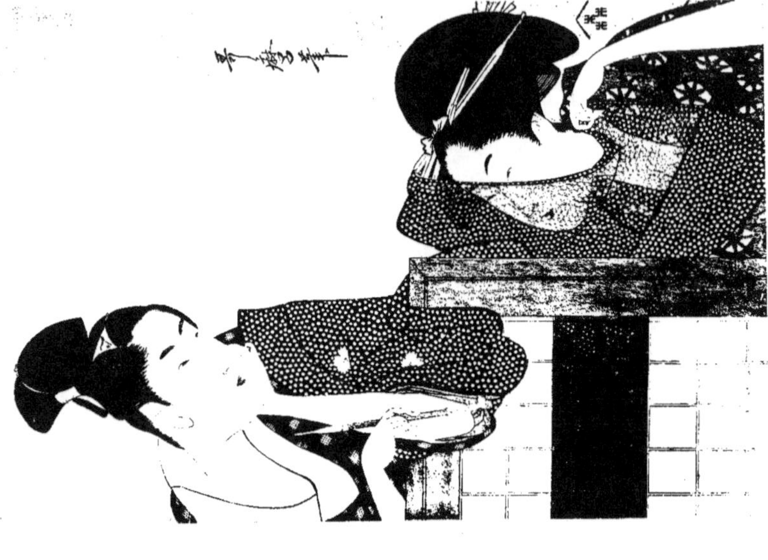

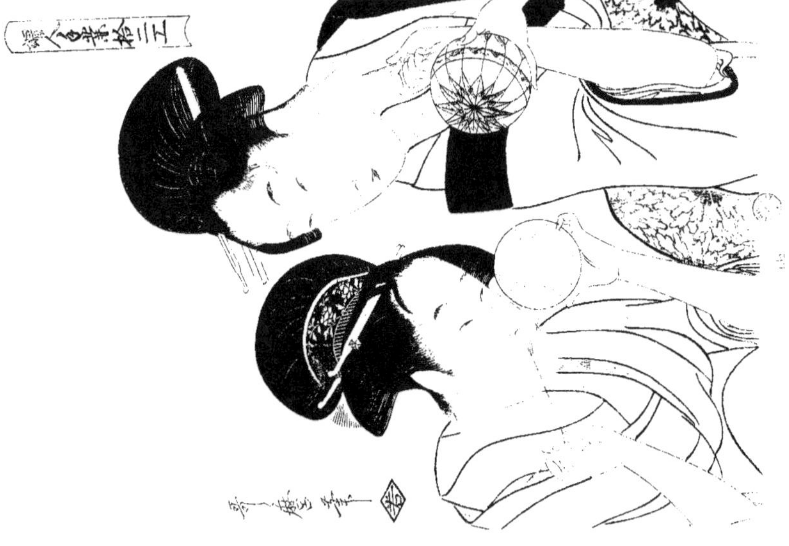

UTAMARO

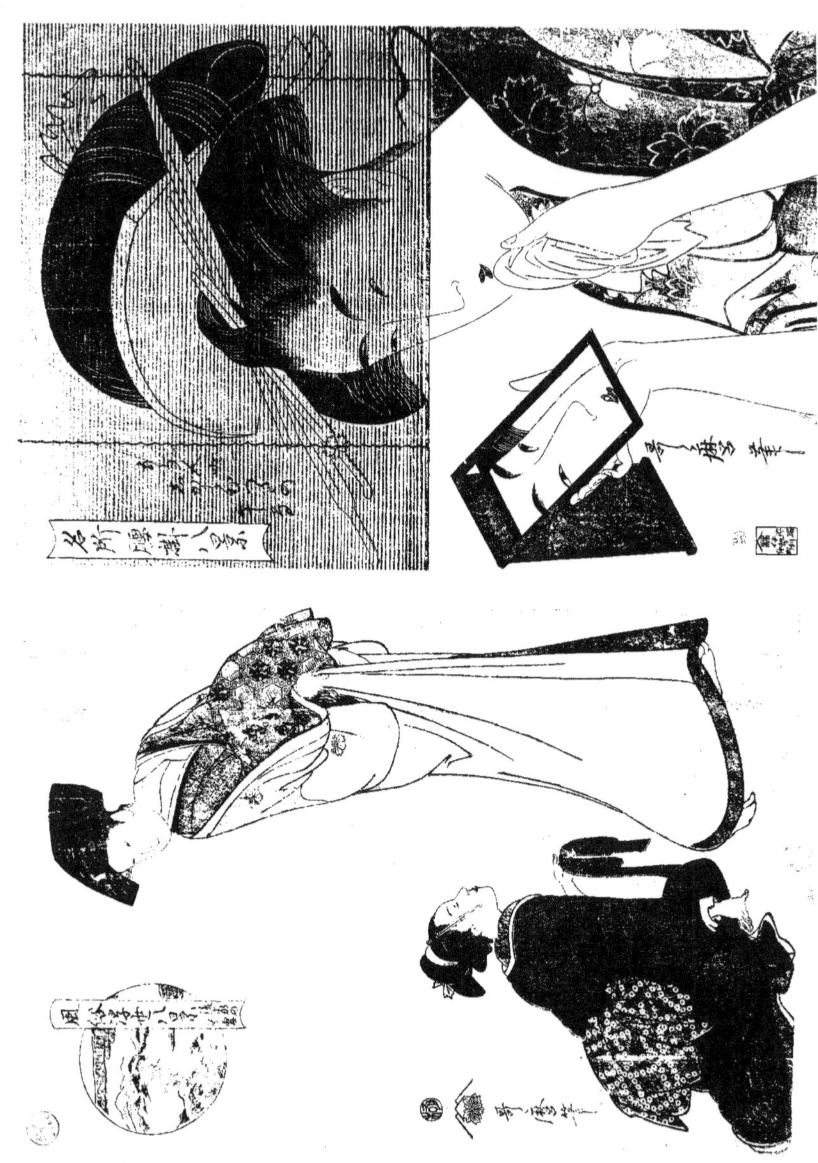

UTAMARO

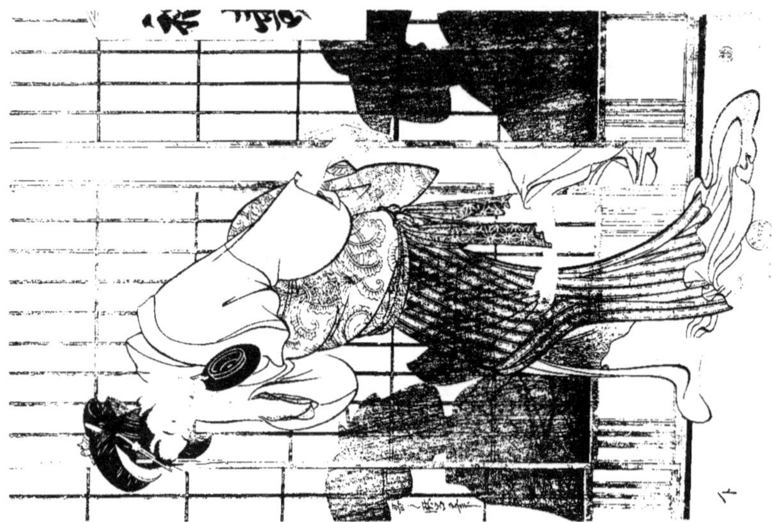

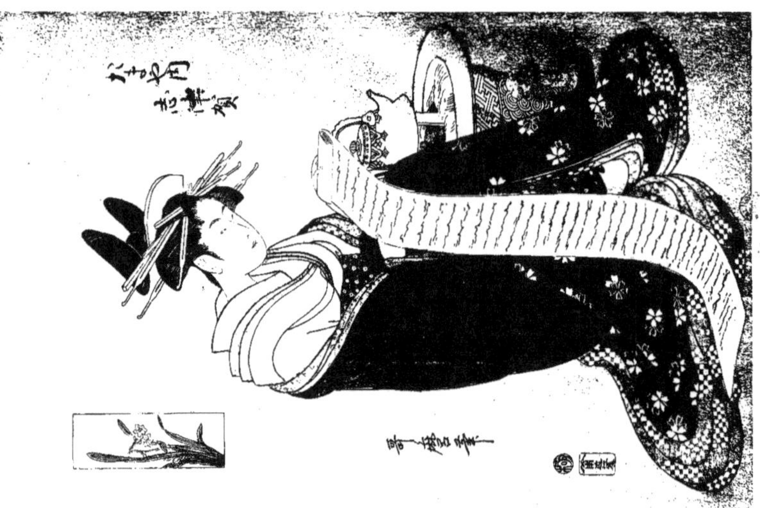

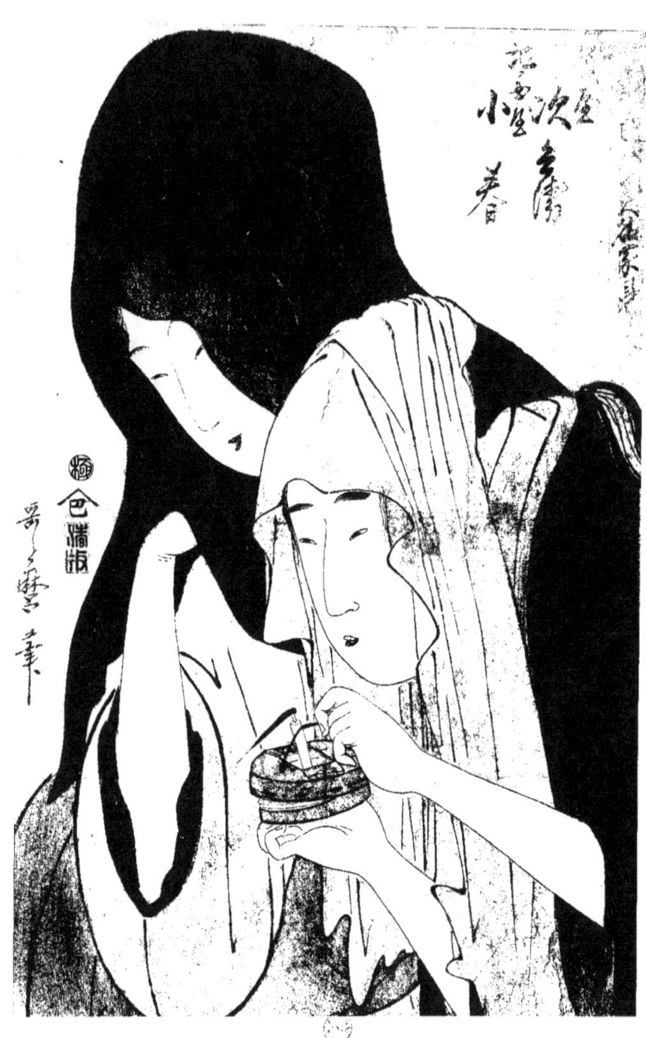

UTAMARO

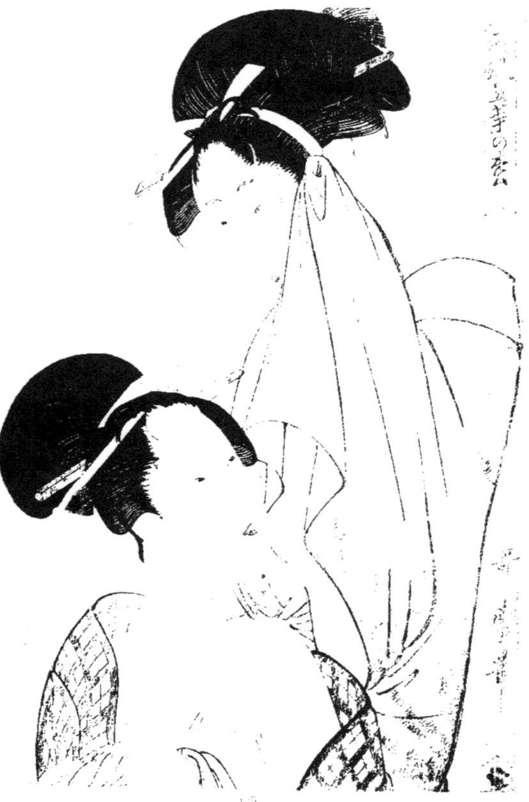

UTAMARO

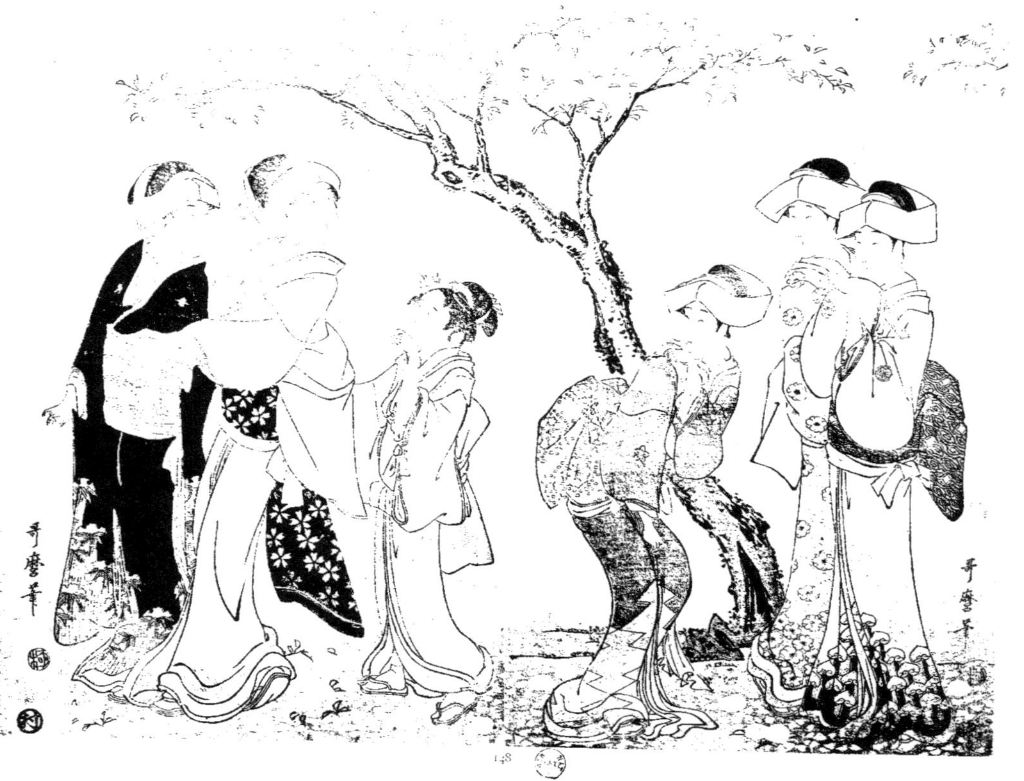

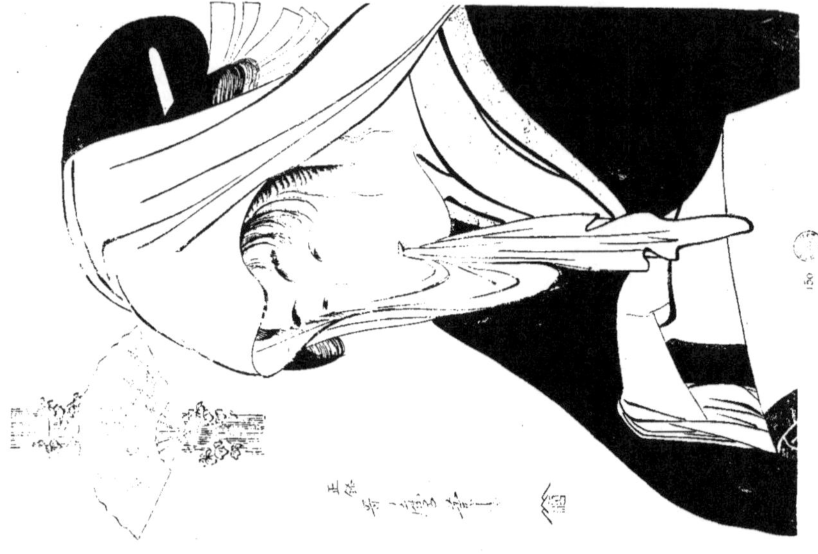

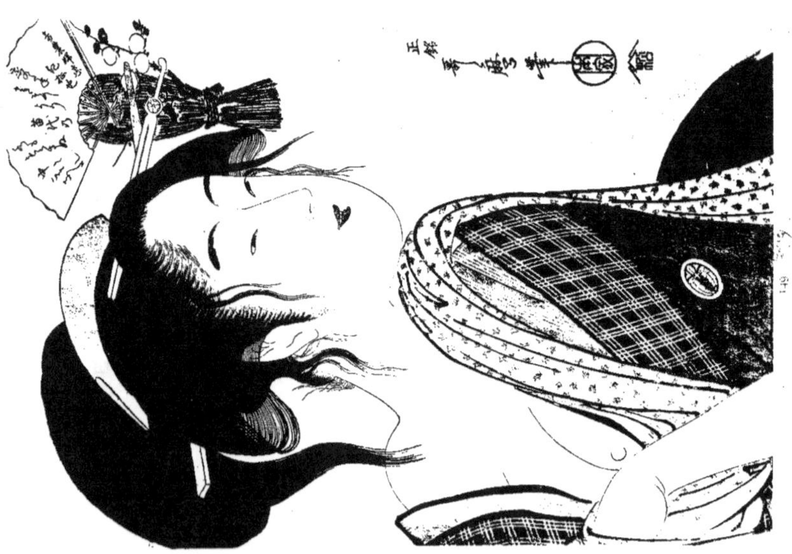

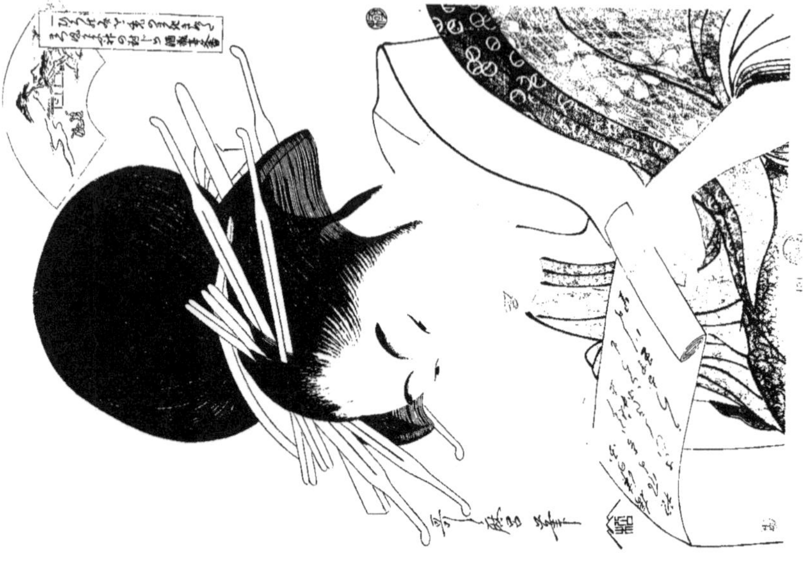

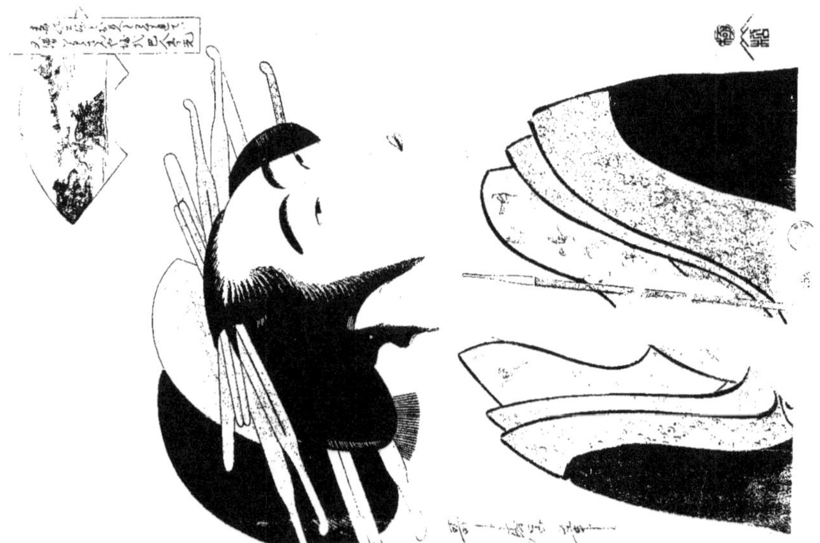

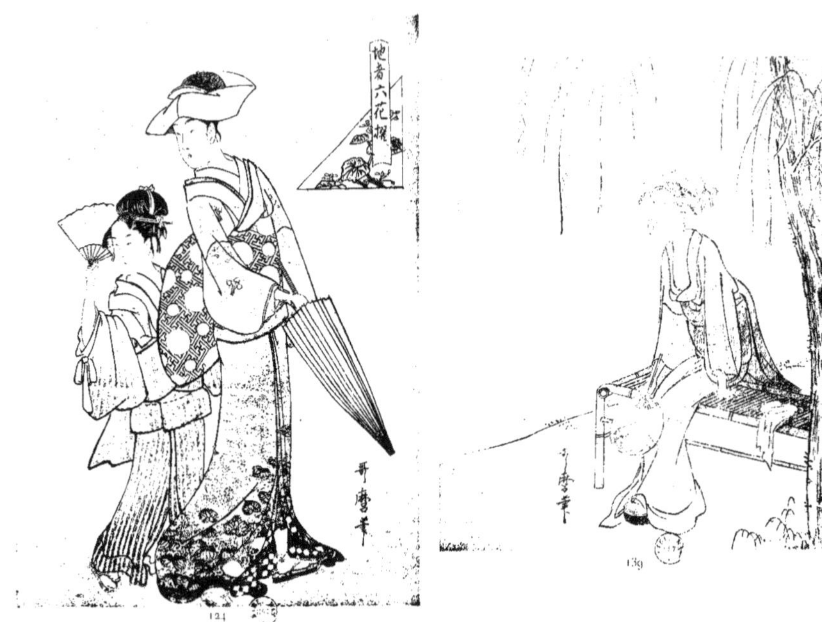

124   139

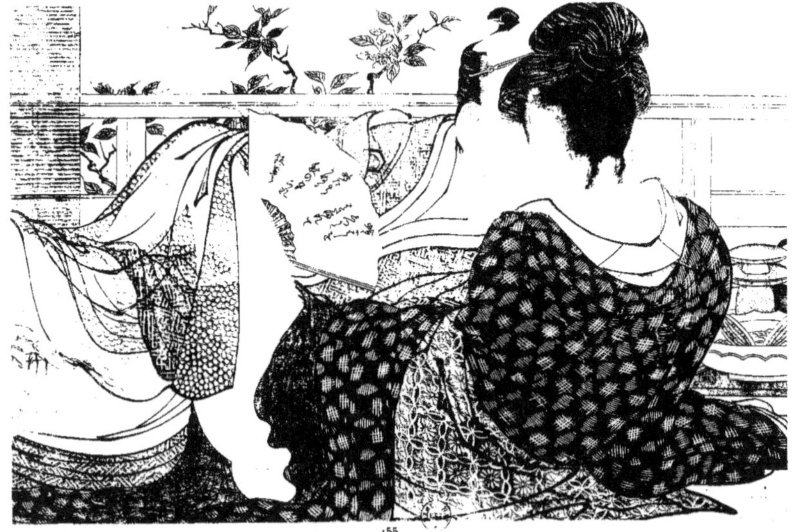

155

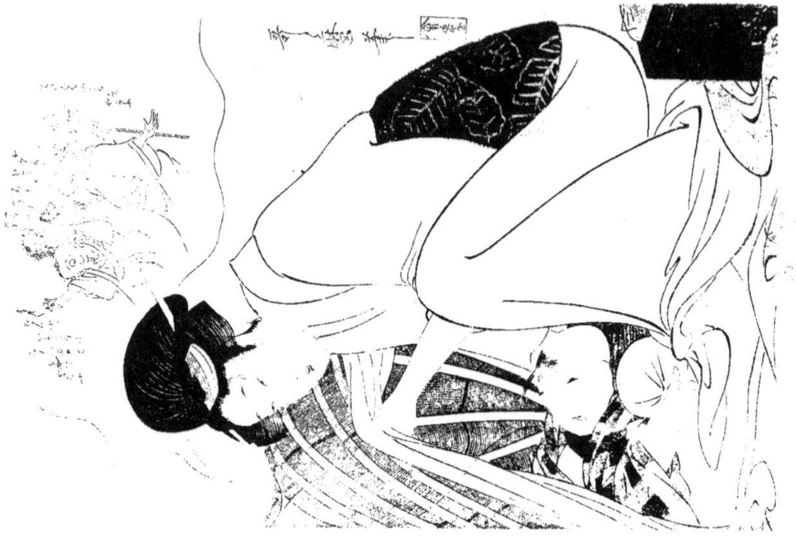

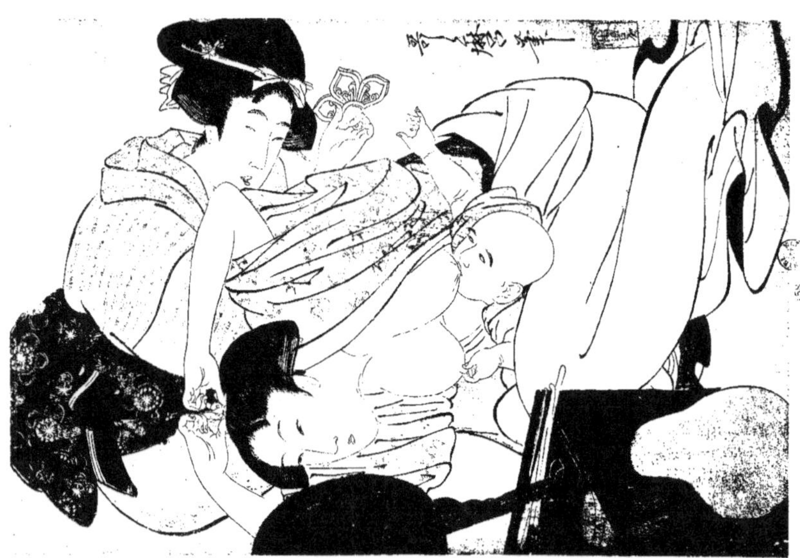

UTAMARO

UTAMARO

UTAMARO

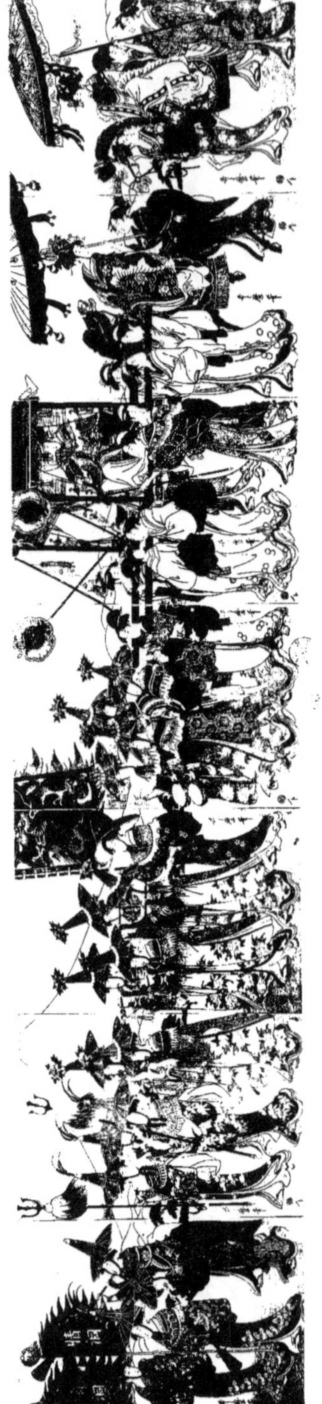

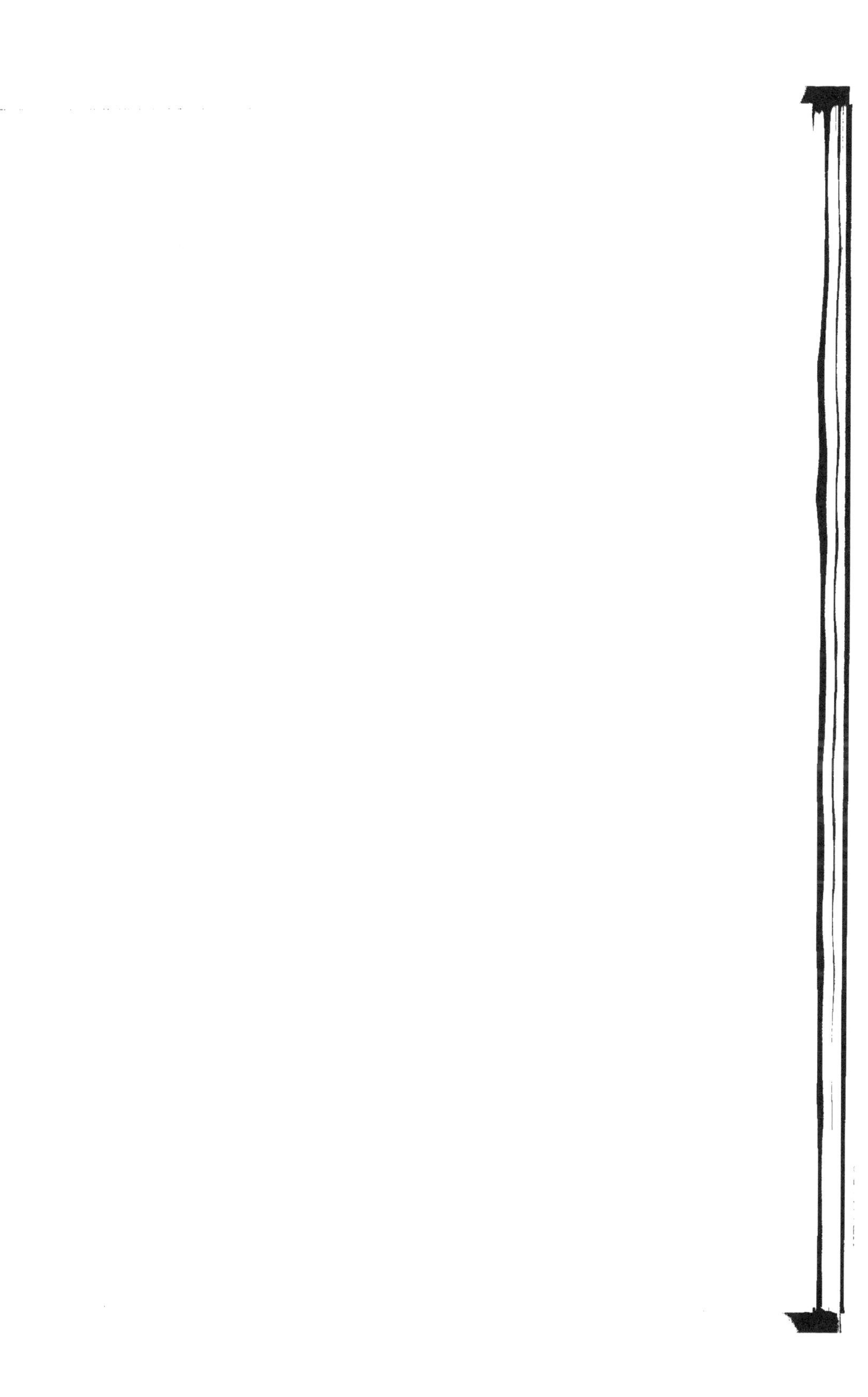

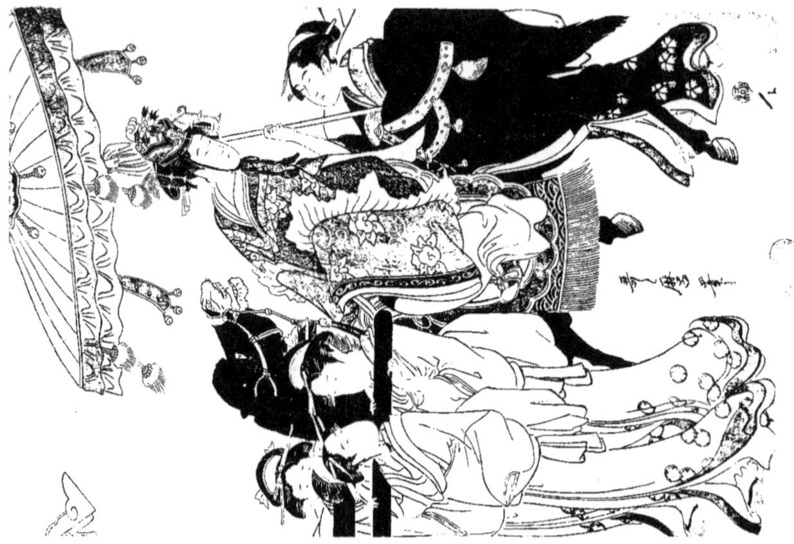

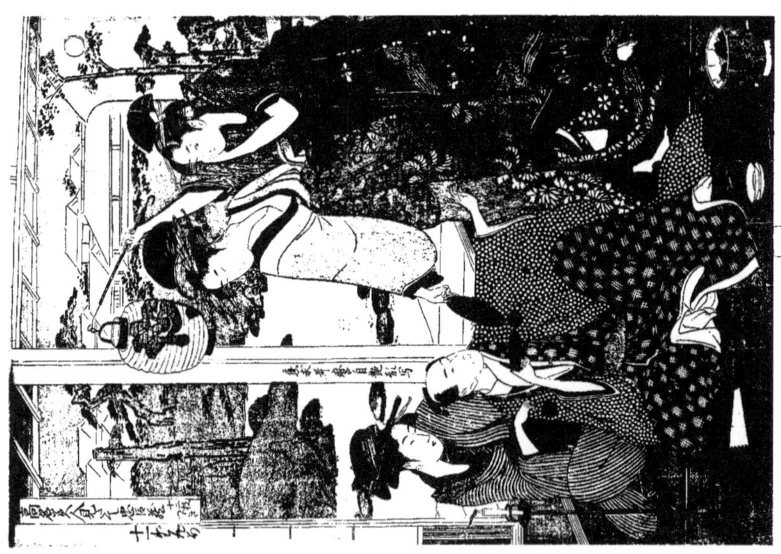

UTAMARO

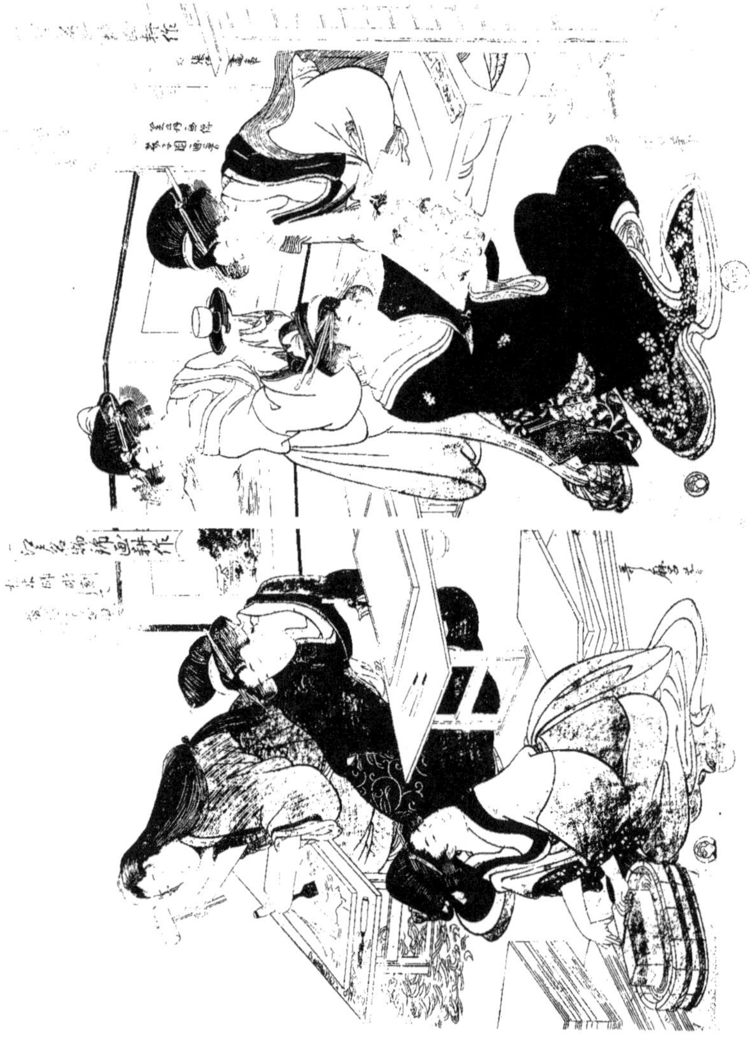

PL. LXXI

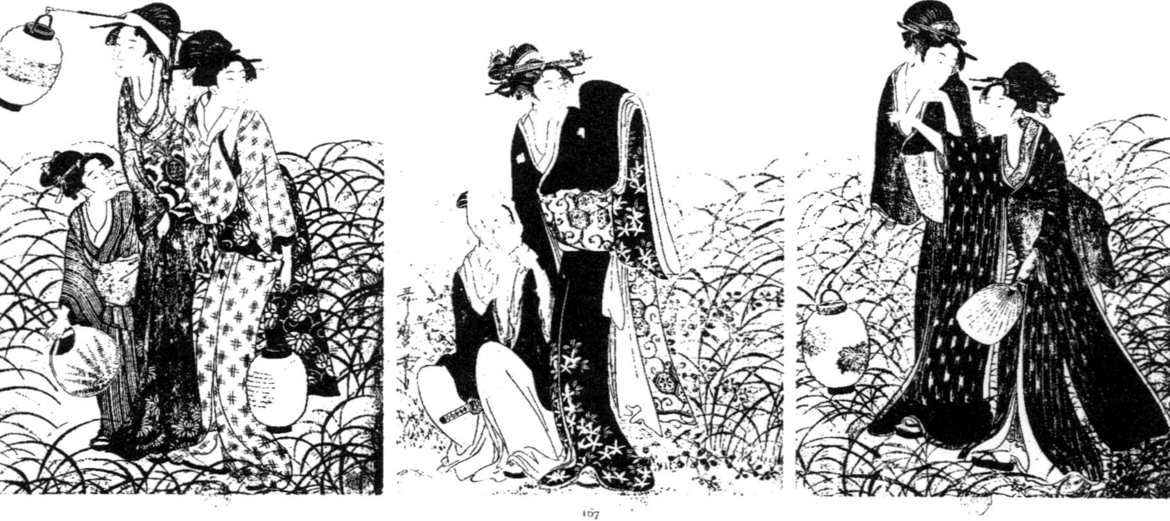

167

UTAMARO

UTAMARO

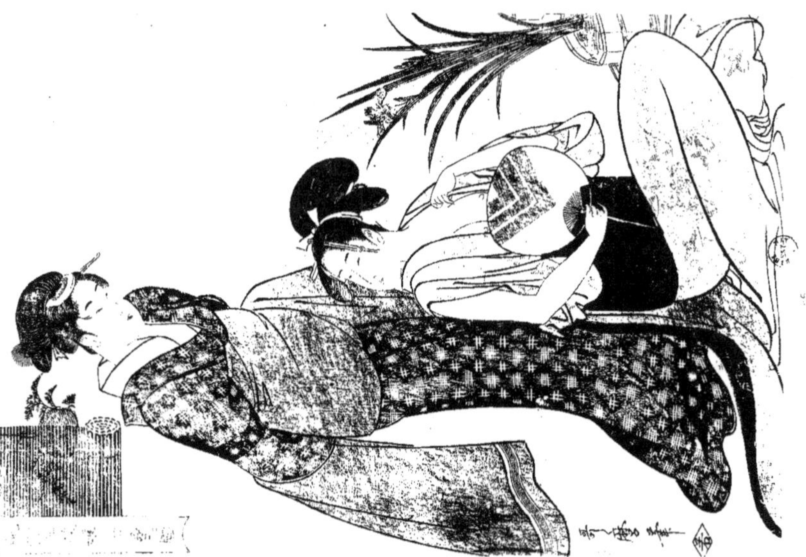

UTAMARO

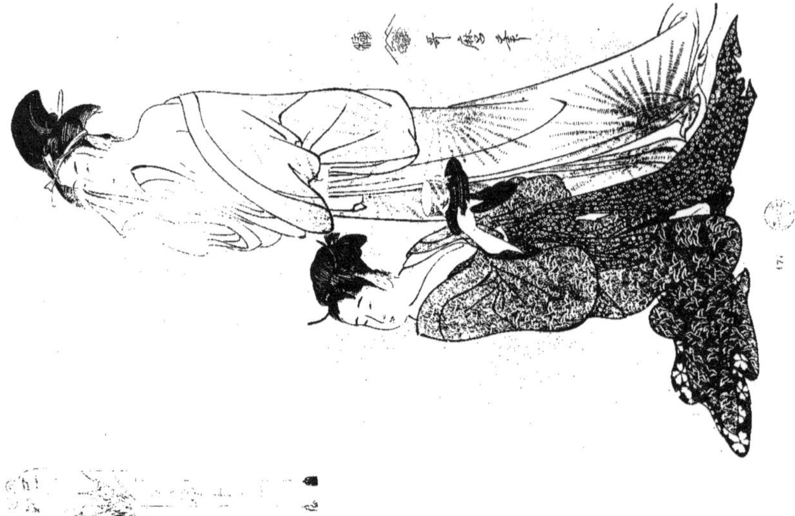

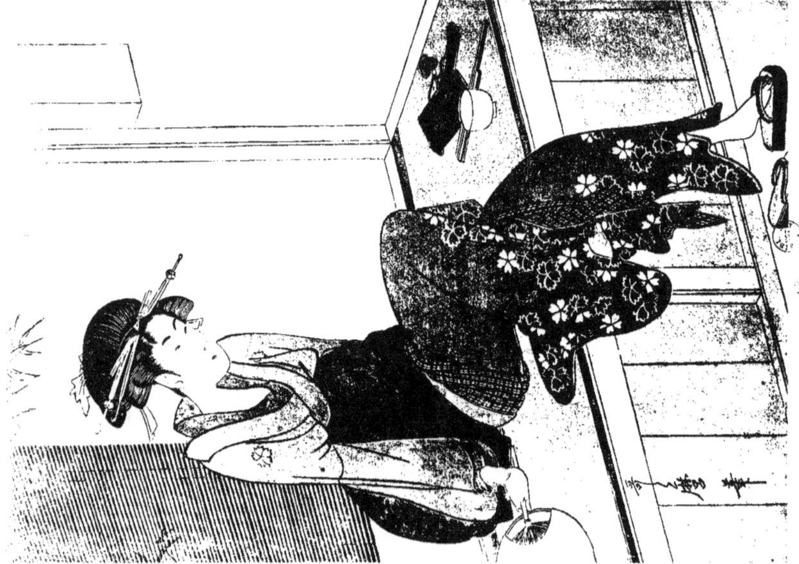

UTAMARO

UTAMARO

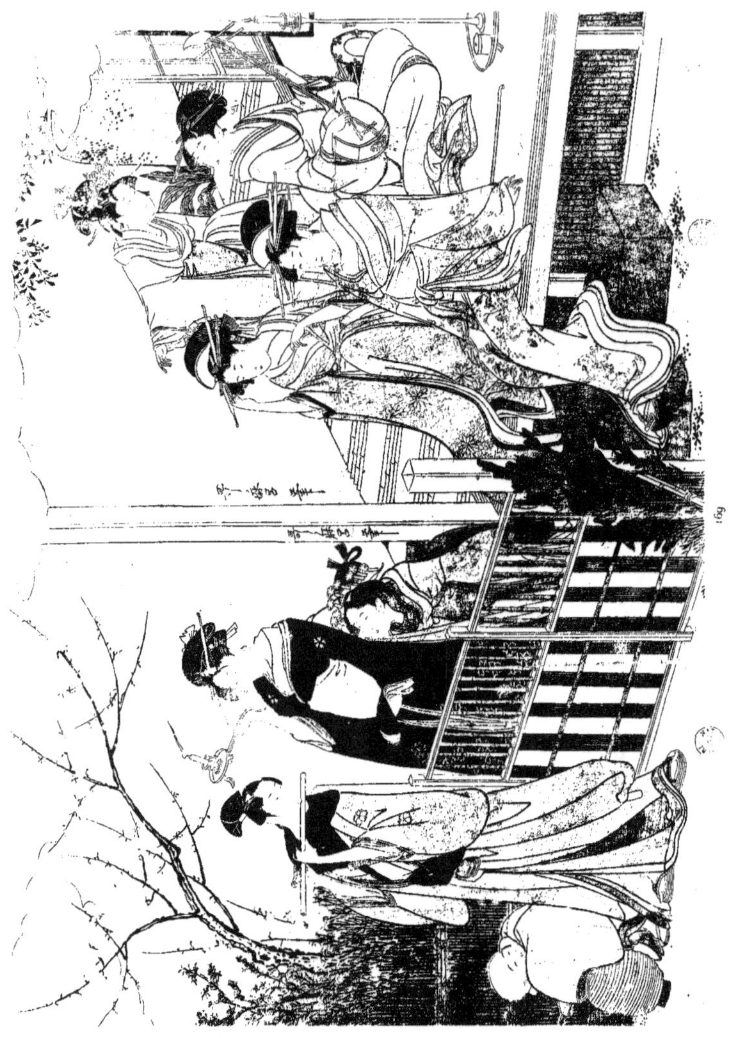

PL. LXXV

UTAMARO

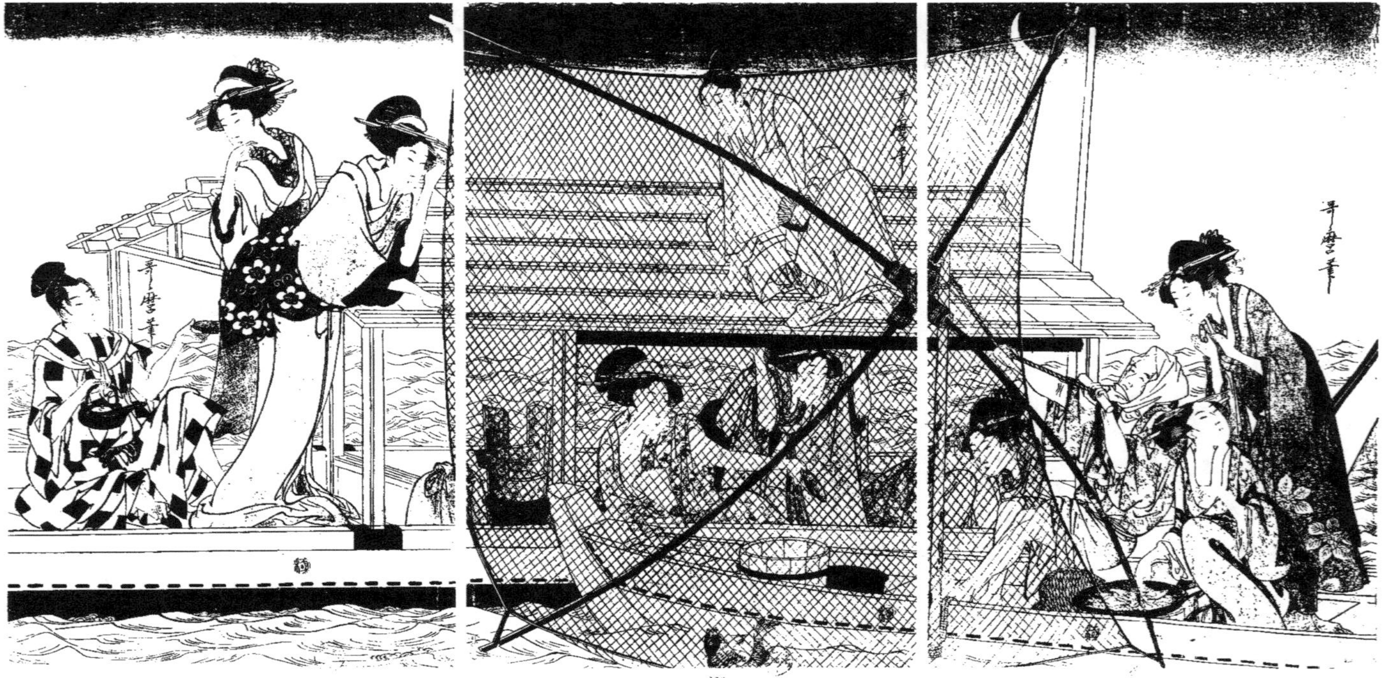

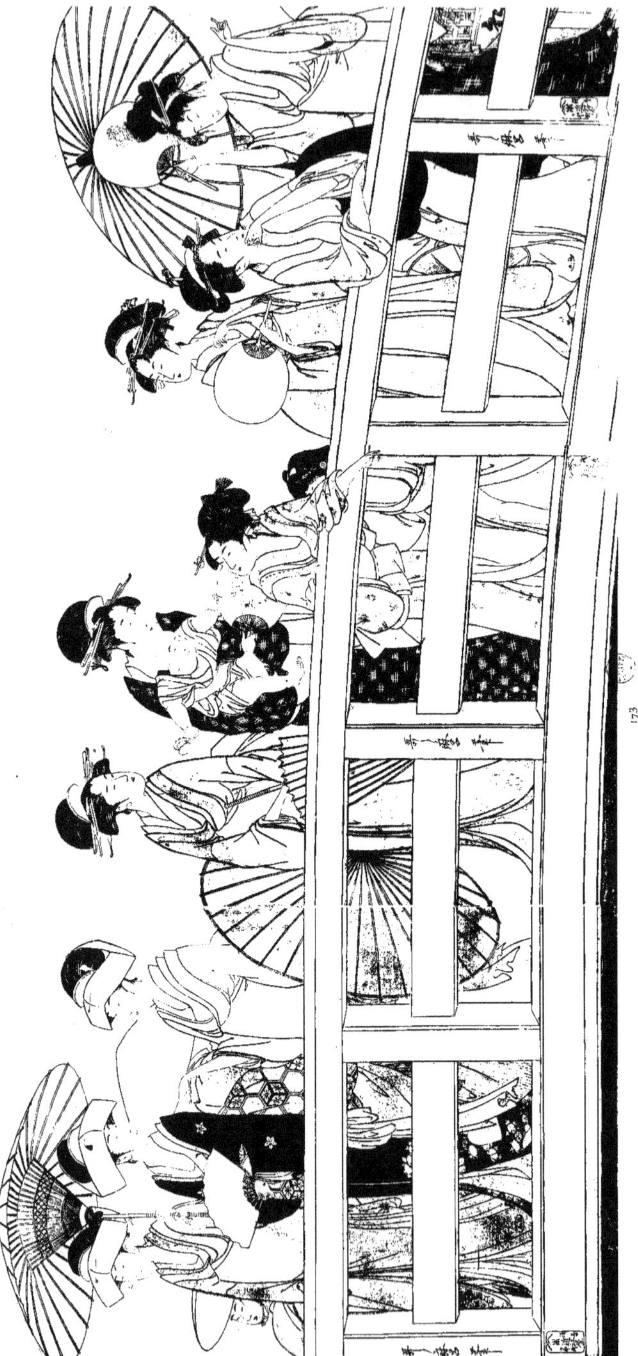

UTAMARO

PL. LXXVII

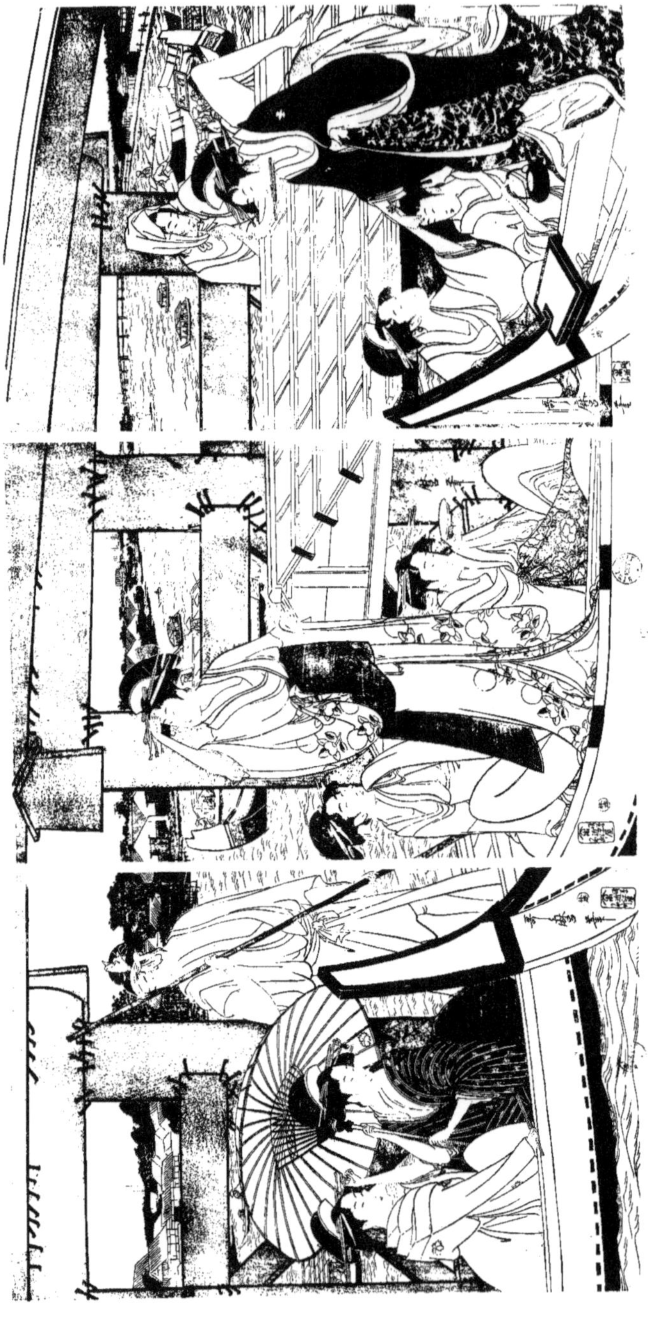

UTAMARO

PL. LXXVIII

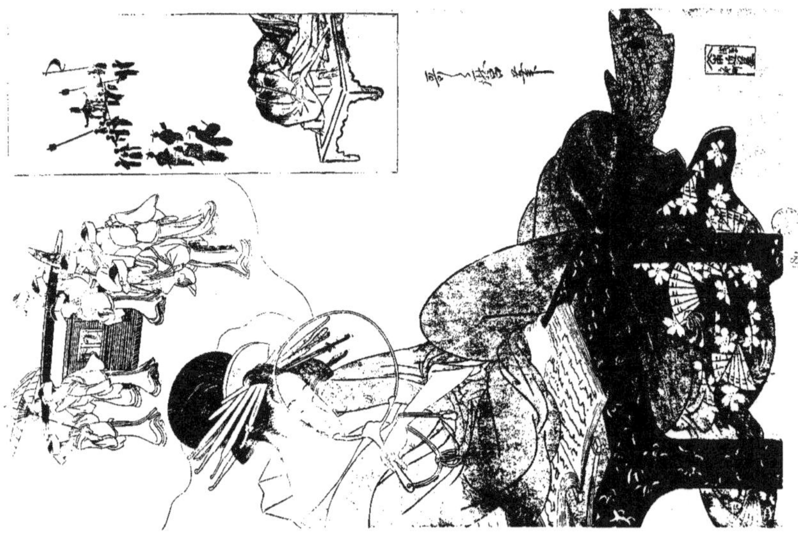

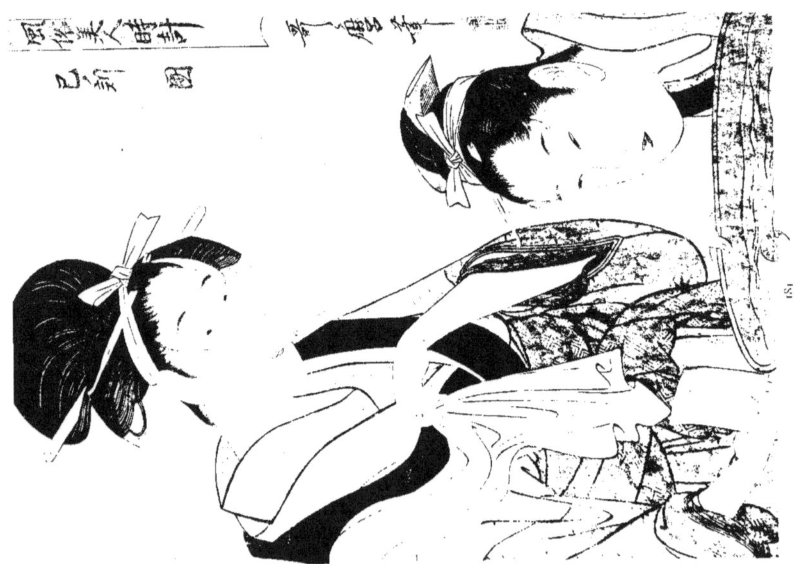

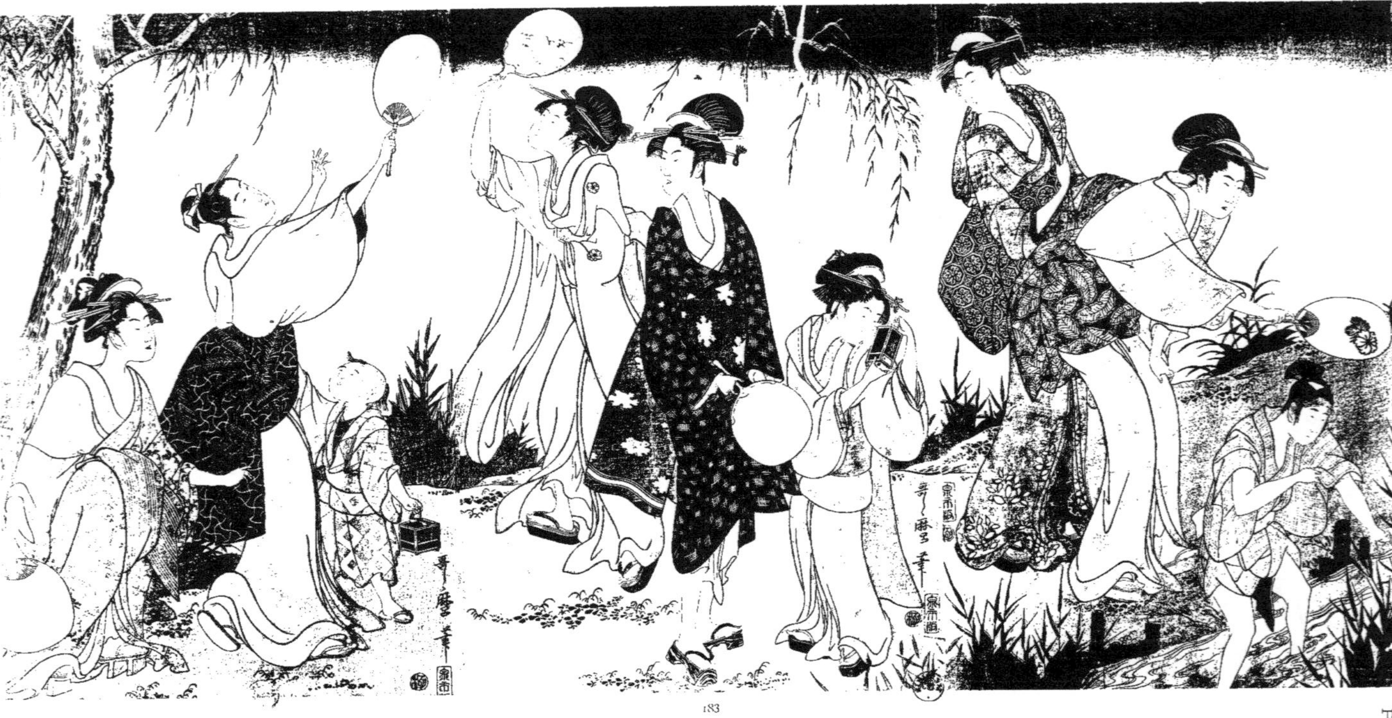

183

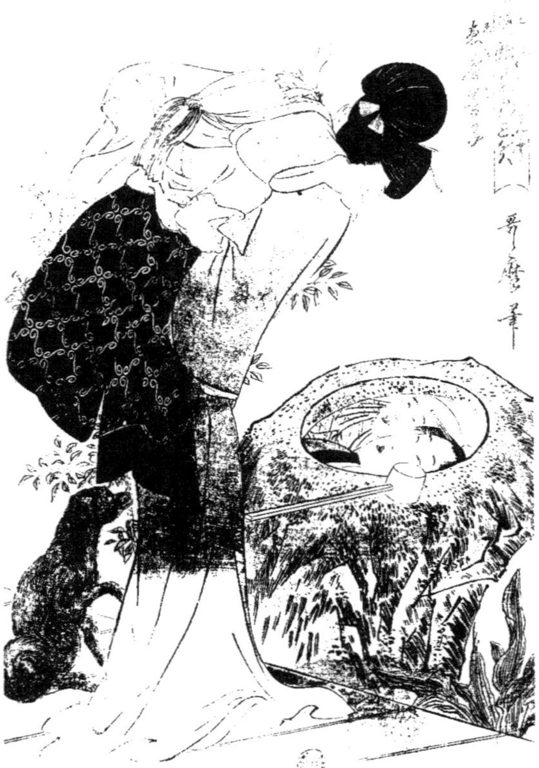

UTAMARO

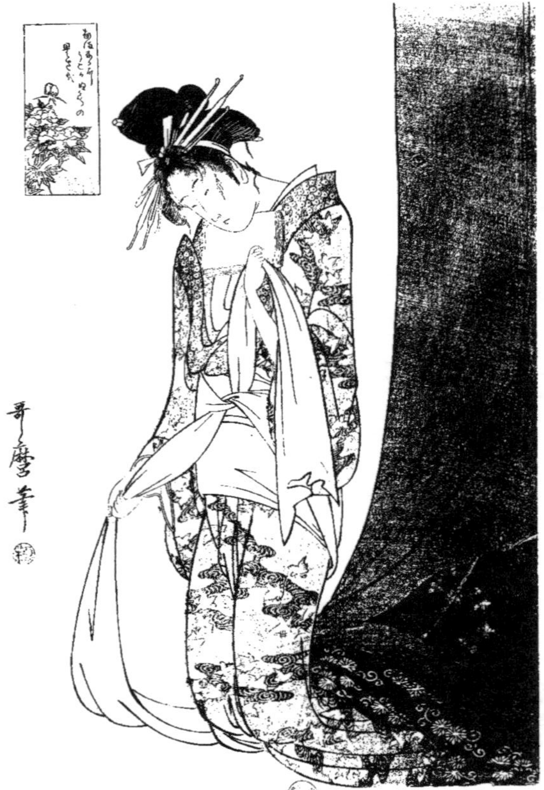

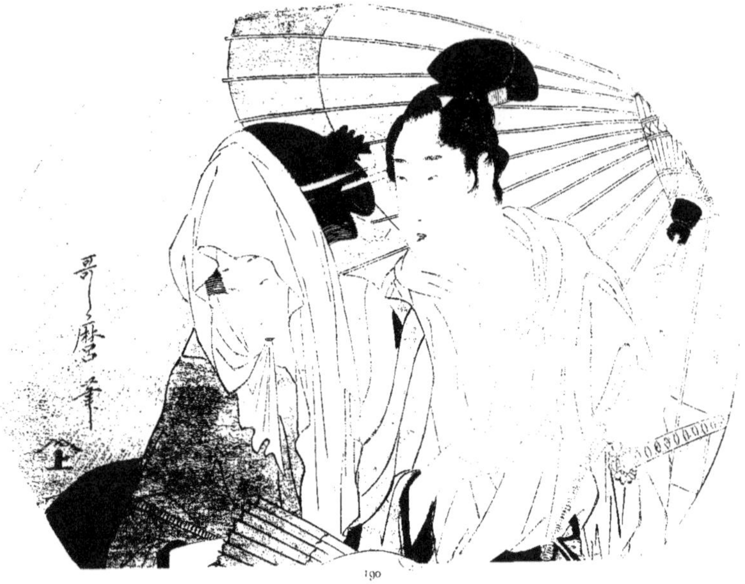

190

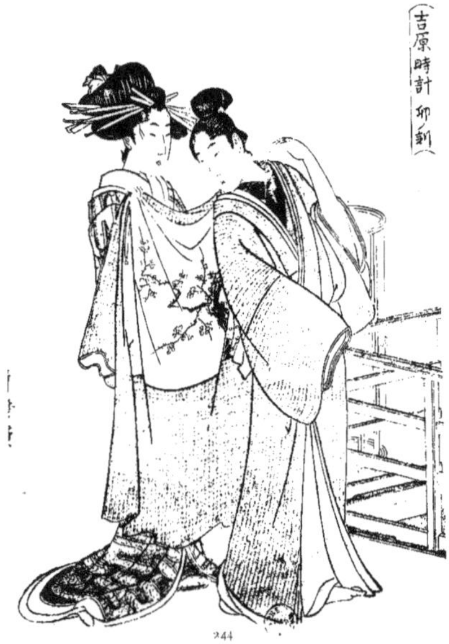

244

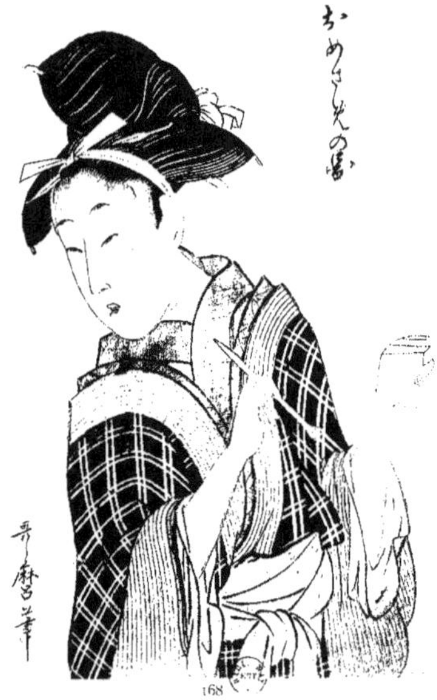

168

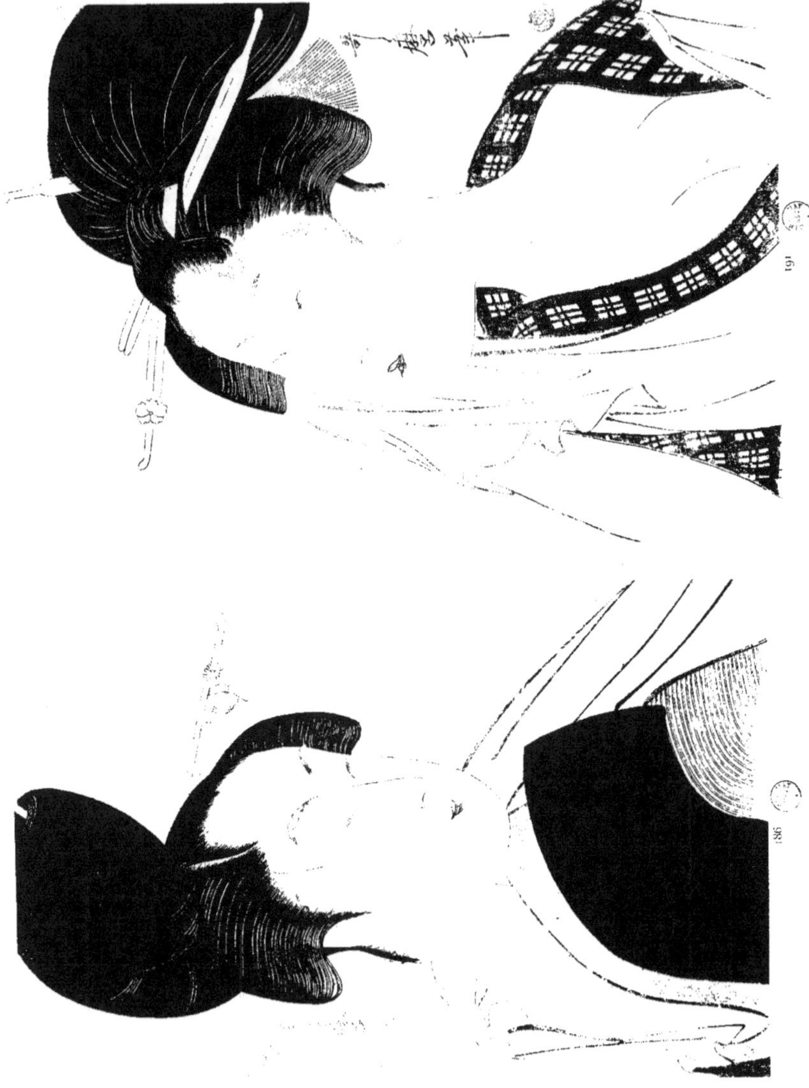

PL. LXXXIV

UTAMARO

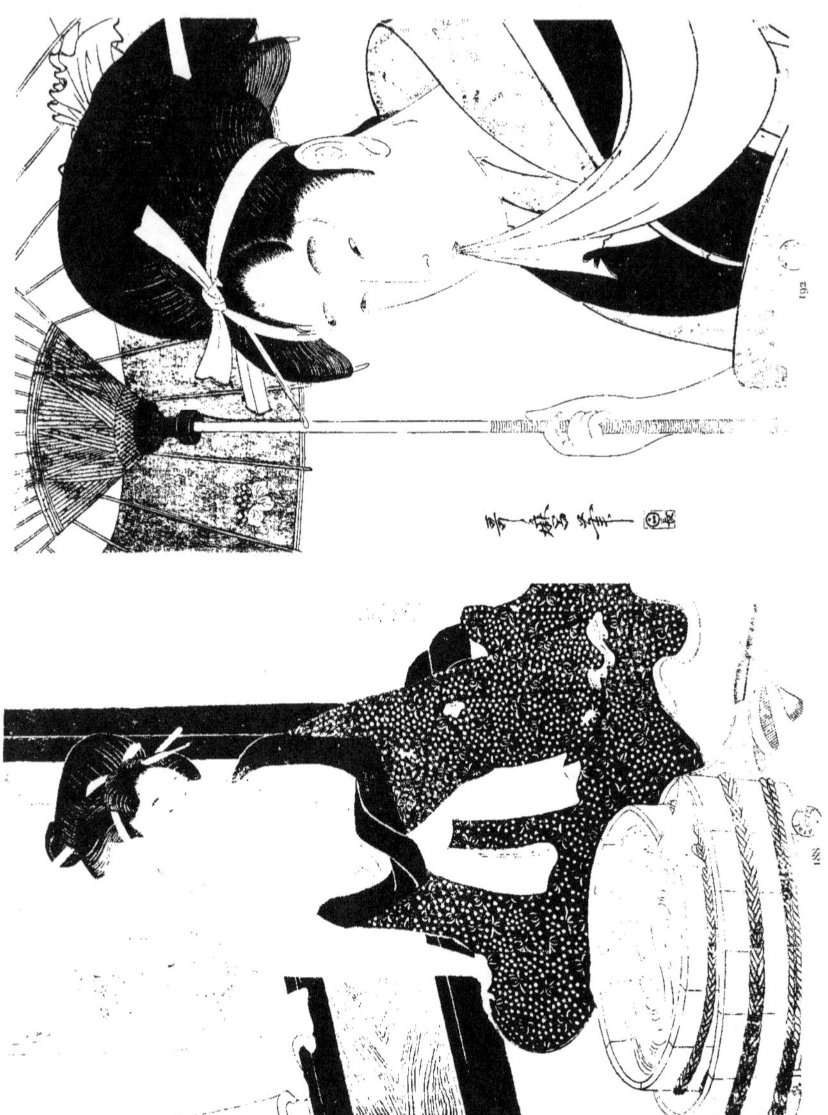

UTAMARO

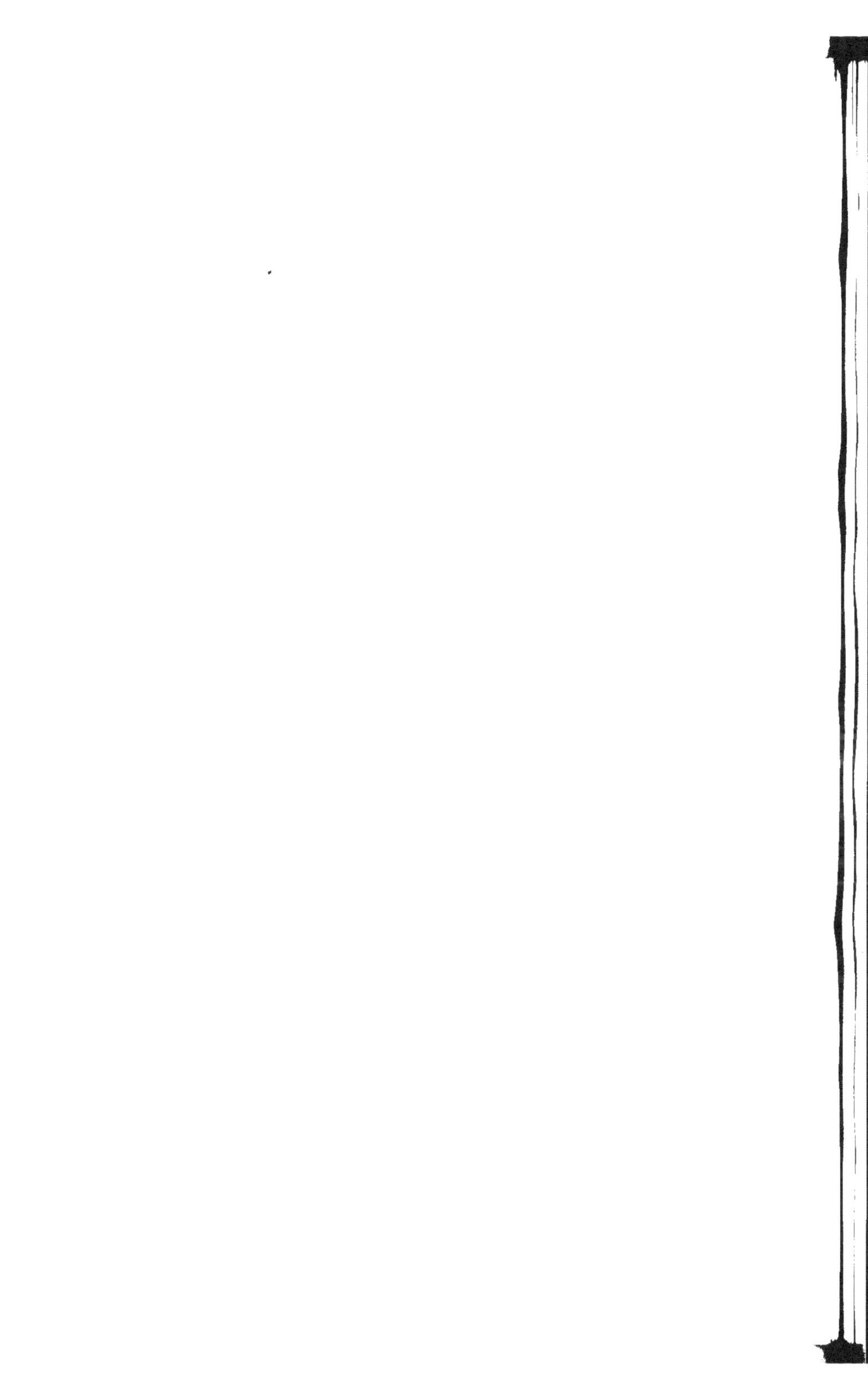

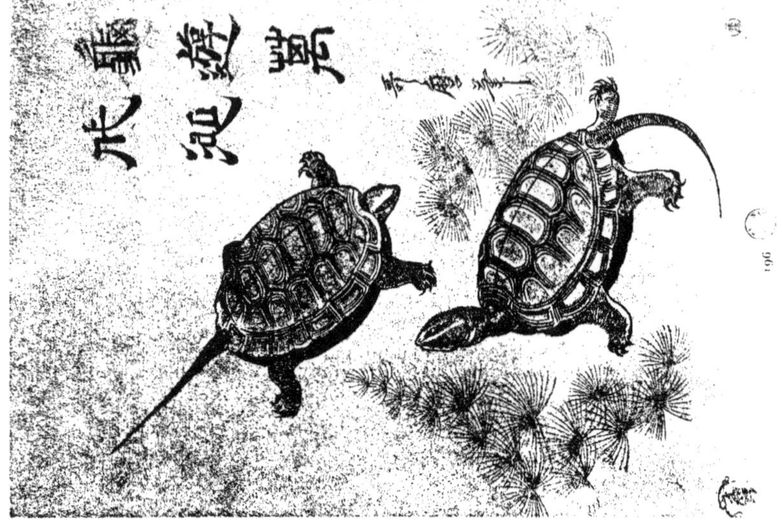

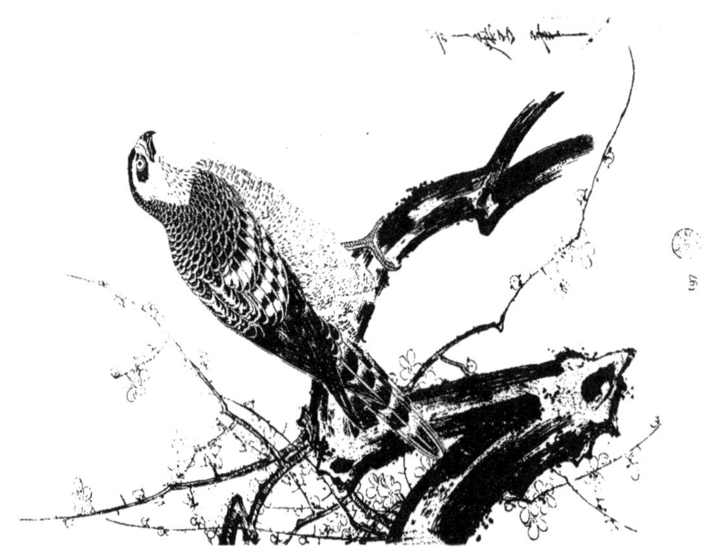

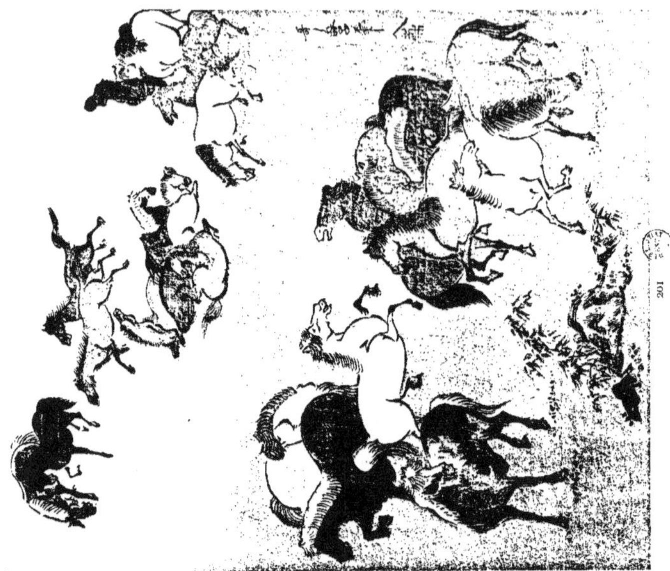

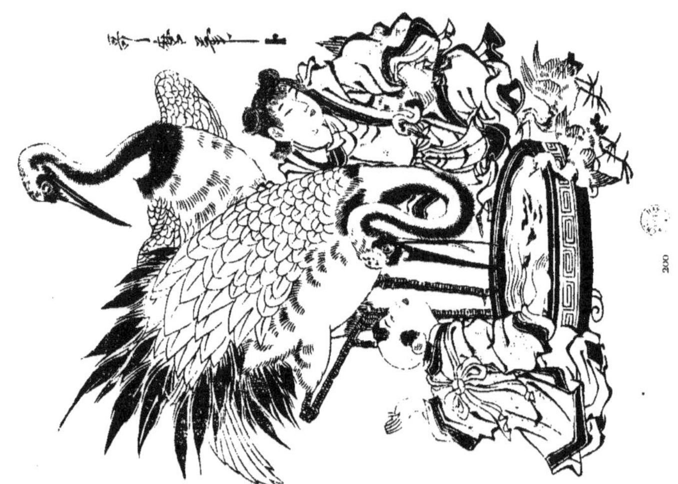

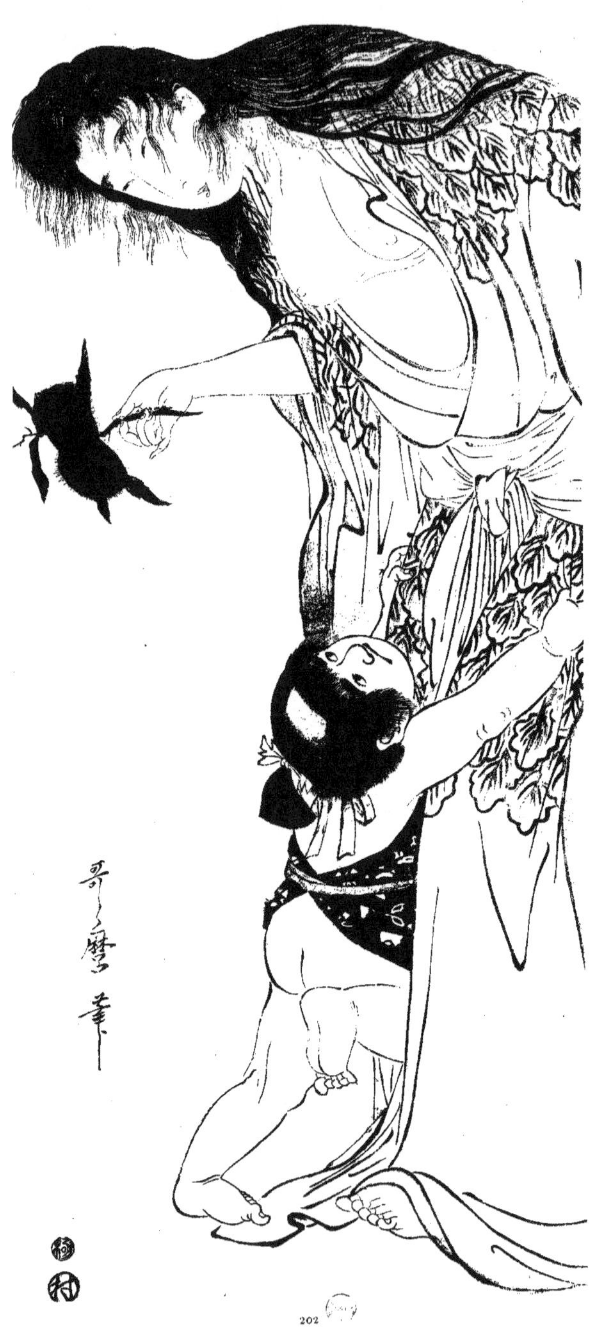

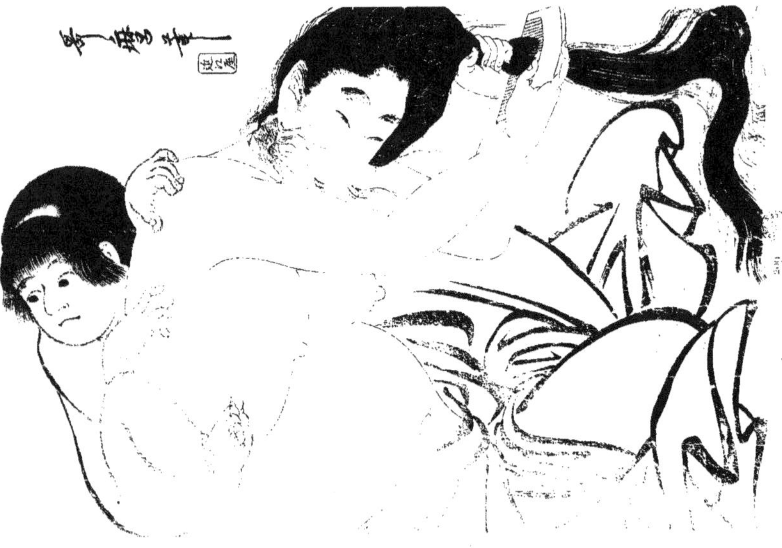

UTAMARO

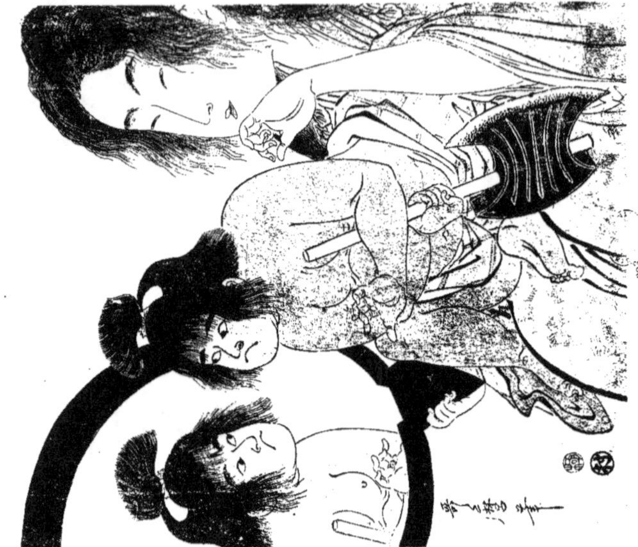

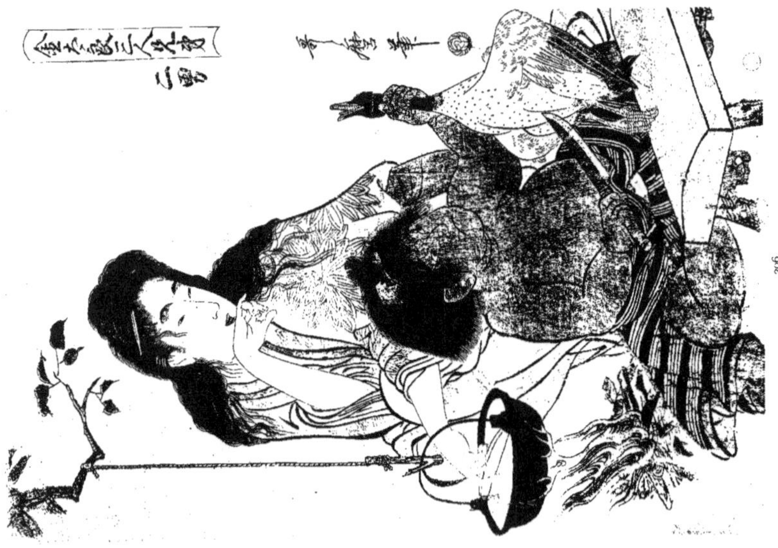

UTAMARO

UTAMARO

PL. XCI

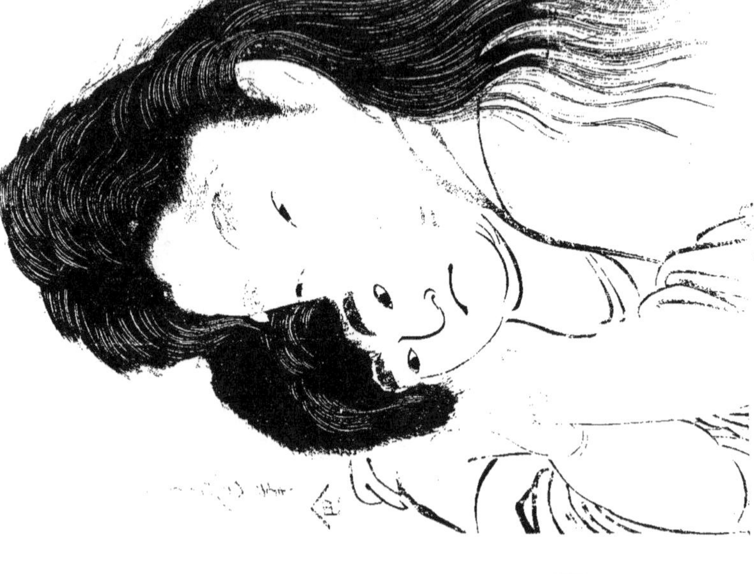

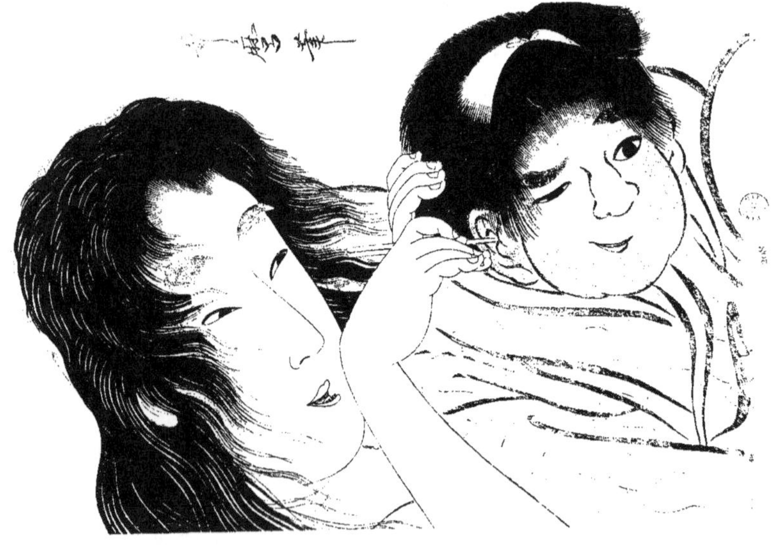

UTAMARO

PL. XCI

PL. XCII

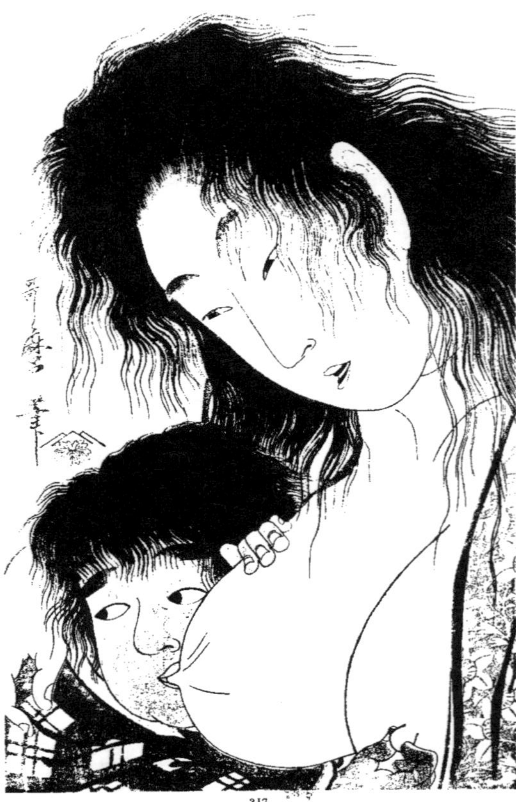

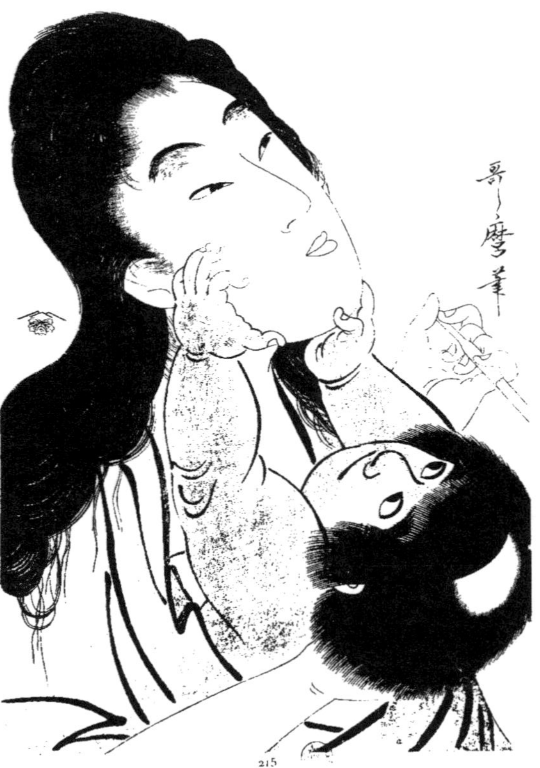

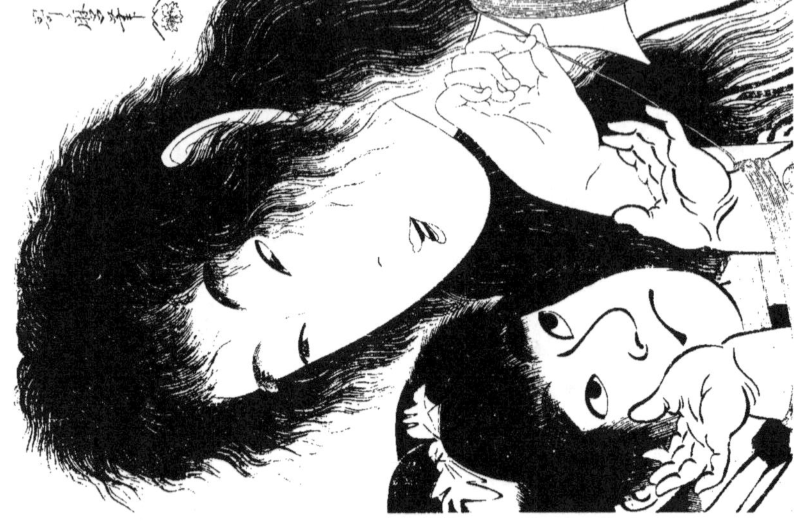

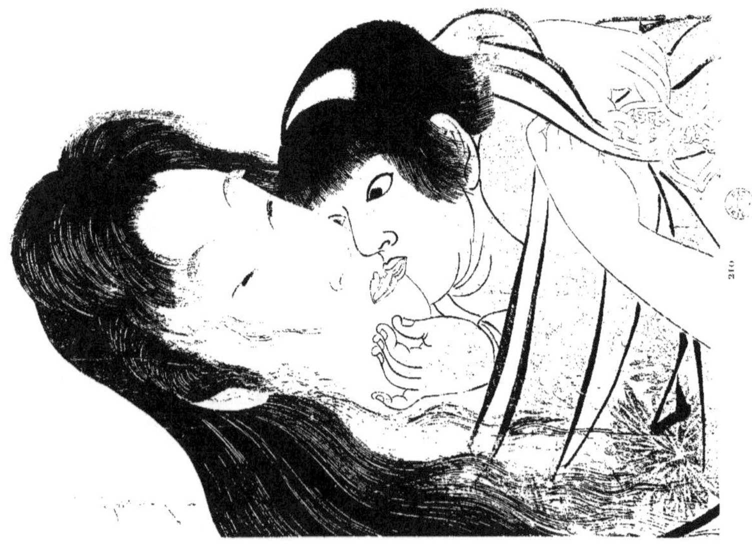

UTAMARO

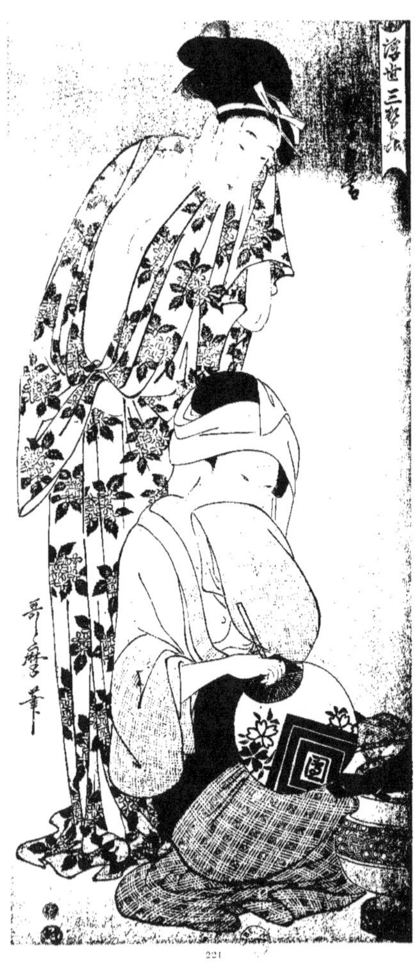

223

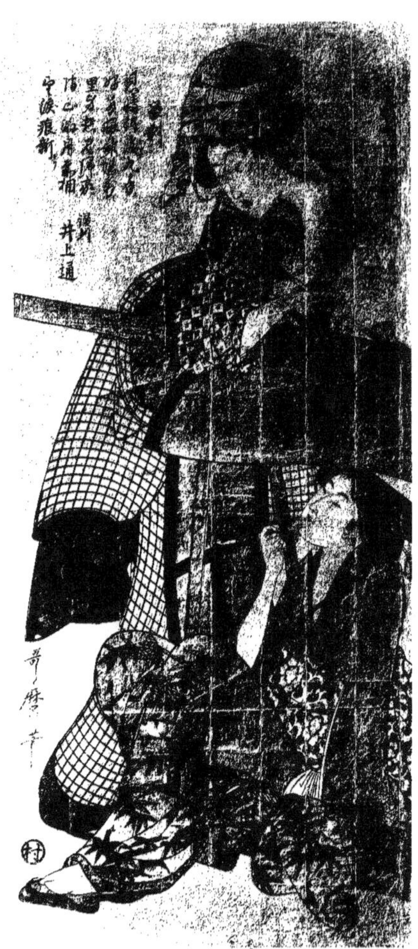

224

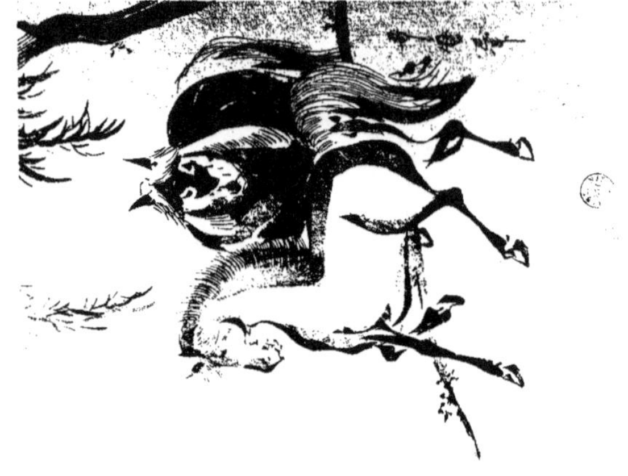

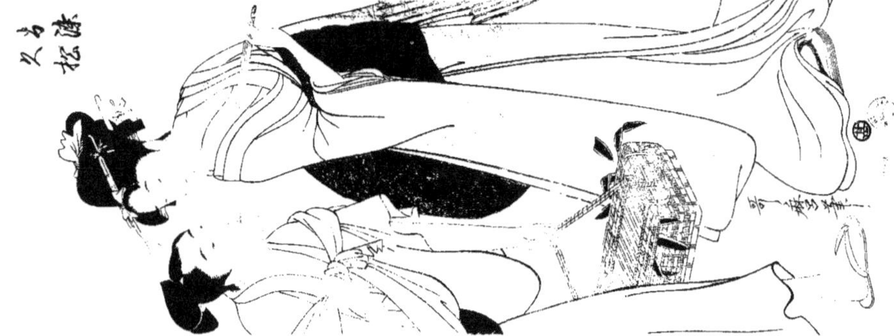

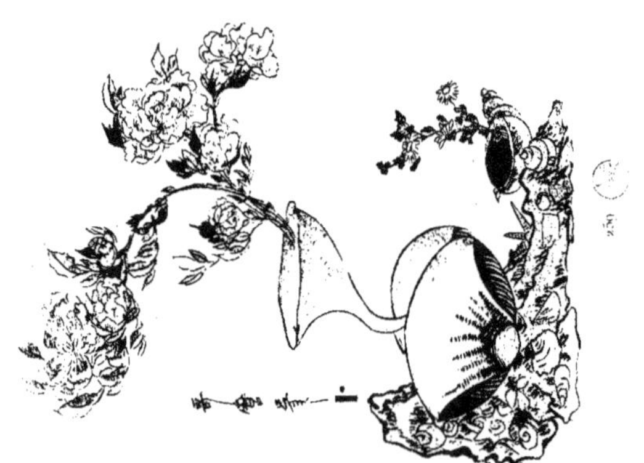

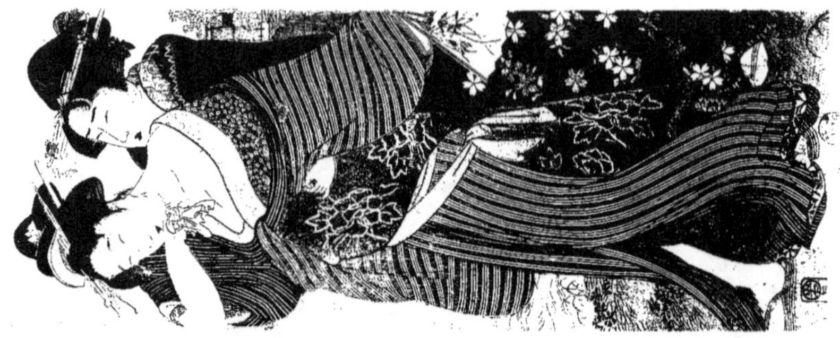

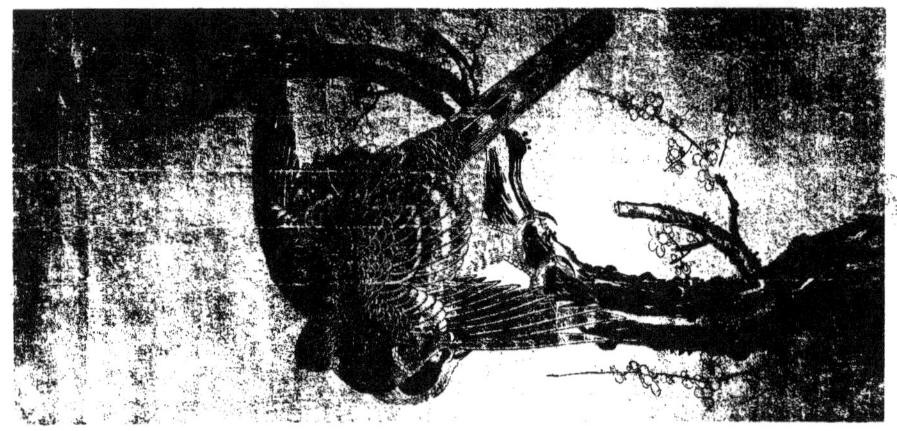

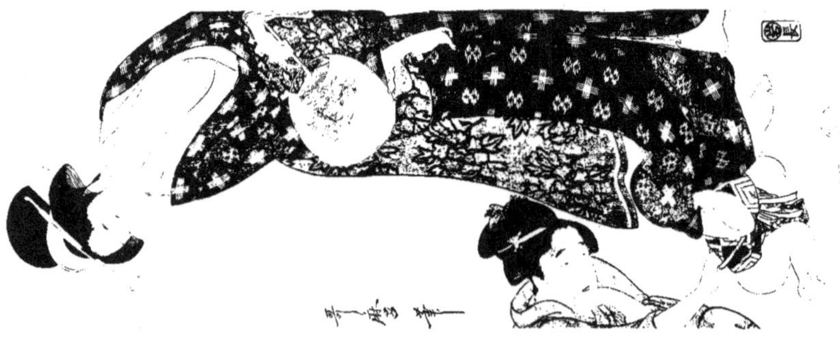

UTAMARO

UTAMARO

PL. XCVII

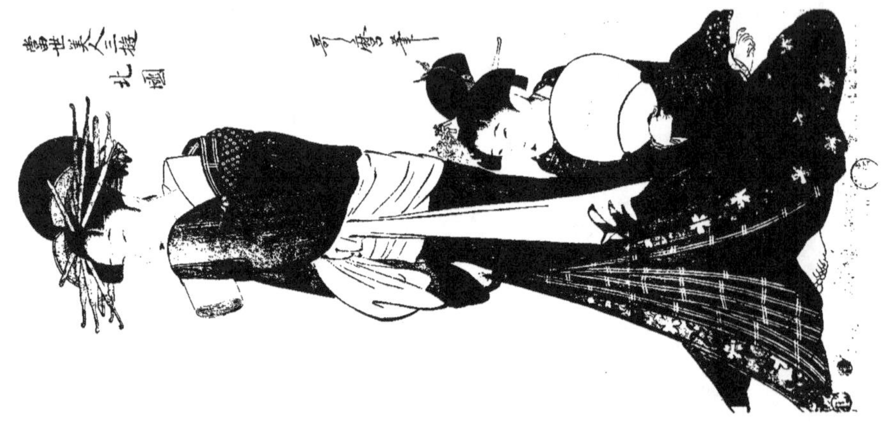

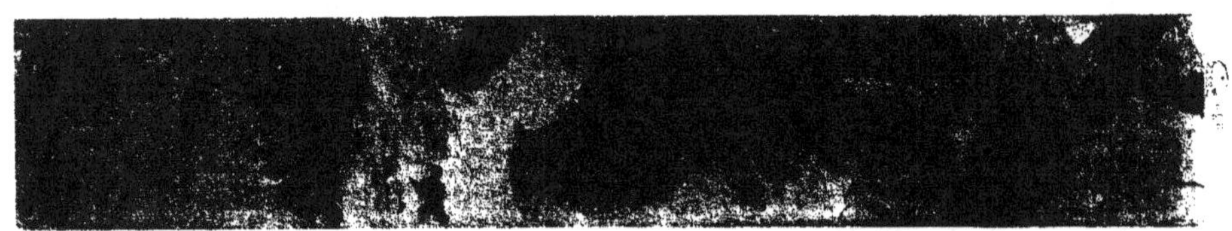

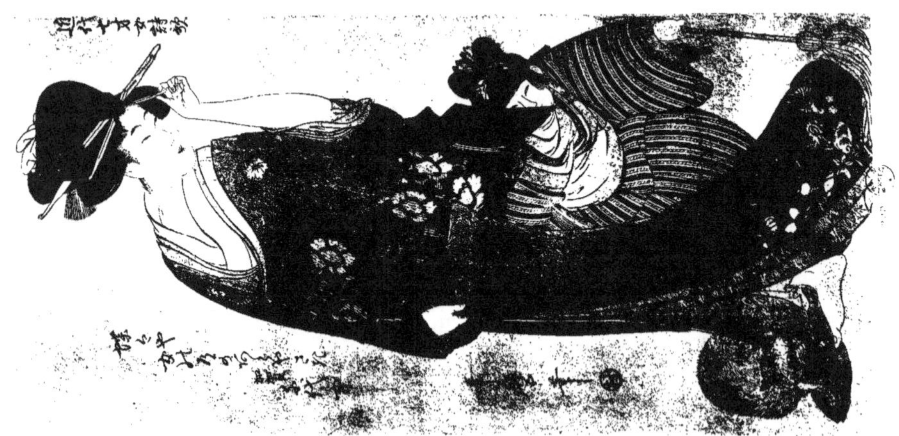

PL. XCVIII

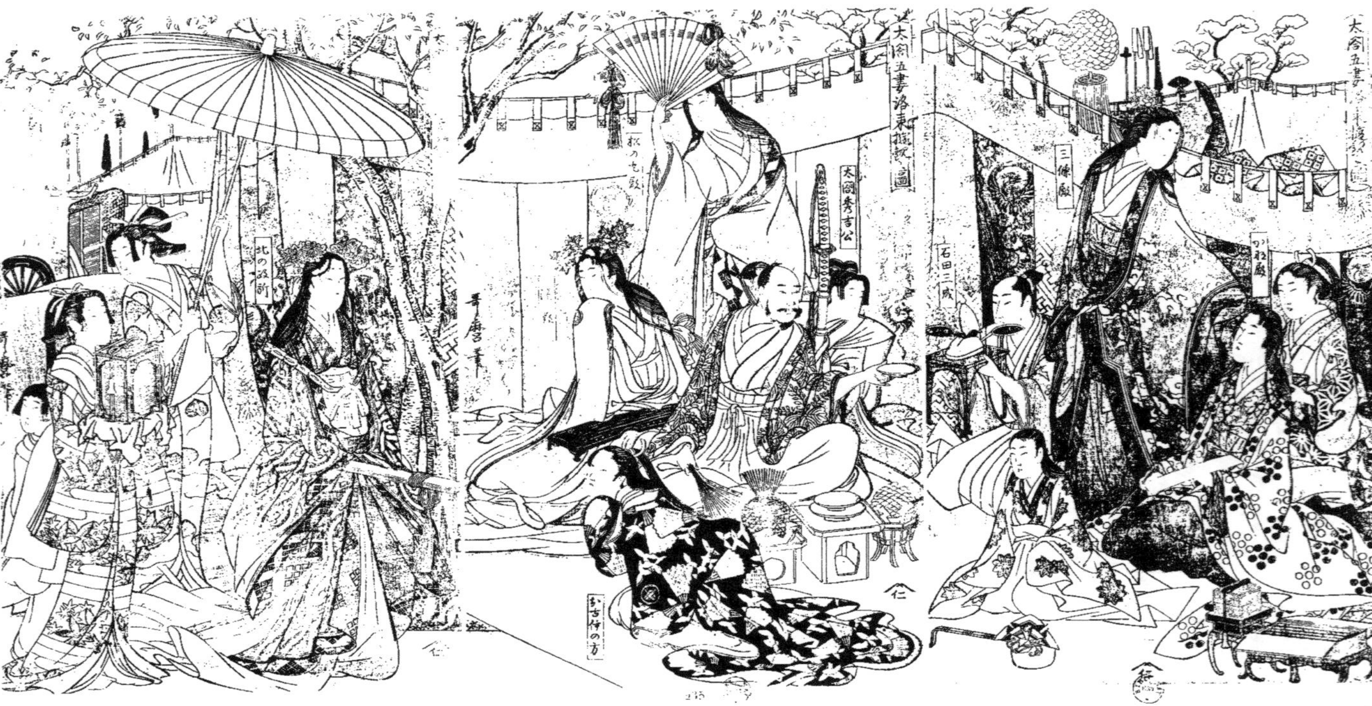

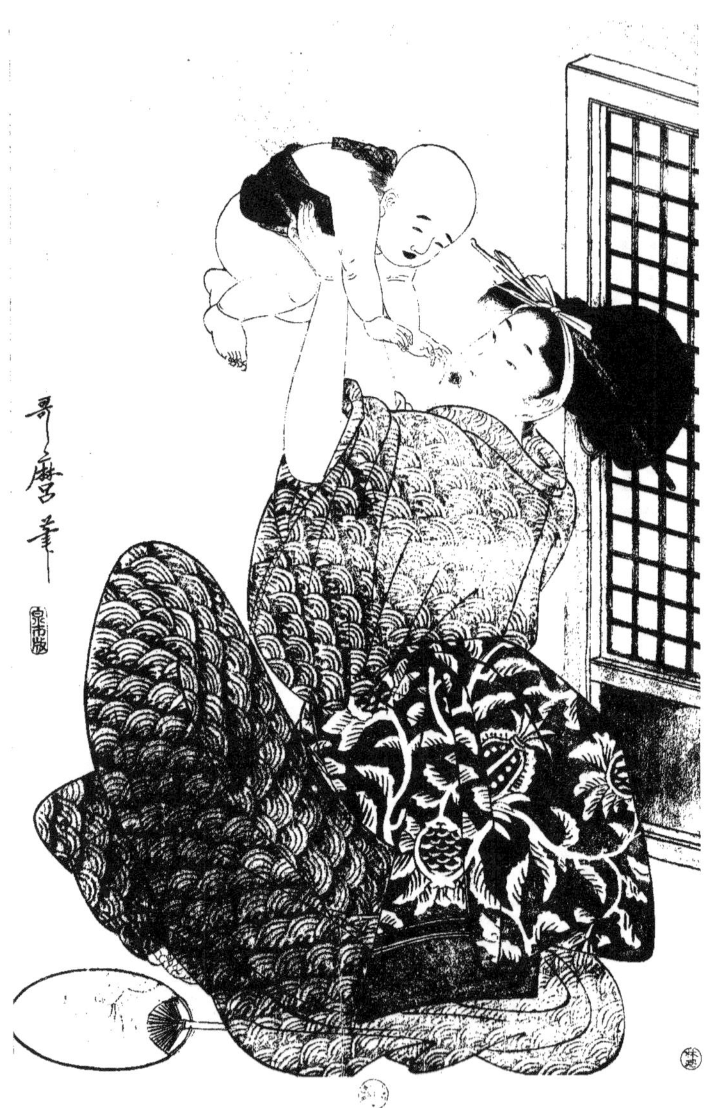

UTAMARO

Pl. C

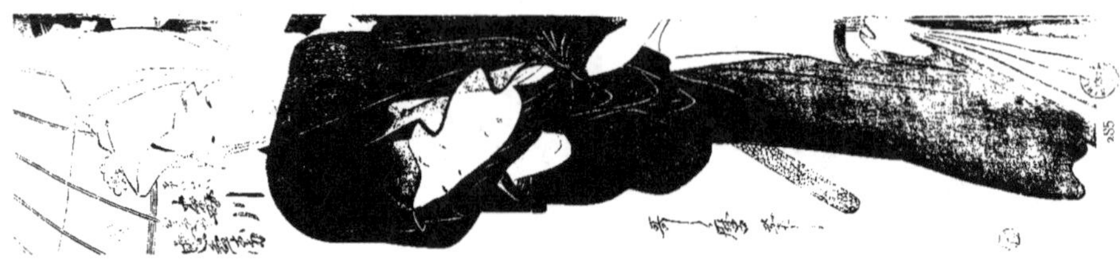

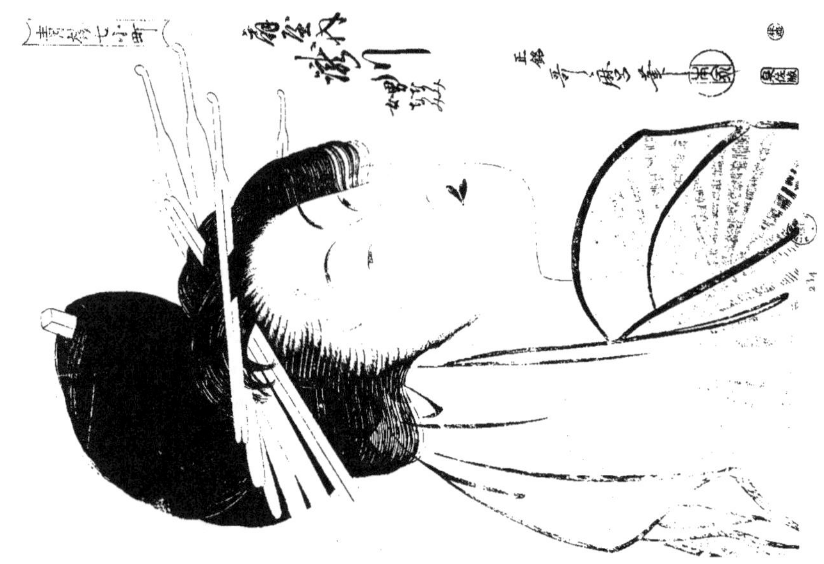

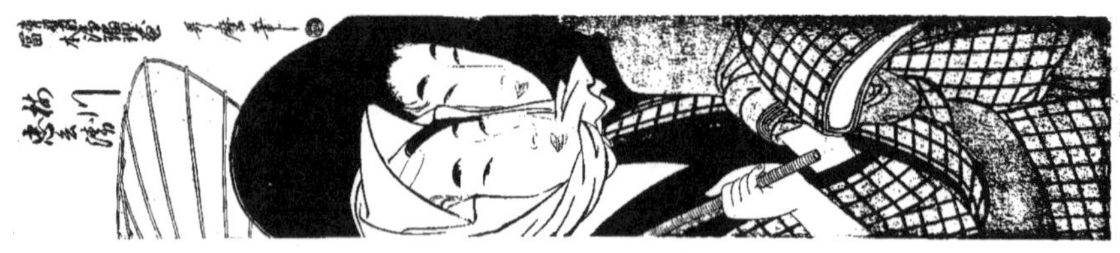

UTAMARO

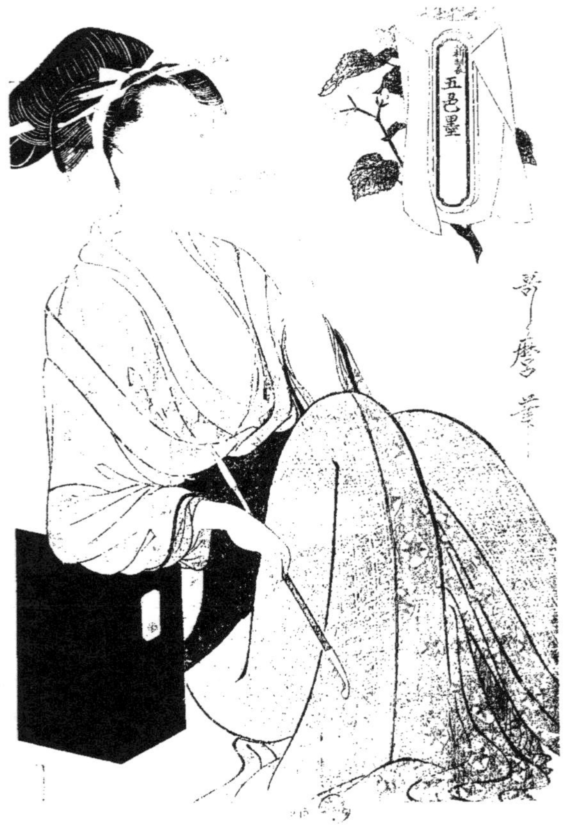

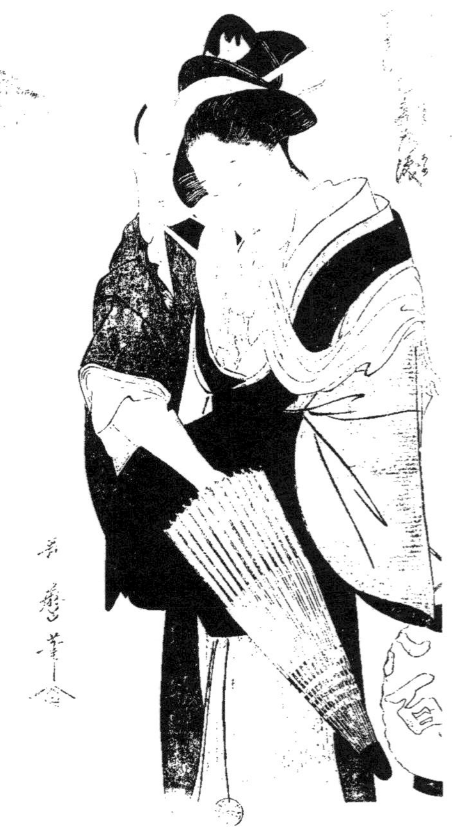

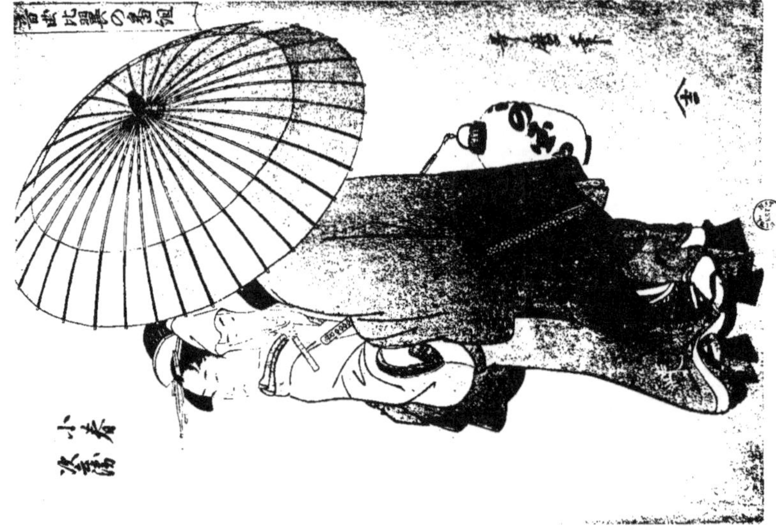

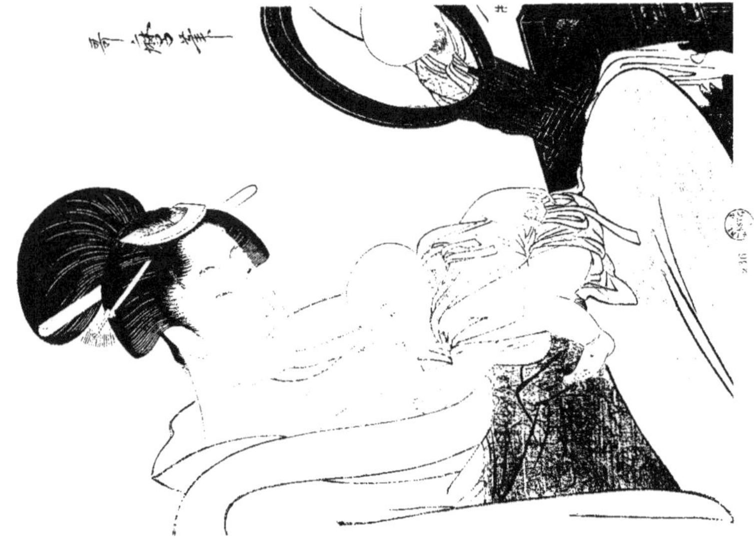

UTAMARO

PL. CIII

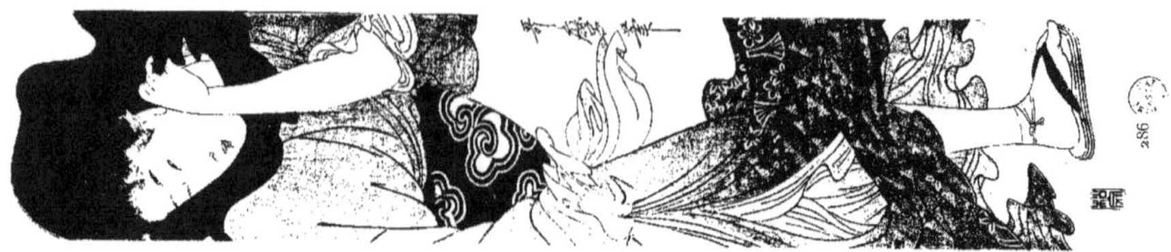

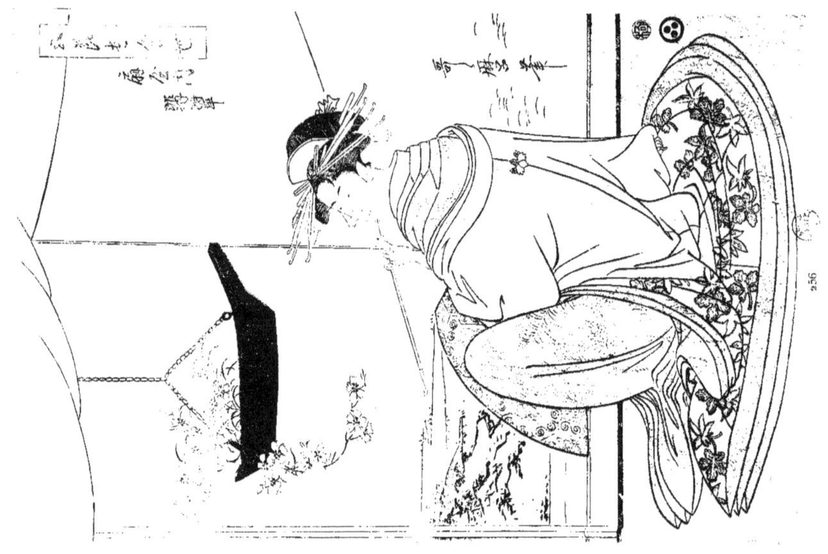

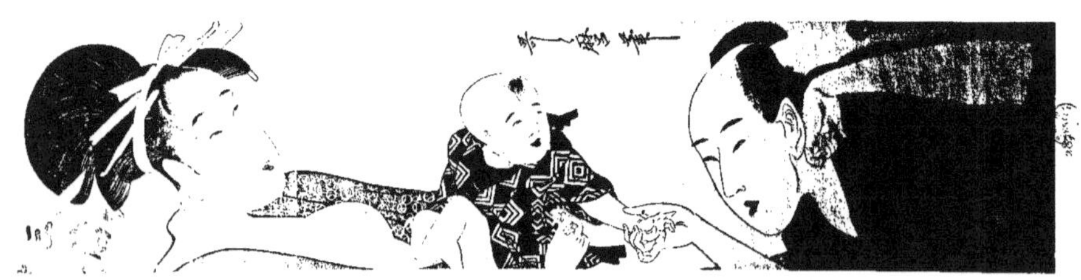

UTAMARO

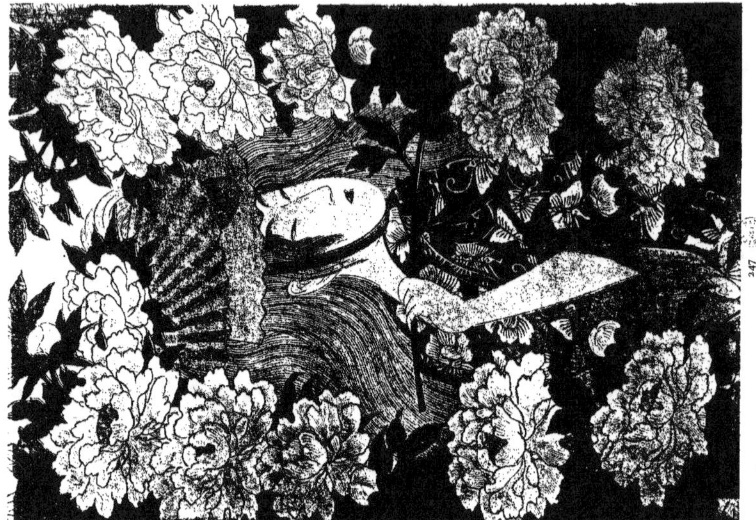

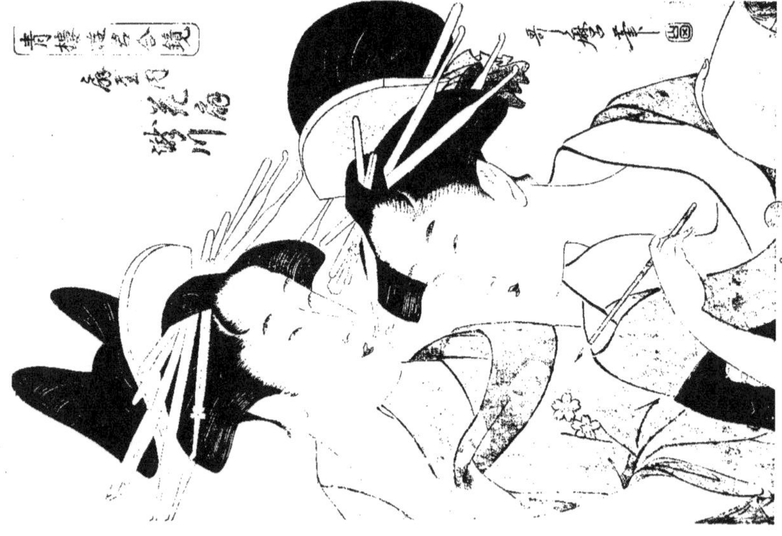

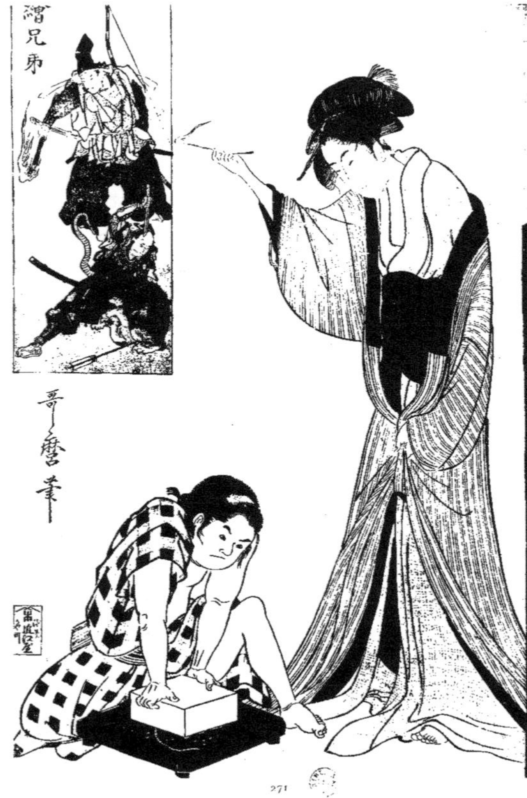

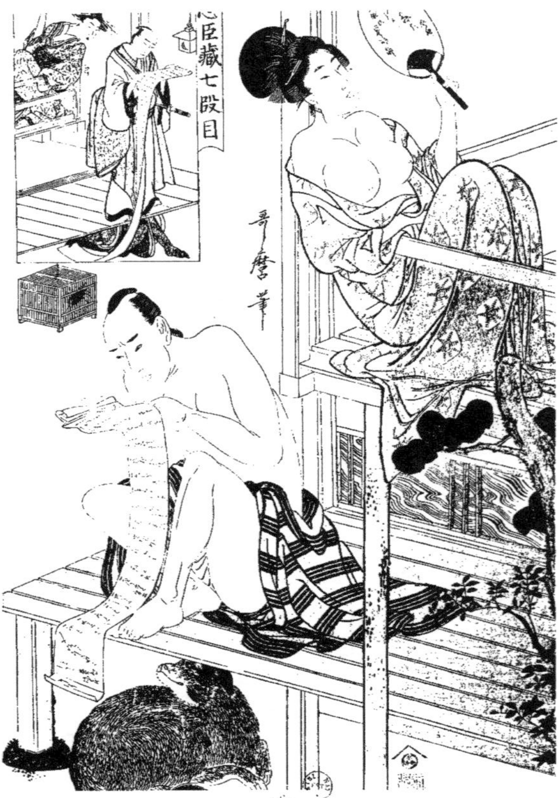

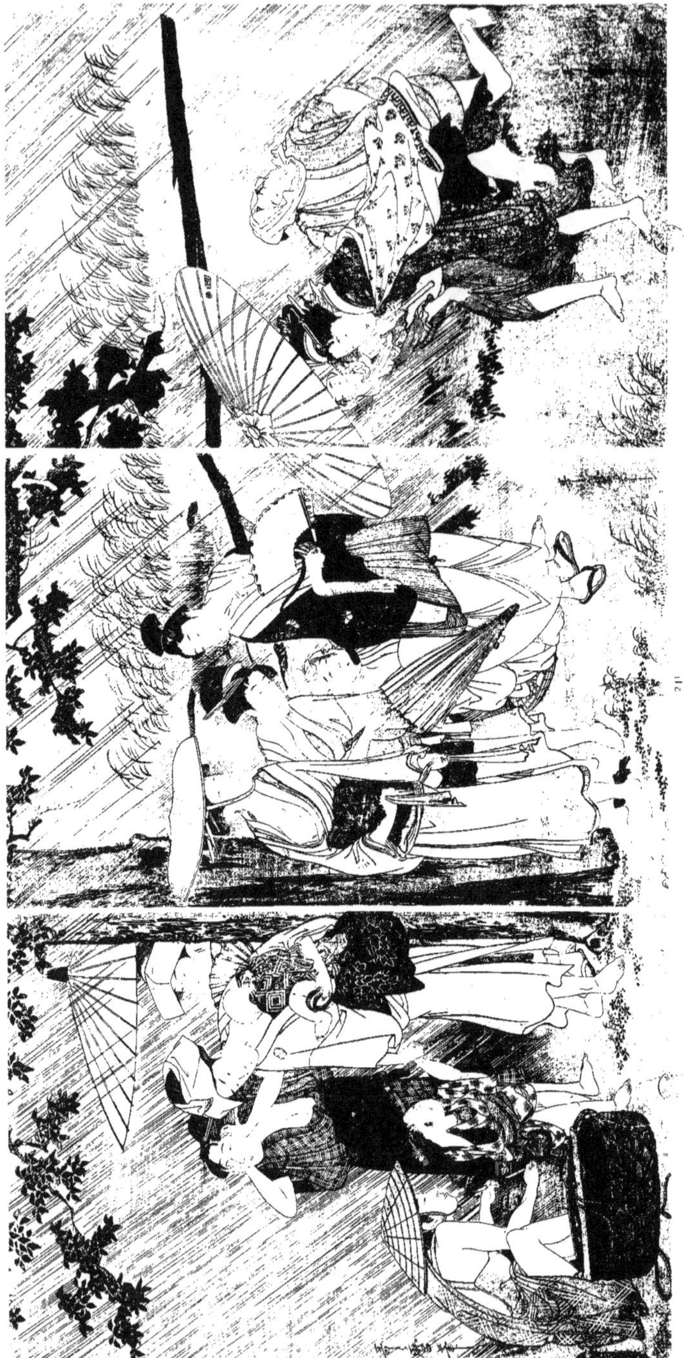

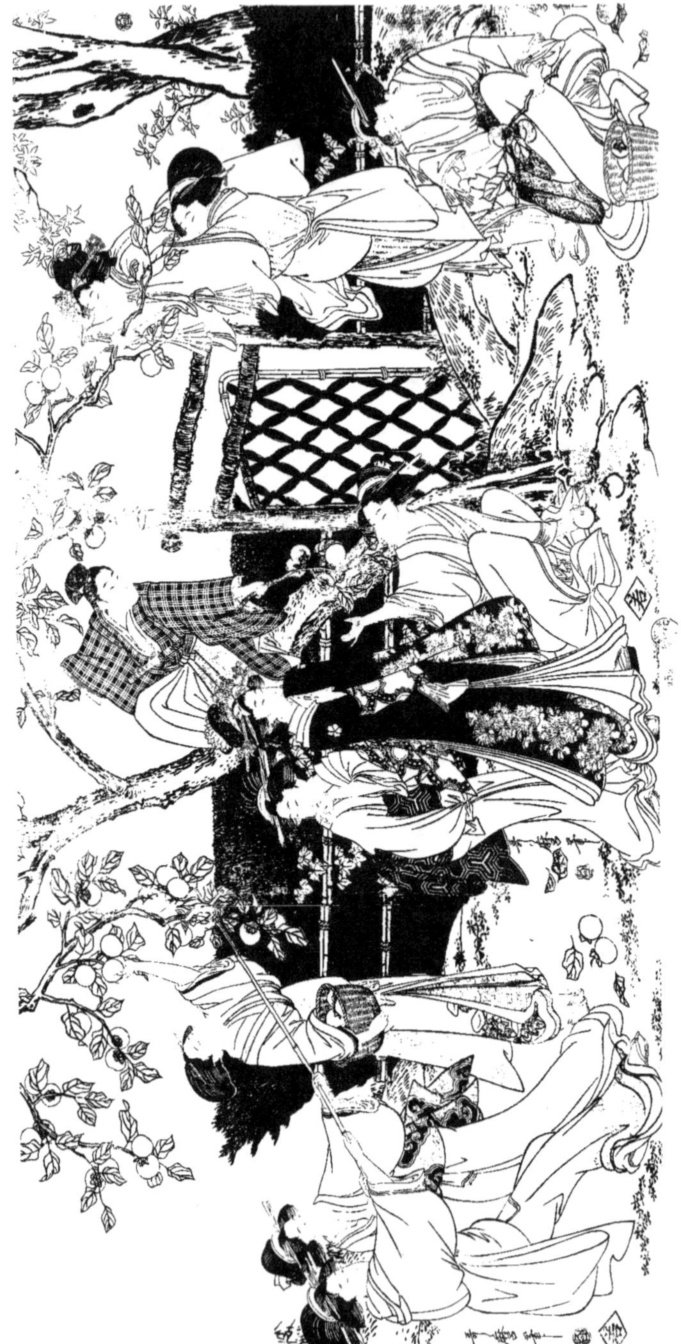

UTAMARO

PL. CVII

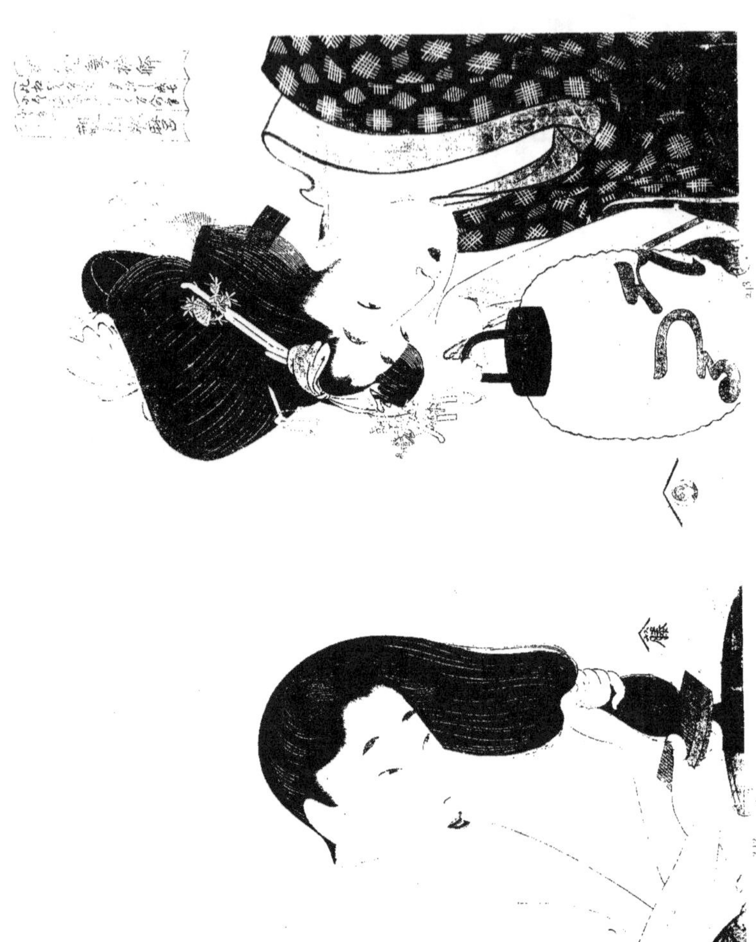

UTAMARO

PL. CVIII

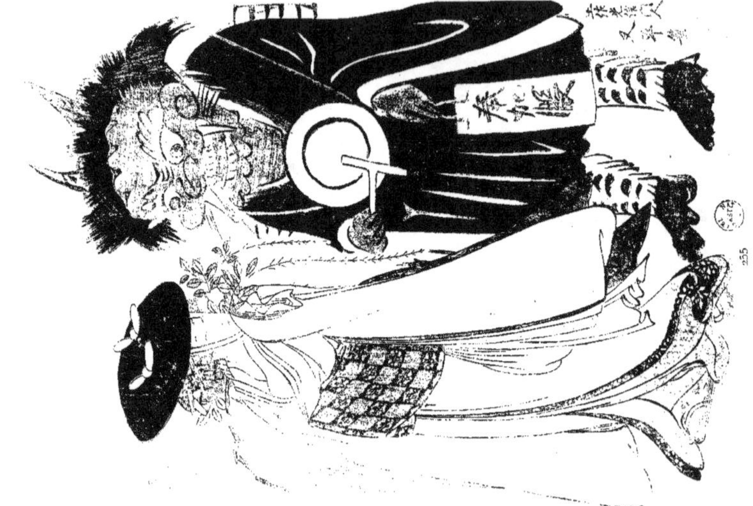

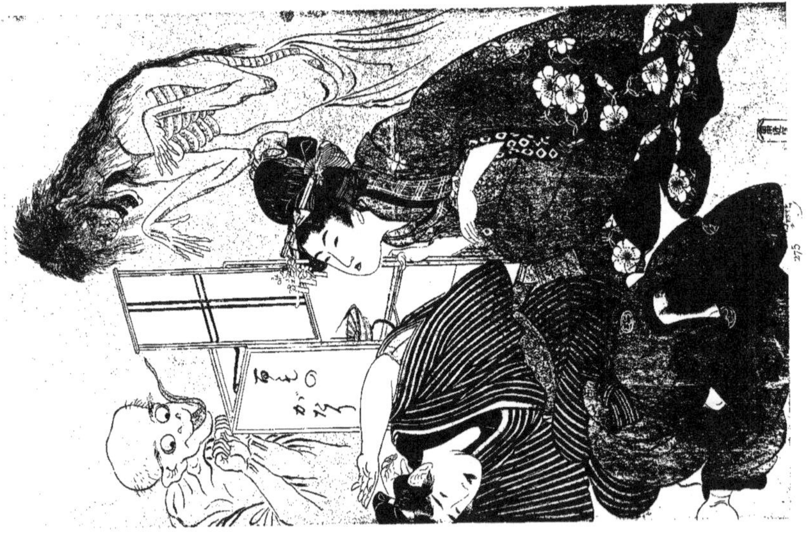

UTAMARO

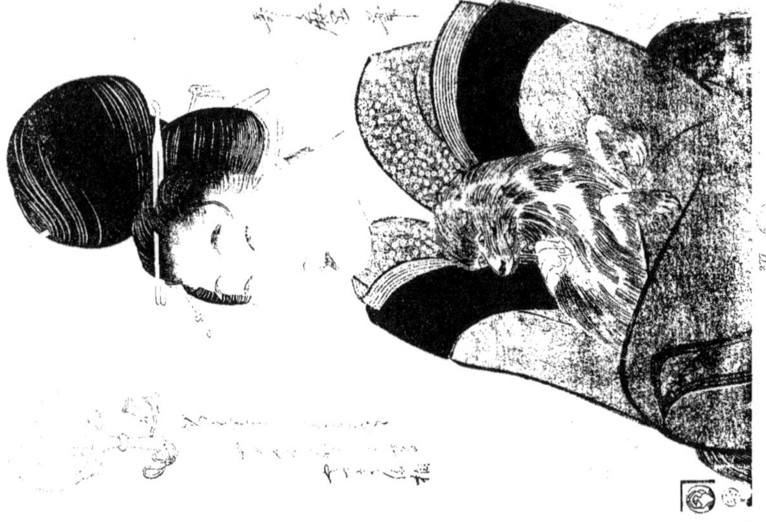

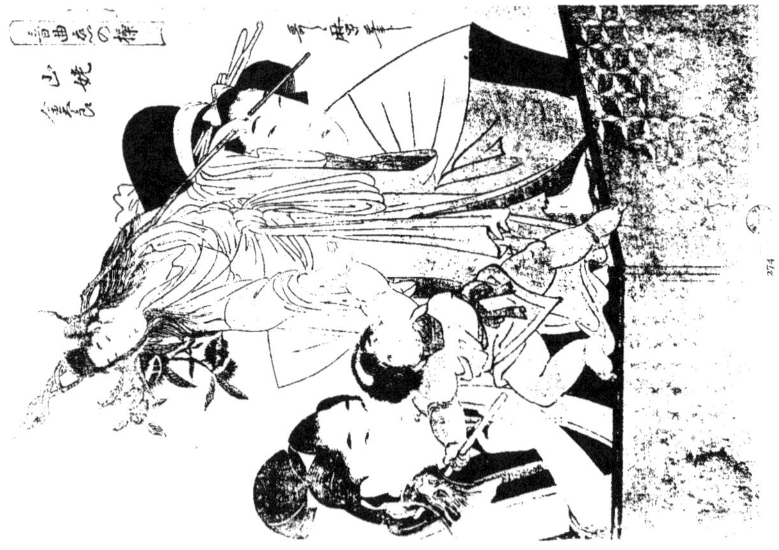

UTAMARO

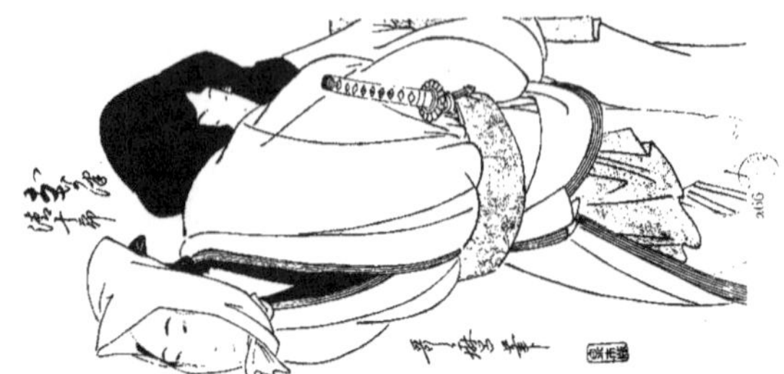

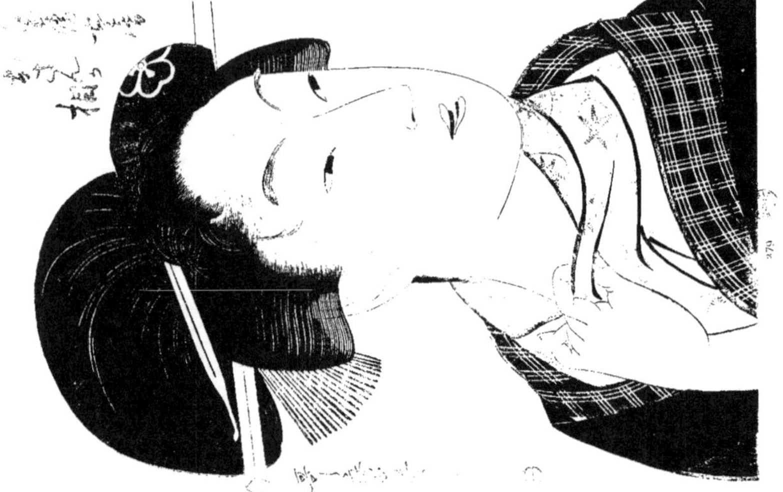

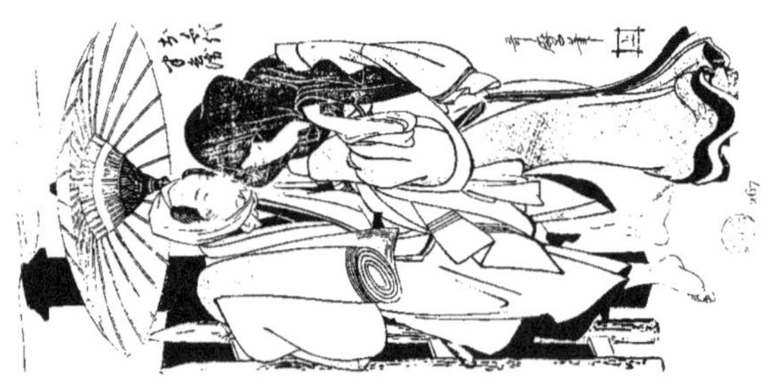

UTAMARO

UTAMARO

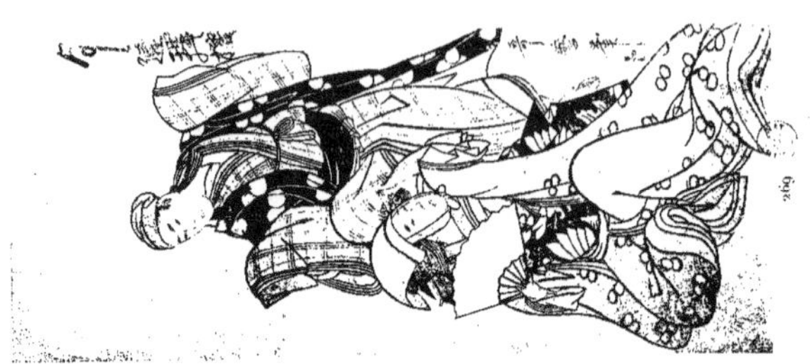

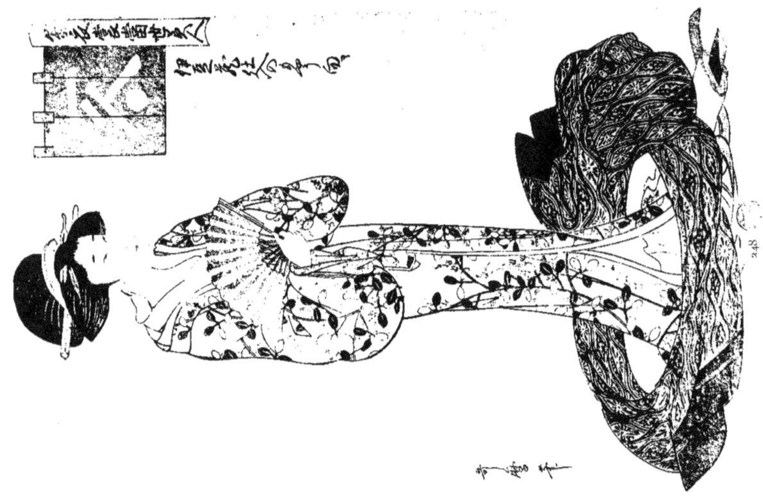

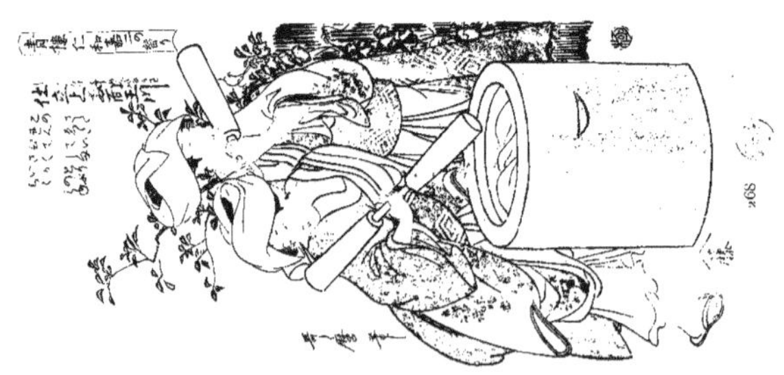

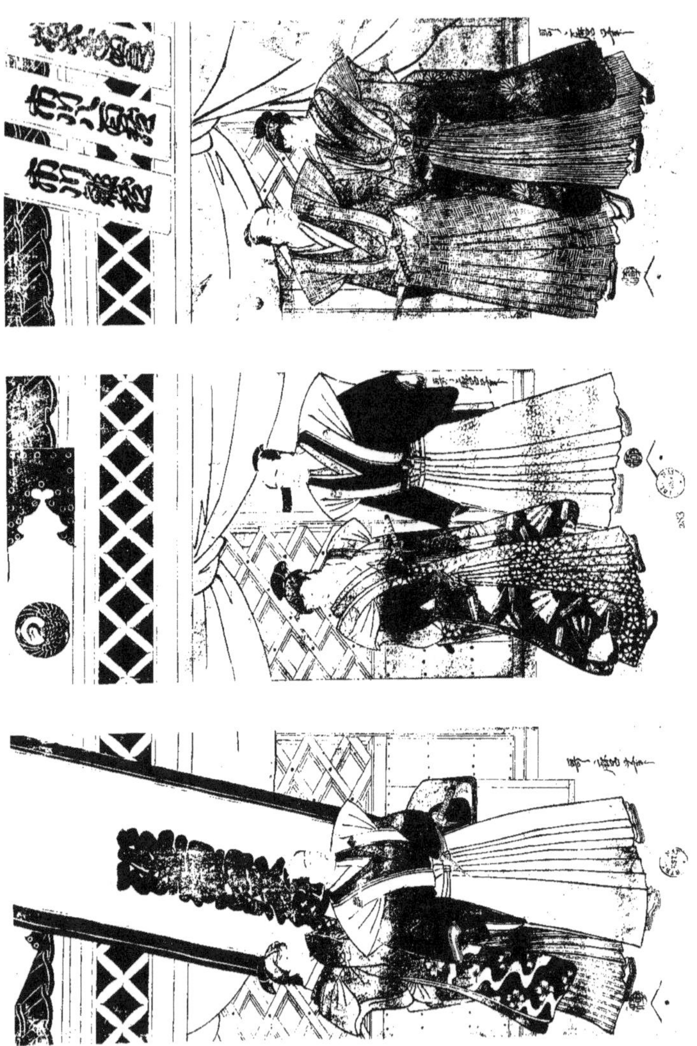

PL. CXIII

UTAMARO

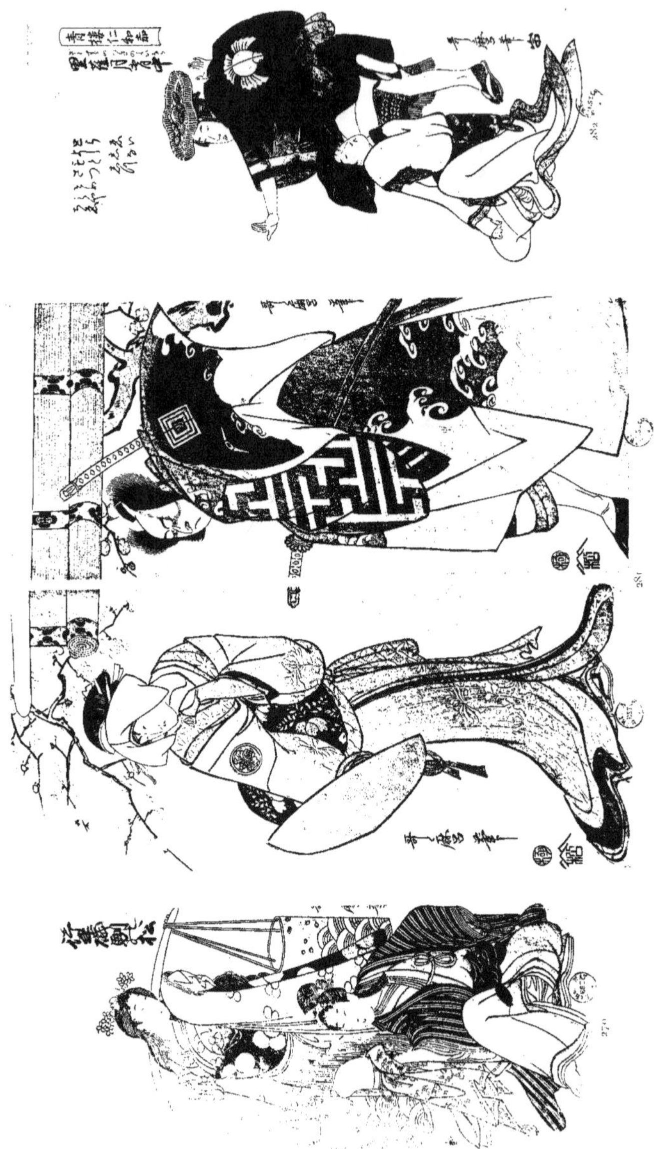

UTAMARO